广视角 · 全方位 · 多品种

权威 · 前沿 · 原创

皮书系列为
“十二五”国家重点图书出版规划项目

北京市社会科学院／编　谭维克／总　编　许传玺　赵　弘／副总编

北京文化发展报告（2012~2013）

ANNUAL REPORT ON CULTURAL DEVELOPMENT OF BEIJING(2012-2013)

主　编／李建盛

图书在版编目(CIP)数据

北京文化发展报告. 2012～2013/李建盛主编. —北京：社会科学文献出版社，2013.5
（北京蓝皮书）
ISBN 978－7－5097－4493－2

Ⅰ.①北… Ⅱ.①李… Ⅲ.①文化事业－发展－研究报告－北京市－2012～2013 Ⅳ.①G127.1

中国版本图书馆 CIP 数据核字（2013）第 067815 号

北京蓝皮书
北京文化发展报告（2012～2013）

主　　编／李建盛

出 版 人／谢寿光
出 版 者／社会科学文献出版社
地　　址／北京市西城区北三环中路甲 29 号院 3 号楼华龙大厦
邮政编码／100029

责任部门／皮书出版中心（010）59367127
责任编辑／周映希　张　澄
电子信箱／pishubu@ssap.cn
责任校对／白秀君
项目统筹／周映希
责任印制／岳　阳
经　　销／社会科学文献出版社市场营销中心（010）59367081　59367089
读者服务／读者服务中心（010）59367028

印　　装／北京季蜂印刷有限公司
开　　本／787mm×1092mm　1/16
印　　张／19.5
版　　次／2013 年 5 月第 1 版
字　　数／319 千字
印　　次／2013 年 5 月第 1 次印刷
书　　号／ISBN 978－7－5097－4493－2
定　　价／65.00 元

主编简介

李建盛 北京社会科学院研究员、文化研究所所长，主要从事文化理论、首都文化发展战略和文艺理论研究。《北京文化发展报告》主编，《首都网络文化发展报告》执行主编。主要学术著作有《当代设计的艺术文化学阐释》《后现代转向中的美学》《艺术学关键词》《美学：为什么与是什么》《艺术 科学 真理》《北京文化60年（1949～2009）》《公共艺术与城市文化》《中国特色社会主义先进文化之都建设研究》《北京公共文化服务体系与惠民工程建设》等。

摘 要

2012年，首都文化建设在各个方面都取得可喜成就，首都文化体制改革、公共文化服务体系建设、文化创意产业发展等方面都取得了重要进展，北京正在努力建设中国特色世界城市和创意之都，并强调科技与文化的融合发展，加快推进全国文化中心建设。

《北京文化发展报告（2012～2013）》围绕发挥全国文化中心示范作用、建设中国特色社会主义先进文化之都的主题，立足“十二五”时期文化规划，以2012年北京的文化战略、发展、建设和管理为基本内容，从首都文化建设与文化发展战略、城市文化与公共文化建设、文化创意产业与文化经济等方面，总结分析首都文化发展的现状、原因以及发展趋势，并提出了对策和建议。

第一部分“总报告”，以北京建设具有世界影响力的文化中心城市为主题，对新历史阶段首都文化建设的战略目标、重点任务进行阐述，概述近两年首都文化的新进展，重点分析当前首都文化在国际国内的实力和竞争力，并提出加强具有世界影响力的文化中心城市建设的对策建议。

第二部分“首都文化建设与文化发展战略”，以首都文化发展战略、文化政策、网络文化软实力、科教创新资源等方面为基本内容，概述2012年首都文化发展的新动态，阐述首都文化建设与城市发展转型等方面的新问题。

第三部分“首都城市文化与公共文化服务体系”，在对北京与国外其他城市文化建设进行比较分析的基础上，介绍北京市公共文化服务体系的现状、优势以及当前公共文化服务体系建设存在的问题；对北京市两个超大型社区（天通苑与回龙观）的公共文化服务体系建设进行问卷调查与分析研究，并提出超大型社区文化建设的相关建议。

第四部分“文化创意产业与文化经济”，以北京文化经济和创意产业的发展为基本内容，对文化创意产业倍增、文化创意产业空间发展、文化企业上市、文化贸易等问题进行了探讨，分析了电影产业、文化旅游、文化演艺、图书出版等文化创意产业各行业各领域的现实状况与发展态势，并提出有针对性的对策建议。

第五部分“首都区县文化建设发展聚焦”，从2013年起《北京文化发展报告》首开“首都区县文化建设发展聚焦”栏目，本年度针对北京昌平文化建设发展，分别从昌平区文化建设现状与战略、昌平区公共文化服务体系建设、昌平区科教资源及文化创意产业发展等方面做专题研究，并提出对策建议。

Abstract

The cultural construction in Beijing has the gratifying achievements in all aspects and made new progress in the year of 2012, and as well with the construction of public cultural service system and creative industries. Beijing made the efforts to build world city and creative capital, emphasizing the integration of science and technology, speeding up the construction of national cultural center.

Based on the cultural planning in Twelfth Five-year Plan, this annual report stands on the theme of constructing socialism culture capital of Chinese characteristics with playing an exemplary role in the National Cultural Center, concerning the status of Beijing's cultural strategy, cultural policies, cultural development and management. This report discusses in four aspects: cultural construction and cultural development strategy, city culture and public cultural services, creative industries and culture economy. Analysing status and trend of capital culture development, and put forward countermeasures and suggestions.

The first part is a general report, which discusses the strategy, aim and key task of culture construction on the theme of constructing the influencing cultural center city in the world. This part has an overview of new advances in the capital culture development in recent years, focusing on the analysis of the current capital culture in the international and domestic strength and competitiveness. Lastly puts forward countermeasures and suggestions.

The second part is "cultural construction and cultural development strategy", consisting of Beijing's cultural development strategies, culture policies, Network culture soft power and creative resources. This part overviews the new cultural development of 2012 in Beijing and describes the new problem of capital cultural construction and transformation of urban development.

The third part is "capital city cultural and public cultural services", introducing the status and benefits of public cultural service system and analysising Beijing and other foreign city culture construction. Taking investigation of the questionnaire of public cultural service system on the two super large communities (Tiantongyuan Small and Huilongguan) in Beijing. At last, puting forward countermeasures and suggestions on community culture construction in super large community.

The fourth part is "Creative Industries and Culture Economy", discussing the aspects of Cultural and creative industries multiplication, the Mechanism of the Space of Cultural & Creative Industries and the listed culture enterprises, reporting on the statements and tendencies of Beijing's cultural creative industries such as film industry, culture tourism, performances, publication and discussing the problems and countermeasures.

The last part is "Focus on capital Districts Culture Construction", which is the special column on the culture development of districts in Beijing, and Changping is the subject this year. We have two reports: Changping Public Cultural Services Construction, Changping Creative cultural resources and creative industries.

目录

𝔹Ⅰ 总报告

𝔹Ⅱ 首都文化建设与首都文化发展战略

𝔹Ⅲ 首都城市文化与公共文化服务体系

BⅣ 文化创意产业与文化经济

BⅤ 首都区县文化建设发展聚焦

CONTENTS

𝔹 I General Report

𝔹 II Capital Culture Construction and Culture Development Strategy

BⅢ Capital City Culture and Public Culture Services

BⅣ Culture Creative Industries and Culture Economy

B V Focus on Capital District Culture Construction

总　报　告

General Report

B.1
北京建设具有世界影响力文化中心城市：任重而道远

李建盛*

摘　要：

本报告以北京建设具有世界影响力的文化中心城市为主题，对新的历史阶段首都文化建设的战略目标、重点任务进行阐述，概述近两年首都文化的新进展，重点分析当前首都文化在国际国内的实力和竞争力，并提出加强具有世界影响力的文化中心城市建设的对策建议。

关键词：

首都文化　世界影响力　文化竞争力　文化中心城市　对策建议

扎实推进社会主义文化强国建设是新的历史阶段国家文化建设发展的战略

* 李建盛，博士，北京市社会科学院文化研究所所长、研究员，主要从事文艺理论研究和文化研究。

部署，北京作为国家首都和全国文化中心，其文化建设应在全国文化建设发展中发挥示范带动作用，为社会主义文化强国建设做出更大贡献。为此，北京市提出首都文化建设发展的更高目标，推出了一系列推进首都文化建设发展的新举措。2011 年以来，北京市发挥全国文化中心示范作用、加快建设有中国特色社会主义先进文化之都、有世界影响力的科技文化创新之城，使北京成为具有世界影响力的文化中心城市。这标志着北京作为国家首都和全国文化中心，在文化建设发展层面提出了更高的战略目标和要求，也意味着首都北京的文化建设应取得更大的繁荣发展。建设具有世界影响力的文化中心城市，就是要在国际国内，特别是在世界城市体系中推动北京文化的全面快速发展，增强首都文化实力和大力提高首都文化竞争力。这不仅是北京文化建设的发展目标，还是首都文化发展的战略性任务。

一　新历史阶段首都文化建设的战略目标

北京进入实施“人文北京、科技北京、绿色北京”战略和建设中国特色世界城市的重要阶段。在社会主义文化强国建设的战略部署指引下，北京文化建设提出了新的战略目标。2011 ~ 2012 年，首都文化建设的发展战略问题、顶层设计问题和战略措施问题被提到实践日程上。加快建设中国特色社会主义先进文化之都，加快推进全国文化中心建设，建设具有世界影响力的科技文化创新之城，建设在国内发挥示范作用、在国际上发挥重大影响力的文化中心城市，充分体现了在新的历史发展阶段，从文化建设战略目标和实践目标等层面对北京提出的新要求。

（一）立足首都，服务全国，推进全国文化中心建设

北京作为全国文化中心，有着悠久的历史，近年来，全国文化建设日益加强。从春秋战国时期的蓟城到隋唐时期的幽州，北京一直是华北地区区域性文化中心。从辽南京、金中都之后，北京便逐渐从区域性文化中心转变成为全国文化中心城市。元大都之后，北京成为全国国家统一的首都，成为中国的政治中心和文化中心，全国文化中心的地位由此奠定和确立。新中国成立以来，全

国文化中心作为北京城市的性质在某种程度上一以贯之。改革开放后，北京作为全国文化中心的性质、内涵和作用得到了进一步明确和完善。新世纪以来，首都文化不断繁荣和发展，北京作为国家首都、全国政治中心和文化中心、国际交往中心的文化性质、文化作用和文化功能更加丰富和完整。

2011～2012年，加快建设全国文化中心的课题受到了前所未有的重视。巩固和提升首都国家文化中心地位，发挥首都全国文化中心示范作用，是新历史时期首都文化建设发展的新要求。北京市“十二五”规划提出要提升北京的全国文化中心地位。2011年，北京市人大常委会开展了推进全国文化中心建设专项调研，就全国文化中心的内涵和主要功能、文化创新与城市发展转型、文化法制环境建设、国家文化中心的国际比较、国家和民族文化遗产保护与传承、首都文化创意产业发展、公共文化服务体系建设、文化创新与文化体制改革和政策完善等展开专题调研，并于2012年结集出版《推进全国文化中心建设》。与以往关于全国文化中心建设研究明显不同的是，报告强调了全国文化中心建设的顶层设计和战略框架。2011年10月，十七届六中全会《决定》提出要发挥首都全国文化中心作用。北京市提出要解放文化生产力，发挥首都全国文化中心示范作用，把北京建设成全国文化精品创作中心、文化创意培育中心、文化人才集聚教育中心、文化要素配置中心、文化信息传播中心、文化交流展示中心，发挥好首都文化中心的表率引领作用、辐射带动作用、提升驱动作用、桥梁纽带作用、荟萃集聚作用。2012年1月的北京市政府工作报告提出，要通过着力发展公益性文化事业，加快发展文化创意产业，加大文化体制改革力度，加强历史文化名城保护，充分发挥全国文化中心示范作用，以高度的文化自觉和文化自信，加快建设社会主义先进文化之都。

近两年来，中央对首都文化建设的新要求和北京市对全国文化中心建设的定位目标，要求首都的文化建设不仅仅着眼于北京作为一个地域性城市的功能定位和战略目标，而是要提高到北京作为国家首都和全国文化中心的文化建设发展战略高度，这意味着北京的文化建设发展应当立足北京，服务首都和服务全国，在全国的文化建设发展繁荣中发挥“表率引领作用、辐射带动作用、提升驱动作用、桥梁纽带作用、荟萃集聚作用”，这是在社会主义文化强国中北京作为全国文化中心更高的发展目标和实践任务。

（二）坚持社会主义文化方向，建设中国特色社会主义先进文化之都

2010年8月，习近平同志在北京调研时指出，北京建设世界城市，要按照科学发展观的要求，立足于首都的功能定位，着眼于提高“四个服务”水平，既开放包容、善于借鉴，又发挥自身优势、突出中国特色，努力把北京打造成国际活动聚集之都、世界高端企业总部聚集之都、世界高端人才聚集之都、中国特色社会主义先进文化之都、和谐宜居之都，充分体现人文北京、科技北京、绿色北京的发展要求。由此正式提出了中国特色社会主义先进文化之都的概念和建设中国特色社会主义先进文化之都的要求。2011年，中共北京市委《意见》提出发挥文化中心示范作用，加快建设中国特色社会主义先进文化之都的任务。中国是社会主义国家，中国的总体事业是要建设中国特色社会主义，中国的文化建设是要建设中国特色的社会主义文化、体现中国特色社会主义的理想信念和精神价值。把北京建设成中国特色社会主义先进文化之都，是首都文化建设的历史重任和使命。

中国特色社会主义先进文化之都建设从内涵上是建设、创新和发展中国特色的社会主义文化，在方向上是建设、创新和发展社会主义的先进文化，这充分表明了中国特色社会主义先进文化之都的文化性质、文化内涵和文化导向。中国特色社会主义先进文化之都的战略目标，主要体现在两个重要方面：一是在国内发挥示范带动作用，二是在国际上发挥自我话语权的作用。

从国内文化建设发展坐标上看，北京作为国家首都，文化建设发展应该在当代中国社会主义文化建设中发挥引领示范作用。中国特色社会主义先进文化之都应是具有中国特色的并且是社会主义先进文化中心，首先要在文化发展方向上和文化价值导向上发挥示范引领作用。北京的文化建设发展承担着国家文化价值导向的职能，中国特色社会主义先进文化之都是中华民族优秀文化传统、先进文化价值和文化精神的承载中心和传播中心，首都的文化形象和文化精神应该成为国家文化形象、文化精神的象征和代表。因此，中国特色社会主义先进文化之都的建设，尤其要重视首都文化的价值建设，发挥社会主义核心价值体系在首都文化建设发展中的引领作用。

从国际文化体系坐标上看，北京的文化建设在世界城市格局和首都城市格局中都具有重要性。北京的文化建设应该在当代世界文化格局和文化价值体系中体现自身的话语权地位。文化既具有普适性的一面，同样也具有意识形态的一面。无论是文化事业还是文化创意产业，既具有满足人们精神生活需要的作用，也发挥着价值导向和意识形态塑造的功能。中国特色社会主义先进文化之都的文化，作为国际交往中心和中国特色世界城市的文化，北京的文化应成为中国特色社会主义先进文化的象征，在世界上发挥国家文化形象、文化价值和文化精神的象征和代表作用，在国际文化话语体系中体现国家的话语权地位。

（三）科技创新与文化创新“双轮驱动”，建设具有世界影响力的科技文化创新之城

2012 年 6 月，中共北京市委第十一次党代会召开。党代会报告提出，在新的历史发展阶段，北京已经在科学发展的道路上迈出了坚实步伐，奠定了较好的工作基础。北京有条件而且必须更好地发挥支撑、引领和示范作用，进一步提升创新能力，形成创新驱动发展模式，把北京建设成为“有世界影响力的科技文化创新之城”。近年来，科技北京建设取得了重要成效。2011 年，北京高新技术产业、科技服务业、信息服务业实现增加值 3625. 7 亿元，比 2008 年增长了 51. 2%；高新技术企业保有量 7300 家，占全国近 20%；全年技术合同成交额 1890. 3 亿元，是 2008 年的 1. 8 倍，占全国的 40%。北京的高新技术企业得到了迅速发展，截至 2012 年 9 月，北京市高新技术企业保有量 7300 家，占全国总数的近 20%，其中示范区高新技术企业数量达到 5909 家，占全市总数的 81. 5%。北京的科技创新和科技发展位于全国领先地位，是全国的科学技术中心，为建设科技文化创新之城提供了可能性，也为建设有世界影响力的科技文化创新之城提出了更高的要求。

2012 年 9 月，北京市出台《中共北京市委、北京市人民政府关于深化科技体制改革加快首都创新体系建设的意见》（以下简称《意见》）。《意见》提出，要以提高自主创新能力为核心，进一步深化科技体制改革，加快首都创新体系建设，发挥中关村国家自主创新示范区的龙头作用，促进科技与经济社会发展紧密结合、强化企业技术创新主体地位、加强科技资源统筹融合、优化人

才发展环境，为初步建成有世界影响力的科技文化创新之城和建设中国特色世界城市提供有力的体制和机制保障，为创新型国家建设做出新贡献。《意见》是立足国家创新战略，面对新的历史机遇，紧密结合首都科技文化资源优势和科技文化创新的必然要求而提出的。北京建设国家创新中心，掌握经济科技竞争制高点和产业发展主动权，是首都科学发展的迫切需要，是加快经济发展方式转变和推动经济结构调整的战略举措，也是建设中国特色世界城市的重要动力。在首都创新发展中，应充分发挥首都优势、明确目标，加强顶层设计、实现重点突破，率先形成科技创新、文化创新“双轮驱动”的发展格局。以文化科技融合工程带动科技文化创新之城的建设，抓住全局性、战略性的重大科技需求，制定核心技术、关键技术、共性技术攻关和标准，以先进技术支撑文化装备、软件、系统研制和自主发展，利用和发挥科技创新对文化创新的作用，为文化精品创作、公共文化服务体系建设、文化创意产业发展、文化交流传播提供动力支撑。

北京提出建设“有世界影响力的科技文化创新之城”，是基于首都科技文化创新发展的实际，在国际国内的城市格局中提出的发展目标定位。科技文化创新之城的建设以提高城市的自主创新能力为主导，把科技创新作为城市发展的动力，把文化创新作为城市发展的基础，通过科技创新与文化创新双轮驱动和深度融合，推动城市经济发展方式转变，以创新、创意、创造提高城市竞争力。对于首都北京而言，有世界影响力的科技文化创新之城，意味着在全国城市科技文化创新发展中发挥引领示范作用，在世界城市体系中成为具有科技文化创新竞争力的中心城市。

（四）全面繁荣发展首都文化，建设具有世界影响力的文化中心城市

2011年12月，为落实党的十七届六中全会通过的《中共中央关于深化文化体制改革推动社会主义大发展大繁荣若干重大问题的决定》，中共北京市委第十届十次全会在制定的《关于发挥文化中心作用加快建设中国特色社会主义先进文化之都的意见》中提出，把加快建设中国特色社会主义先进文化之都、建设“具有世界影响力的文化中心城市”作为北京市当前和今后一个

时期重要而紧迫的任务。2012 年 6 月召开的中共北京市委第十一次党代会的报告再次强调要加快建设中国特色社会主义先进文化之都和具有世界影响力的文化中心城市。由此，建设“具有世界影响力的文化中心城市”成为 2012 年首都文化建设发展中的重要概念和命题，也将成一个时期首都文化建设重要而紧迫的任务。

“具有世界影响力的文化中心城市”，意味着北京的文化实力和文化竞争力不仅仅是北京作为一个城市的文化实力，也不仅仅是北京作为全国文化中心城市的文化实力和文化竞争力，更重要的还是北京作为国际化大都市在世界城市体系中的文化实力和文化竞争力。具有世界影响力的文化中心城市，首先是指城市本身文化的繁荣发展，城市本身的文化是否具有实力，是决定一个城市在城市体系中是否有实力和竞争力的基础；其次是指城市文化在城市整体发展中发挥着重要作用，也就是文化在城市“五位一体”的发展中是否发挥着重要作用；再次是指城市是全国城市体系中的文化中心城市，在国内没有文化竞争力的城市难以在世界城市体系中形成影响力，更难以形成竞争力；最后，“具有世界影响力的文化中心城市”应该且必须在世界城市体系中具有持续影响力和强劲竞争力，否则不可能成为具有世界影响力的文化中心城市。因此，北京提出建设具有世界影响力的文化中心城市，是在国内纵向一体化的城市体系和国际横向一体化的世界城市格局和城市体系中提出的文化发展战略目标。换言之，“具有世界影响力的文化中心城市”应当在发挥全国文化中心示范作用基础上，体现北京在世界城市体系中的文化实力和竞争力，只有实现了国内与国际的有机结合，北京才能真正成为在国际上具有重大影响力的著名文化中心城市。

二　建设具有世界影响力的文化中心城市的战略任务

“具有世界影响力的文化中心城市”至少包含三个重要的内容。一是北京作为全国文化中心，文化建设发展应在国内发挥全国文化中心示范带动作用。在文化建设发展上，要立足北京，服务首都，服务全国文化的繁荣发展；二是北京作为国家首都，文化建设要在国际上产生重大影响力、具有显著竞争力；

三是北京作为世界城市格局中的文化中心城市，应在世界文化城市中凸显自身。中共北京市委关于发挥文化中心作用、加快建设中国特色社会主义先进文化之都的《意见》中提出：“党中央高度重视首都文化建设，对首都的文化改革发展做出了一系列重要指示，党的十七届六中全会《决定》提出发挥首都全国文化中心示范作用的要求。认真贯彻落实中央精神，打造中国特色社会主义先进文化之都，建设具有世界影响力的文化中心城市，是当前和今后一个时期全市重要而紧迫的战略任务。全市各级党委和政府必须以高度的文化自觉和文化自信，按照首善的标准，更加自觉地承担起推动社会主义先进文化发展的重任，更加自觉地承担起传承中华民族优秀文化的重任，更加自觉地承担起满足人民群众更高精神文化需求的重任，更加自觉地承担起为提升国家文化软实力服务的重任。”① 建设具有世界影响力的文化中心城市，意味着北京的文化建设既是在国内文化城市建设的格局中定位自己的发展战略目标，更意味着北京的文化发展是在世界城市格局中定位自己的发展战略目标。这就要求北京以四个“更加自觉”承担首都文化发展的重任。

北京文化的建设发展，应从战略发展的高度来考虑国家首都的文化发展、文化竞争力和文化形象建设问题，从国家发展大局出发，把握国际国内形势，把文化建设发展上升到国家和民族的发展大局进行战略思考。建设具有世界影响力的文化中心城市，就要更加自觉地承担起推动社会主义先进文化发展的重任，更加自觉地承担起传承中华民族优秀文化的重任，更加自觉地承担起满足人民群众更高精神文化需求的重任，更加自觉地承担起为提升国家文化软实力服务的重任。

（一）更加自觉地承担起推动社会主义先进文化发展的重任，意味着北京作为首都，作为全国政治中心和文化中心，其文化建设不仅是中国社会主义文化建设的重要组成部分，而且应当在中国的社会主义先进文化建设中发挥更大的作用。所谓更加自觉，就是要自觉地认识到中国社会主义先进文化在中国文化建设中的重要性和主导地位，就是要深刻把握中国社会主义先进文化的性

① 《中共北京市委关于发挥文化中心作用加快建设中国特色社会主义先进文化之都的意见》，《前线》2012 年第 1 期。

质、内涵和特征，就是要充分认识中国社会主义先进文化在首都文化发展繁荣中的指导作用，就是要更加自觉地、创造性地发展和创新中国社会主义文化。不仅要把中国社会主义先进文化的建设、创新和发展作为首都文化繁荣发展的任务，而且要发挥全国文化中心在国家社会主义文化建设发展中的示范作用，把北京建设成为弘扬、发展和宣传中国社会主义先进文化的文化中心城市。从北京作为国际城市来看，北京作为中国国家首都的文化建设既要具有世界包容性，也必须具有自身的价值导向体系，具有鲜明的文化性格。尤其是在当今以西方文化价值体系为基础的世界城市文化体系中建设中国特色社会主义文化，必须自觉加强自身的文化价值和文化精神建设。正如西方学者 Neil Benner 和 Roger Kell 所说："世界城市必须被看做是一种文化盟主权的工程，因为它创造了一种意识形态的和物质的领域，这个领域是以西方文化形态的支配地位为基础的。确实，在许多方面，就其明显地以西方文化形式和知识范式为基础而言，世界城市研究本身就被文化帝国主义所渗透。"① 因此，更加自觉地承担起推动社会主义先进文化发展的重任，是北京作为国家首都和全国文化中心的任务，是建设具有世界影响力的文化中心城市的重任。

（二）更加自觉地承担起传承中华民族优秀文化的重任，意味着北京作为具有3000多年建城史和850多年建都史的世界著名历史文化名城，作为中国城市文化和历史文化积聚的典型代表，更加自觉地承担起保护、传承和弘扬中华民族优秀文化的重任。北京不仅要在传承北京优秀历史文化中发挥示范作用，而且要更加自觉地承担起传承中华民族优秀文化的重任；不仅要更加自觉地以文化科学发展观统筹协调城市传统文化和现代城市文明发展之间的关系，而且要在特色文化建设中发挥示范作用；不仅要更加自觉地发挥首都在全国文化中心建设中的示范作用，而且要在世界传播中华优秀文明和优秀文化中发挥积极作用，把北京建设成为传承、弘扬中华民族优秀文化的文化中心城市。

（三）更加自觉地承担起满足人民群众更高精神文化需求的重任，意味着

① Neil Brenner and Roger Kell, "Introduction: Global City Theory in Retrospect and Prospect", *Global Cities Reader*, Neil Brenner and Roger Kell (eds.), London and New York: Routledge Tayler & Francis Group, 2006, p. 309.

北京作为全国文化中心，要更加自觉地建设好和利用好北京的公共文化服务体系，积极推进文化惠民工程，满足人民群众日益增长的文化需求。坚持公共文化服务的公益性、基本性、均等性和便利性原则，充分整合、利用和发挥北京市和中央的公共文化资源，加强首都公共文化服务体系的基础设施建设、体制机制建设和服务管理建设，增强公共文化服务的公共性、文化性和服务性，建设首都全国文化中心相适应的公共文化服务体系，不仅满足首都市民的公共文化需求，而且满足全国人民的公共文化服务需求，让全国人民共享首都城市发展和首都文化发展的成果，建设文化事业全面繁荣和公共文化服务体系优质健全的文化中心城市。

（四）更加自觉地承担起为提升国家文化软实力服务的重任，意味着作为中华人民共和国的首都、国际交往中心和特大型国际化大都市，北京的文化建设发展要在世界城市格局中凸显自身，要在全球文化发展和竞争中增强自己的实力，提高首都文化在国际上的影响力和话语权地位。北京市提出了从人文北京、科技北京、绿色北京建设的战略高度建设中国特色世界城市的目标，这意味着北京的文化建设要具有世界城市的文化维度。世界城市是国际城市的高端形态，是全球经济、政治、文化体系和网络的主要节点，是世界城市体系中高度集中的经济、政治、文化的指挥和控制中心。城市的整体文化实力和文化软实力，在世界城市体系和构成要素结构中具有举足轻重的地位，没有文化表现力、文化影响力和文化控制力的城市，难以成为世界城市。作为首都的文化，是象征和代表国家的文化，应该体现国家的文化形象，体现国家的文化精神，为国家文化发展、国家文化软实力建设和增强国家文化竞争力做出贡献，把北京建设成为具有世界影响力的文化中心城市。

三　近年来首都文化建设的新进展

近年来，北京市大力深化文化体制改革，发展文化事业和文化创意产业，加强历史文化名城的保护，北京文化建设的各个方面取得了重大成绩，积累了丰富的经验，在全国城市文化建设中处于领先地位，发挥了北京作为全国文化中心的重要作用。作为全国的文化中心，北京的文化体制改革、文化事业、文

化创意产业和对外文化交流等方面都取得了重要成就，为加快建设“具有世界影响力的文化中心城市”奠定了基础。

（一）北京的文化改革创新取得重要进展

近年来，北京围绕重塑市场主体、完善市场体系、改革宏观管理、健全政策法规、转变政府职能等环节全面推进文化体制改革，基本实现从单位试点改革向体制改革全面推进的转变。转企改制工作进一步深入，激活了文化建设发展的体制机制，加强了文化资源的整合力度，涌现了一批骨干文化企业。2011年，中共北京市委关于发挥文化中心作用、加快建设中国特色社会主义先进文化之都《意见》提出实施文化创新工程，激发体制机制活力，进一步创新文化管理体制、加强知识产权保护、运用、健全文化投融资服务体系、深化文化事业单位改革、健全文化市场体系、推动文化资源的整合利用的任务。在2012年9月25日召开的全国文化体制改革工作表彰大会上，共有32个全国文化体制改革工作先进地区、296个先进单位和198名先进个人获得表彰，其中北京市获得“全国文化体制改革工作先进地区”称号，15个单位获先进单位称号，7名先进个人受到表彰，先进单位获奖数量居全国之首，在文化体制改革创新发展中北京走在了全国前列，基本形成文化事业和文化创意产业双轮驱动首都文化建设和发展的格局。

（二）公共文化服务体系建设全国领先

近年来，北京市进一步加大公共文化服务体系建设力度，加强和完善了公共文化服务体系的投入机制，充实了公共文化服务体系建设的人才队伍，基本建成全市及各区县、街道、社区（行政村）四级公共文化服务体系，基本实现了北京市农村基础文化设施全覆盖的目标。文化惠民工程大幅度发展，目前建成文化信息资源共享中心各级中心、基层服务点4295个，覆盖率达100%；圆满完成广播电视“村村通”的工程建设任务。2012年，首都六大联盟推出9大类100多项惠民措施，全市实现了文化馆、公共图书馆和博物馆的免费开放。到2012年底，全市四级公共文化设施平均覆盖率达到98.78%，其中市级“文图”两馆覆盖率100%；区县覆盖率100%，42个文化馆、图书馆，除两

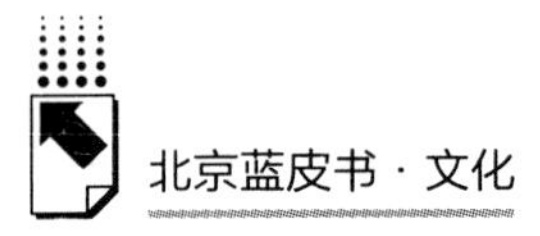

个达到国家二级馆外，其余均为国家一级馆；街乡文化服务中心142个、覆盖率98.6%，乡镇文化站178个、覆盖率100%；社区文化室2465个、覆盖率92.5%；行政村文化室3910个、覆盖率99.16%，实现了农村地区文化设施全覆盖。基层街道乡镇和社区行政村覆盖率平均达到97.57%，文化信息共享工程实现“村村通”，公共图书馆计算机信息服务网络覆盖全市。在全国公共文化服务综合指数总量排行中，北京市人均公共文化服务指数位居全国前列。

（三）文化创意产业快速发展

“十一五”期间，北京市大力发展文化创意产业，推动产业结构升级和经济增长方式转变，有关部门先后四次认定北京的文化创意产业聚集区，到2010年，北京文化创意产业聚集区达到30个。2012年1~9月，北京市完成文化创意产业投资197亿元，文化创意产业占GDP比重达到12.9%。北京市文化创意产业共有法人单位5万多家，其中规模以上企业法人单位6800多家。全市全口径文化创意从业人员已经达到120多万人，从业规模居全国首位。目前，北京文化创意产业产品和服务规模、质量和影响位于全国前列；文化科技与文化创新能力明显提高；重点文化工程和文化基础设施建设投入加大，主要指标达到或接近世界发达城市水平；以骨干文化企业和战略投资者为主体、以文化创意产业集聚区为依托的聚集—扩散新发展格局初步形成，文化创意产业所有制结构进一步优化；文化融资服务体系不断健全；文化市场要素日益活跃。北京市的文化创意产业已成为第三产业中仅次于金融业的第二大支柱产业，成为北京经济的支柱产业。2012年12月19~23日举办的第七届中国北京国际文化创意产业博览会展示了文化科技融合下催生的新产品、新业态，北京东城、西城、海淀、朝阳、昌平等12个区县的数十个文化创意产业园区、集聚区大规模参展，展现了文化创意产业高端化、集聚化、功能化发展的新形象。

（四）历史名城保护和文博事业成效突出

近年来，北京市本着弘扬历史文化、保护历史文化名城风貌、建设世界文化名城的文化定位，更加强调整体保护历史文化名城的重要性。北京市制定了

一系列保护规划，颁布了一系列措施。文物保护的重点实现了从单体修缮向环境整治和改善、从景点保护到成片保护、从单位保护向整体保护的转变，初步形成了具有保护价值的建筑、文物保护单位、历史文化街区、历史文化名城四个层次的历史文化名城保护体系，旧城整体风貌保护取得了显著成效，历史文化名城保护和发展呈现出物质文化遗产和非物质文化遗产并重保护、整体推进的良好态势。北京市近五年共投入文物保护专项资金16亿元，实施重点文物保护工程近200项。从2012年起，北京设立10亿元“文物及历史文化保护区专项资金”，制定“百项文物保护修缮计划”。2012年，北京市加大文物保护投入力度，设立文物与历史文化保护区专项资金，主要用于文物修缮工程、安全技防工程、保护规划编制等方面，重点支持了香山寺修缮、北京钟鼓楼修缮、河防口长城修缮、八达岭长城修缮等项目，有效改善了北京市文化遗产保护状况。2012年，北京市完成了北京中轴线申遗的相关编制工作，文本已经上报国家文物局，并列入申请加入世界遗产预备名单。近十年来，北京市文物部门针对中轴线保护已投入经费超10亿元，开展多处中轴线文物保护单位文物修缮和环境整治工作，对于保护北京历史文化名城和彰显古都文化魅力发挥了重要作用。

（五）文化交流和文化传播不断拓展，对外文化交流成果显著

近年来，作为全国文化中心和国际交往中心，北京的对外文化交流和传播发展迅速，富有成效。北京市逐步制定文化交流开放性政策法规，引入制度化和法规化管理；文化交流项目数量和规模显著增长，文化外交与文化交流形式更加多样化；“引进来”与“走出去”相互协调，相辅相成；文化交流的管理和经营机制转换进一步深入，运作更为成熟，与市场、国际接轨更为密切；努力创建文化交流品牌，搭建世界性文化交流平台，初步形成国际都市的开放气象，尤其是北京奥运会的成功举办和新中国成立60周年等契机，进一步增强了北京与世界的文化交流；充分利用友好城市众多和传统节庆活动，通过在世界多个国家和地区举办一系列北京文化节、北京文化周等文化交流活动，使北京对外文化交流和文化传播走在全国前列。北京海关统计数据显示，“十一五”期间，北京文化贸易进出口额从2006年的12.65亿美元，快速增长到

2011年的26.79亿美元，5年时间翻了一番多，年复合增长率达16.2%。2011年，北京市文化产品进出口总值达5.7亿美元，其中进口总值约为4亿美元，同比增长0.52%；出口总值约为1.7亿美元，同比增长16.34%。“十二五”以来，北京对外文化贸易继续保持稳定性增长，2012年1~9月，北京地区文化产品进出口总值达4亿美元，同比增长22.5%，其中出口总值约为1.2亿美元，同比增长15%；进口总值约为2.8亿美元，同比增长25.9%。

四 国际国内城市视野中的北京文化发展实力比较

建设具有世界影响力的著名文化中心城市，其文化实力和文化竞争力必须在国际国内视野中进行比较。北京建设具有世界影响力的文化中心城市，首先是国内要具有实力和竞争力的文化中心城市，其次是在国际上要具有重大竞争力的文化中心城市。根据这两点，本报告结合一些关键性指数，比较分析北京的文化实力及存在的差距。

（一）北京与国内重要城市综合竞争力与文化竞争力分析

具有世界影响力的文化中心城市，首先应该是国内城市中具有城市总体竞争力和文化实力的城市。

表1中的中国省市自治区的综合竞争力、文化产业发展指数和公共文化服务指数分别参考中国城市竞争力研究会公布的“2012中国省区综合竞争力排行榜”、中国人民大学文化产业研究院公布的“2012中国省市文化产业发展指数”、《2011年全国31个省市自治区公共文化服务指数蓝皮书》（商务印书馆出版，2012年6月）。

表1 中国省市自治区竞争力排名

	1综合竞争力		2文化产业发展指数		3公共文化服务指数	
排名	城 市	得 分	省 区	得 分	省 区	得 分
1	广 东	95.38	北 京	79.8	广 东	80.91
2	香 港	93.63	上 海	79.2	江 苏	77.68
3	江 苏	92.23	天 津	78.9	浙 江	75.00

续表

	1 综合竞争力		2 文化产业发展指数		3 公共文化服务指数	
排名	城　市	得　分	省　区	得　分	省　区	得　分
4	台　湾	91.68	广　东	77.7	四　川	72.73
5	山　东	91.51	浙　江	76.0	河　南	71.19
6	浙　江	91.35	江　苏	75.3	山　东	68.68
7	上　海	90.32	四　川	73.7	湖　南	64.92
8	天　津	89.55	山　东	73.7	湖　北	64.61
9	北　京	88.41	福　建	73.4	河　北	62.54
10	辽　宁	86.88	辽　宁	73.3	辽　宁	62.32
22					北　京	50.39

“2012 中国省区综合竞争力排行榜”，根据经济、社会、环境、文化四大内容进行综合竞争力排名，由包括经济竞争力指数、产业竞争力指数、财政金融竞争力指数、商业贸易竞争力指数、基础设施竞争力指数、社会体制竞争力指数、环境/资源/区位竞争力指数、人力资本教育竞争力指数、科技竞争力指数和文化形象竞争力指数在内的 10 项一级指标、50 项二级指标、217 项三级指标组成。“2012 中国省市文化产业发展指数”对文化产业发展状况进行评估，它涉及文化生产力指数、文化影响力指数、文化驱动力指数三个大类，由包括文化资源、文化资本、人力资本、经济影响、社会影响、市场环境、公共环境和科研环境在内的 8 项一级指标、23 项二级指标组成。“2011 年全国 31 个省市自治区公共文化服务指数”对公共文化服务从“公共文化投入”“公共文化机构”“公共文化活动”“公共文化享受”四个维度进行评价，共设 38 项评价指标。

由上表可以看出，北京的综合竞争力得分为 88.41，排名第 9 位，在国内四个直辖市中排名第 3，弱于上海和天津；北京的文化产业发展得分为 79.8，在 31 个省市自治区中排名第 1；而北京市公共文化服务得分仅为 50.39，甚至未能进入前 20 名，排名第 22。北京市公共文化服务各项主要指数得分和排名分别为：公共文化投入综合指数得分 68.99（第 5 位），公共文化机构综合指数得分 38.33（第 26 位），公共文化活动综合指数得分 65.15（第 9 位），公共文化享受综合指数得分 43.85（第 24 位）。在较低的两项指标中，公共文化机构综合指数得分京津沪均位于后列，这主要是与京津沪行政辖区的面积有关，面积的相对狭小在一定程度上限制上了文化机构的总量。文化享受综合指数得分偏低，则说明辖区内人口对公共文化服务体系参与度不高，评价指标的人均数据得分体现了这一点。调查选取的12项二级指标中，公共图书馆购书费（元/人）处第3位，公共图书馆总流通人次（人次/百万）处第4位，拥有公共图书馆藏书册数（册/人）处第3位，公共图书馆阅览室坐席数（个/千人）处第6位，少儿公共图书馆总流通人次（人次/千人）处第8位，公共图书馆建筑面积（平方米/万人）处第9位，拥有群众文化设施面积（平方米/万人）处第9位，文物参观人数（人次/千人）处第1位，但艺术表演团体演出观众人次（人次/千人）处第31位，博物馆免费开放数量（个/百万人）处第21位，博物馆参观人数（人次/千人）处第26位，博物馆未成年人参观人数（人次/千人）处第29位。① 位于前列的几项多涉及公共图书馆，这与北京是科教资源最为密集的城市有关，公共图书、公共图书馆是公共文化服务体系中重要的组成部分，发挥着服务科研、教育的服务职能。而位于20位之后的有4项，则多涉及对日常文化娱乐活动的参与，这几项的排名靠后主要说明了两个问题，一是公共设施的数量与北京庞大的人口相比仍显不足，二是普通市民对公共文化活动参与的积极性不高，二者共同造成了人们对公共文化偏低的享受度。

表2是中国城市竞争力和文化竞争力的列表排名。“综合竞争力”数据排列1参考倪鹏飞主编的《中国城市竞争力报告》（社会科学文献出版社，2012年5月），排列2参考中国城市竞争力研究会公布的“2012中国省区综合竞争力排行榜”；“创新竞争力”数据参考中国城市竞争力研究会公布的“2012中国十大创新城市竞争力城市排行榜”；文化特色竞争力数据参考中国城市竞争力研究会公布的“2012中国十大城市风貌排行榜”；文化产业竞争力数据参考北京大学发布的《2013年两岸城市文化创意产业竞争调查报告》；公共文化服务力参考2012年《公共服务蓝皮书》（社会科学文献出版社，2012年3月），该项数据主要指文化体育类项目的满意度。②

---

① 《2011年全国31个省市自治区公共文化服务指数蓝皮书》，商务印书馆，2012年6月。

② 文化体育满意度评价指标包括：住所离最近的公共体育场或设施大概有多远；周边的健身场所或设施是否能满足您或家人的日常健身需求；住所离最近的文化活动场馆或设施大概有多远；对所在城市的体育文化情况进行整体评价。

表 2　中国城市竞争力与文化竞争力排名

	1 综合竞争力		2 创新竞争力		3 文化特色竞争力			4 文化产业竞争力	5 公共文化服务力
排名	排列 1	排列 2	城市	得分	城市	风貌特色	得分	城市	城市
1	香港	香港	深圳	90.84	惠州	幸福文化	92.38	北京	南京
2	台北	上海	北京	85.04	拉萨	雪域文化	91.07	上海	拉萨
3	北京	北京	广州	83.38	洛阳	河洛文化	89.77	台北	青岛
4	上海	广州	杭州	82.09	商丘	三商文化	88.59	杭州	上海
5	深圳	深圳	大连	80.25	肇庆	广府文化	88.16	南京	大连
6	广州	天津	昆明	79.88	荆州	荆楚文化	87.94	深圳	沈阳
7	天津	苏州	柳州	78.97	丽江	木府文化	86.84	厦门	成都
8	杭州	杭州	重庆	77.87	通辽	草原文化	85.72	成都	呼和浩特
9	青岛	台北	西安	76.06	南充	木偶文化	85.08	苏州	天津
10	长沙	重庆	焦作	75.26	潍坊	风筝文化	84.83	大连	宁波

表 1 已对北京公共文化服务和文化产业得分及在国内的排名作出了比较分析，这里就表 2 中的城市竞争力、创新竞争力和文化特色竞争力作比较分析。在“城市竞争力”中有两种排名，北京均位于第 3，不同的是排列 1 中北京的城市竞争力位于香港和台北之后，在中国内地城市中排名第 1，在排列 2 中北京位于香港、上海之后，在中国内地城市中排名第 2，说明北京与上海具有大致相当的竞争力。在“创新竞争力”中，北京排在深圳之后，位居第 2，在四个直辖市中北京是唯一进入前 10 的城市，且位居第 2，说明北京的创新知识和创新水平比较高。在“文化特色竞争力”中，北京、上海、广州、深圳等一线城市均未进入前 10 名。

从上面两组数据的比较分析来看，可以得出如下结论：（1）城市综合竞争力。北京的综合竞争力位于国内前列，是在国内具有竞争力的城市；（2）城市文化产业发展。北京的文化产业发展在国内位居第 1，北京在文化创意产业发展上在国内是具有较强竞争力的城市；（3）城市公共文化服务。北京的公共文化服务得分为 50.39，位居全国第 22 名；以文化体育满意度为单项的公共服务力得分为 62.25 分，不及 38 个城市的平均得分 64.26 分，在全国 38 个城市中排第 27 位，与前 10 名的得分有较大差距（前 10 名城市的得分分别为南京 72.77 分、拉萨 72.67 分，青岛 69.67 分、上海 68.84 分、大连

68.39分、沈阳68.06分、成都67.99分、呼和浩特67.30分、天津66.78分、宁波65.82分)。这说明北京公共文化服务在国内的竞争力方面还需要大力加强;(4)城市创新力。在城市创新力方面,北京市的排名虽在深圳之后,但位居全国第2,说明北京在科技创新和文化创新等方面在全国位于前列,具有较强竞争力;(5)城市特色竞争力。国内大城市均未进入前10名,这说明大城市的发展在全球化和现代化进程中,在保护和延续城市特色文化方面存在着值得高度重视的问题,在特色文化保护和建设方面需要做出努力。

(二)北京与国外重要城市综合竞争力与文化竞争力分析

具有世界影响力的文化中心城市,必须是在国际上和世界城市体系中具有文化实力和文化竞争力的城市,它是否是具有世界影响力的文化中心城市,必须在世界重要城市和文化城市的坐标中来比较分析。

1. 北京与世界城市综合竞争力比较

表3所列城市和排名分别参考中国社科院发布的《2012全球城市竞争力报告》、中国城市竞争力研究会发布的“2012世界城市竞争力排名”、英国《经济学人智库》发布的“2012全球城市竞争力指数报告”、美国花旗集团联合英国地产顾问公司Knight Frank公布的“全球城市竞争力排行榜”。

表3 2012年度世界城市综合竞争力排名

	1城市排名	2城市排名	3城市排名	4城市排名
1	纽约	纽约	纽约	伦敦
2	伦敦	伦敦	伦敦	纽约
3	东京	东京	新加坡	香港
4	巴黎	巴黎	巴黎/香港(并列)	巴黎
5	旧金山	洛杉矶	东京	新加坡
6	芝加哥	芝加哥	苏黎世	迈阿密
7	洛杉矶	香港	华盛顿	日内瓦
8	新加坡	首尔	芝加哥	上海
9	香港	华盛顿	波士顿	北京
10	首尔	莫斯科	法兰克福	柏林

表3第1列根据中国社科院发布的《2012全球城市竞争力报告》,北京未能进入该报告所列世界城市综合实力前10名,其中位于前10名的首都城市分别为

伦敦、东京、巴黎、新加坡和首尔，普遍认同的三大世界城市纽约、伦敦、东京位列其中。第2列根据中国城市竞争力研究会发布的“2012世界城市竞争力排名”，北京未能进入该排名的前10名，首都城市中伦敦、东京、巴黎、首尔、华盛顿、莫斯科位列其中，世界城市纽约、伦敦、东京位列其中。第3列参考英国《经济学人智库》发布的“2012全球城市竞争力指数报告”，北京同样未能进入世界城市竞争力前10名，首都城市伦敦、新加坡、巴黎、东京、苏黎世、华盛顿位列其中，著名世界城市纽约、伦敦、东京位列其中。第4列参考美国花旗集团联合英国地产顾问公司 Knight Frank 公布的“全球城市竞争力排行榜”，首都城市伦敦、巴黎、新加坡、日内瓦、北京位列其中，著名世界城市伦敦、纽约位列其中，而东京缺席；可喜的是上海、北京在这个排行榜中进入前10位，上海位居第8，北京位居第9。

表3不同的4组世界城市竞争力排名说明，北京的世界城市竞争力仍然还有较大进步空间，在前3组排名中均未进入前10名，在第4组排名中北京的世界城市竞争力虽然进入了前10名，但位置仍然靠后。这说明，北京在世界城市竞争力体系中的地位在一定程度上得到了体现和认可，但与一些世界著名城市相比仍然有较大差距。

2. 北京与世界影响力城市比较

表4是2012年4月科尔尼管理咨询公司公布的2012年世界城市影响力排名。

表4　2012年世界城市影响力排名

排名	城　　市	得分	排名	城　　市	得分
1	纽　　约	6.35	9	布鲁塞尔	3.33
2	伦　　敦	5.79	10	华 盛 顿	3.22
3	巴　　黎	5.48	11	新 加 坡	3.20
4	东　　京	4.99	12	悉　　尼	3.13
5	香　　港	4.56	13	维 也 纳	3.11
6	洛 杉 矶	3.94	14	北　　京	3.05
7	芝 加 哥	3.66	15	波 士 顿	2.94
8	首　　尔	3.41			

表4的世界城市影响力主要根据工商业活动（财富500强企业落户数量、商贸交易额等），人文因素（人口成分，如外国出生人口比例、教育成就和大

学质量等），信息流通（国际性传媒数量、宽带用户和信息管制程度等），文化氛围（博物馆、体育场馆和赛事、餐饮美食和文艺演出等）以及对全球政治的影响（外交使团、智库与国际性机构数量等）5个因素，各个要素所占比例为工商31%、人文27%、信息18%、文化13%、政治11%，其中人文和文化两项要素相加所占比例为40%。在表4中，著名世界城市纽约、伦敦、东京位于前5名，位列前15名的首都城市有伦敦、巴黎、东京、首尔、布鲁塞尔、华盛顿、新加坡、维也纳、北京。北京在世界城市影响力中位居第14名，在首都城市中位居第9名。这说明北京已经成为具有一定世界影响力的城市，但是与纽约、伦敦、巴黎、东京、香港等城市相比仍有较大差距。

3. 北京与国际城市文化设施比较

表5中，第1栏、第2栏、第3栏、第4栏、第5栏中的纽约、伦敦、巴黎和东京数据参考《2012世界城市文化报告》，北京市数据参考《2012年北京市统计年鉴》。其中第3栏数据中“人均参观次数”一项包含博物馆、美术馆两项内容。第6栏数据参考《推进全国文化中心建设》（红旗出版社，2012年）。

表5 国际城市文化设施比较

指标		北京	纽约	伦敦	巴黎	东京
1 公共图书馆	数量(座)	25	220	383	830	377
	每十万人图书馆占有量	0.13	3	5	7	3
2 博物馆	数量(座)	162	131	173	137	47
	国家级博物馆数量(座)	11*	5	11	24	8
3 美术馆	数量	50	721	857	1046	688
	人均参观次数(含博物馆)	0.68**	1.9	3.2	2	0.8
4 剧院	数量	68	3752	214	353	230
	每年表演的场次	11625	43004	32448	26676	24575
5 电影院	数量	126	117	108	302	82
	银幕数量(块)	676	501	566	1003	334
	每百万人占有银幕块数	33	61	73	85	25
6 宗教建筑数量		114	50436	13974	9255	90433

* 北京市拥有的国家一级博物馆数量。

** 根据《2012年北京市统计年鉴》公布的数字，用参观的总人次除以北京市当年的总人口数量，得人均参观次数。

表5中北京的文化设施与纽约、伦敦、巴黎、东京的数据比较显示，北京公共图书馆数量为25座，仅为纽约的10.9%、伦敦的6.3%、巴黎的2.9%、东京的6.4%，每10万人图书馆占有量北京位于其他4城市之后并相差较大；在国家博物馆数量中，北京位居第2，而国家级博物馆位居第1；北京的美术馆数量远低于其他四大城市，人均参观次数也最少；剧院数量远低于其他四大城市，每年表演的场次也最少；电影院数量在五个城市中位居第2，每百万人占有银幕块数仅高于东京，远低于其他几个城市。这说明，北京与这四大城市相比，有其优势，也有差距，但总体上偏弱，北京的公共文化设施、公共文化活动和公共文化参与度有待进一步加强。

4. 北京与国际城市文化影响力比较

表6为北京与国际城市文化影响力数据比较。第1列北京数据参考第六次人口普查数据；第2列数据参考《2012世界城市文化报告》；第3列数据参考ICCA（国际大会及会议协会）公布的数据，其中东京数据为东京政府公布的数据，年份为2011年；第4列数据参考《推进全国文化中心建设》（红旗出版社，2012年）；第5列数据参考MGDCI（万事达卡）公布的“2012世界旅行目的地指数”；第6列数据参考《2012世界城市文化报告》，北京市数据来源自《2012年北京市统计年鉴》。

表6　国际城市文化影响力比较

城市	1. 外籍人口占总人口比重	2. 世界文化遗产数(个)	3. 年举办国际会议次数(次)	4. 国际总部数量/排名	5. 年入境旅游人次(万人)	6. 留学生数量(人)
纽约	28.4%	1	不详	232/6	760(2012)	60791
伦敦	30%	4	115(2011)	495/3	1700(2012)	99360
巴黎	25%	4	174(2011)	866/1	1600(2012)	96782
东京	3.07%	1	153(2011)	65/20	430(2012)	43188
北京	0.53%	6	111(2011)	3*/不详	620(2012)	39141

*国际竹藤组织、上海合作组织、国际旅游组织。

表6显示，目前北京的外籍人口占总人口比重仅为0.53%，远低于纽约、伦敦和巴黎，也低于东京。在年度举办的国际会议次数上，北京也低于伦敦、巴黎、东京；国际总部数量北京更是屈指可数；年入境旅游人次北京高于东

京，低于纽约、伦敦、巴黎；留学生数量同样低于列表中的其他城市。而以上几项内容既涉及城市文化融合与文化认同度，也影响世界城市文化交流与传播，在发挥和显示城市文化影响力方面具有重要的作用。表6中，北京的世界文化遗产数量位居五大城市之首，体现着北京历史文化的深厚底蕴。

5. 北京与国际其他城市文化产业领军企业的比较

表7中的国际文化产业排名情况来自亚太总裁协会，2012年9月发布。

表7 国际文化产业领军企业30强

排名	企业	主营类别	总部所在城市	公司所属国家
1	美国国际数据集团	信息技术出版、研究与风险投资	波士顿	美国
2	索尼音乐娱乐公司	唱片、娱乐	纽约	日本
3	华特迪斯尼公司	传媒、娱乐	伯班克	美国
4	纽约时报	报刊	纽约	美国
5	澳大利亚新闻集团	综合性传媒	纽约和悉尼	澳大利亚
6	时代华纳	传媒	纽约	美国
7	美国全国广播公司	商业广播电视	纽约	美国
8	美国广播公司	广播电视	纽约	美国
9	美国维亚康姆	传媒	纽约	美国
10	加拿大汤姆森公司	传媒	渥太华	加拿大
11	美国20世纪福克斯公司	电影	洛杉矶	美国
12	法国哈瓦斯集团	广告、传媒	巴黎	法国
13	英国维珍集团	娱乐	伦敦	英国
14	韩国 Nexon	网络游戏	首尔	韩国
15	美国麦格劳－希尔出版公司	教育类图书出版	纽约	美国
16	荷兰励德·爱思唯尔集团	医学与其他科学文献出版	伦敦和阿姆斯特丹	荷兰
17	德国贝塔斯曼集团	娱乐内容制作和传播	居特斯洛	德国
18	美国培生教育集团	教育出版	伯根	美国
19	美国在线	互联网服务	纽约	美国
20	美国威尔逊公司	印刷出版	纽约	美国
21	韩国 NCsoft	网络游戏	首尔	韩国
22	英国路透集团	新闻、财经、投资管理	纽约	英国
23	法国金融时报集团	财经新闻和分析	法国	巴黎
24	兰登书屋	图书出版	纽约	德国
25	美国华纳兄弟娱乐公司	电影和电视娱乐制作	伯班克和纽约	美国

续表

排名	企业	主营类别	总部所在城市	公司所属国家
26	日本集英社	综合出版	东京	日本
27	美国读者文摘	杂志	纽约	美国
28	日本角川书店	文学书刊出版	东京	日本
29	美国托马斯出版公司	工业书刊出版	纽约	美国
30	日本岩波书店	综合性图书出版	东京	日本
40	中国出版集团公司	图书出版	北京	中国
44	中国电影集团	电影	北京	中国

表7显示，在前30位排名中，公认的世界城市中纽约有15家文化企业，涉及文化产业领域中的唱片、娱乐、报业、传媒、广播电视、教育类图书出版、互联网服务、印刷出版、新闻、财经、投资管理、杂志、工业书刊出版等，在世界城市中位居第1并遥遥领先。巴黎有2家文化企业位居前30名，涉及广告传媒和财经新闻与分析；伦敦有2家文化企业位居前30名，涉及医学与其他科学文献出版、娱乐等；东京3家文化企业位居前30名，涉及综合出版、文学书刊出版、综合性图书出版，体现了日本提出的“出版立国”的文化发展战略。中国没有文化产业企业进入到前30名文化产业领军企业，中国文化产业企业进入前50名的有中国出版集团公司，排名40；中国电影集团，排名44；中国凤凰出版传媒集团，排名47。在列表中北京的中国出版集团公司和中国电影集团进入50强，这说明，中国文化产业领军企业开始跻身世界前50强，北京有2家文化企业进入50强，但总体上看，北京仍然缺乏有较大竞争力的文化领军企业，纽约是世界上真正的文化产业领军企业聚集之都。

五　加强具有世界影响力文化中心城市建设的建议

本报告的研究分析表明，北京作为中国国家首都和全国文化中心，毫无疑问是全国的文化中心城市，在城市综合竞争力上走在全国前列，在文化创意产业发展上位居全国首位，但在公共文化服务建设方面比较滞后。在世界城市文化发展上作为国际性大都市，北京与国外许多重要城市相比仍有较大差距，在文化建设和创新发展上虽有一定影响力，但仍然缺乏核心竞争力，因此，北京建设具有世界影响力的著名文化中心城市任重而道远。

（一）加强国际国内视野中北京文化建设实力的比较研究，确立当前北京文化发展实力的位置

当前，北京市确立了到2020年建设成为在国内发挥示范带动作用、在国际上具有重大影响力的著名文化中心城市的战略目标。但是，目前对于北京文化实力在国内，特别是在国际重要城市中的真正实力位置尚不很清楚。建设具有世界影响力的著名文化中心城市，必须清楚自身在世界重要文化城市格局中的实力和竞争力，才能更好地明确自身的战略任务和措施。首先要深入研究和分析世界著名文化中心城市文化建设的顶层设计和发展战略；其次要深入研究著名世界城市的文化实力，无论城市文化建设、城市公共文化体系建设，还是城市文化创意产业发展、城市文化遗产保护与传承等，都应当放在中国尤其是世界城市体系中进行深入研究、比较和分析，找出自身所具有的优势和特色，特别是要寻找自身与重要世界城市文化实力的差距，并从北京建设具有世界影响力文化中心城市的战略目标定位出发，加强具有世界影响力的文化中心城市的顶层设计、战略框架和战略措施。

（二）加强首都文化发展内涵和战略目标研究，明确首都文化建设中的战略着力点

在谈到首都北京的文化建设和战略目标时，存在着诸多概念和目标叠加甚至重叠的问题导致了首都文化建设的内涵和外延不够清晰。“全国文化中心”、“中国特色社会主义先进文化之都”、“有世界影响力的科技文化创新之城”、“具有世界影响力的文化中心城市”、“在国际上具有重大影响力的文化中心城市”等，除“全国文化中心”作为首都城市性质之一被沿用多年外，其他几个名称作为新的历史阶段首都文化建设发展的战略目标，都是在近几年中才提出来的，对于它们的内涵、外延、目标任务都研究得不够。2011～2012年，它们均成为了政府表述、学者研究和媒体宣传的几乎具有相同频率的词汇，同时也在很大程度上成为近年来甚至今后相当长一段时期内首都文化建设发展的

方向和目标的关键概念。但是，无论作为概念还是作为战略目标，它们在内涵和外延上仍然存在着模糊性，因此，需要从理论上深入研究，分析和探讨它们的内涵和外延，进而明确它们的定位、目标和任务，根据不同目标任务确立各自的战略重点和文化建设的着力点。

（三）加强首都文化建设发展的顶层设计，在世界文化中心城市的坐标中明确发展战略

当前，北京在国内城市的综合竞争力中处于前列，北京也已是名副其实的全国文化中心，在国内具有较强文化实力和竞争力，为北京建设具有世界影响力的文化中心提供了重要的基础和条件。但是，与诸多著名世界城市相比，北京的城市综合实力、文化实力和文化竞争力仍有很大差距，与具有世界影响力的文化中心城市存在着较大差距。具有世界影响力的文化中心城市必然是在世界城市体系中，尤其是在著名世界城市体系格局中具有文化综合实力、文化影响力和文化竞争力的城市。目前，无论是城市综合竞争力、文化影响力还是在文化产业竞争力的比较中，北京与纽约、伦敦、东京、巴黎等都有较大的差距。因此，北京建设具有世界影响力的文化中心城市，需要在世界城市体系，特别是在国际上具有重大影响力的城市体系中确立自身的战略目标和战略重点。

（四）加强北京历史文化名城保护，彰显城市文化特色，突出北京城市的世界魅力

在国际城市文化影响力中，北京的世界文化遗产数量多于伦敦、巴黎、东京和纽约，成为北京唯一在国际城市文化影响力中位居第 1 的要素，这是北京在具有世界影响力的文化中心城市建设中具有深厚文化内涵、文化特色和文化魅力的结构要素。目前，在历史文化保护与传承上还存在文化历史研究不够、文化资源整合不足、文化精神提炼不深、文化资本利用不够等问题。北京作为现代化城市和历史文化名城，一直存在着现代化城市建设与历史名城保护、现代城市文化建设发展与历史文化保护传承的矛盾。要建设传统文化和现代文明交相辉映的文化中心城市，不仅要在城市现代化建设中保护历史文化名城、弘扬历史名城文化，而且应当在整体城市空间发展和城市文化建设中充分挖掘、

利用和熔铸具有中国特色和北京特色的历史文化元素，挖掘城市历史文化资源，发展特色文化产业，加强城市的创意设计，建设特色文化城市。目前，快速发展的城市建设与历史名城保护的整体统筹力度不够，尚未妥善解决首都现代化建设与名城保护、文物保护与利用之间的矛盾。因此，在具有世界影响力的文化中心城市建设中，尤其是在当今城市日益全球化和现代化进程中，北京作为世界著名的历史文化古都，必须加强特色文化建设和特色文化城市建设，彰显北京作为世界文化中心城市的文化形象、文化价值和文化魅力。

（五）加快北京文化创意产业的提升发展，大力提高文化产业国际竞争力

北京的文化创意产业快速发展，位居全国首位，在2012年中国城市竞争力中，北京的创新能力位居第二，在国内文化产业和创新发展中显示了较强的实力，但与国际重要城市的文化产业发展相比仍有较大差距。2012年9月，亚太总裁协会发布的国际文化产业企业排名中，北京没有进入前30名的文化产业企业，只有中国出版集团公司和中国电影集团进入前50名，说明北京的文化产业在世界城市格局中的竞争力不强。北京的文化创意产业在发展规模化、专业化和集约化加强的同时，要大力加强文化创意产业的品牌化建设，重点加强文化创意产业发展的体制机制建设，形成有利于提升首都创新水平、创意设计、创造能力的政策机制、社会环境和文化氛围；加强文化创新、技术创新和创意设计，着力改变目前北京粗放型、数量型、分散型、低效型的文化创意产业发展现状，增强北京文化创意产业的规模化、集约化、专业化建设，尤其是品牌化建设；加强创新人才队伍建设，纽约、伦敦、东京的创意产业人才占工作总人数分别为13%、14%和15%，而目前北京的创意人才只有10.45%，尤其要加强具有国际前沿视野、现代高端理念、复合创新思维、先锋创意能力的高素质、高水平、高技能人才和人才队伍建设。

（六）增强首都公共文化服务建设，构建具有国际水平的公共文化服务体系

在全国公共文化服务综合指数总量排行中，北京人均公共文化服务指数位

居全国前列。北京市四级公共文化设施平均覆盖率达到98%，市和区县两级覆盖率为100%。但“2011年全国31个省市自治区公共文化服务指数”中，北京的公共文化服务得分为50.39，位居第22。至少可以说明，北京在公共文化设施供给量、公共文化服务参与度、公共文化服务力、公共文化服务机制等方面都需要进一步加强。建设具有世界影响力的文化中心城市，北京公共文化服务体系建设不仅要与全国文化中心的性质和职能相适应，加快公共文化服务体系与文化创意产业的协调发展、互助发展和融合发展。更重要的是，要加强与世界文化中心城市的竞争力相匹配的公共文化服务体系。在城市文化设施方面，与纽约、伦敦、巴黎、东京相比，除博物馆数量占有优势外，北京的图书馆数量、美术馆数量、剧院数量都远远少于这几个世界城市，显示出北京在城市文化设施方面的差距。因此，深入比较分析北京与重要世界城市或首都城市公共文化服务存在的差异，研究和制定具有世界城市竞争力的公共文化服务体系发展战略和措施，是北京今后重要的任务之一。

Beijing Constructing the World Influencing Cultural Center City

Li Jiansheng

Abstract: This report discuss the strategy, aim and key task of culture construction on the theme of constructing the influencing cultural center city in the world, and overview the new advances in the capital culture development in the next two years, which focus on the analysis of the current capital culture in the international and domestic strength and competitiveness.

Key Words: Capital culture; Culture competitiveness; Cultural center city

首都文化建设与
首都文化发展战略

Capital Culture Construction and
Culture Development Strategy

B.2
2012 年北京文化建设新发展

陈红玉 *

摘　要：

2012 年，北京市围绕发挥全国文化中心示范作用建设中国特色社会主义先进文化之都这一主题而展开。2012 年，提出了建设有世界影响力的科技文化创新之城的新目标，首都的公共文化服务体系建设、文化创意产业发展以及文化传播和文化贸易等方面都取得了新的进展。

关键词：

2012 年　北京　文化创意产业　文化建设

---

* 陈红玉，北京市社会科学院副研究员，清华大学博士、博士后，主要从事文化经济与创意产业领域研究。

2012 年，首都的文化建设在各个方面都取得可喜的成就，北京市在努力为建设世界城市和创意之都而努力，强调科技与文化的融合发展，加快了建设全国文化中心的步伐，文化体制改革取得进一步进展，不断尝试实践创新管理和创新文化服务，公共文化服务水平得到进一步提高，北京市文化建设的各领域取得了明显的进展。

表 1　2012 年 1～11 月全市规模以上文化创意产业分类汇总表

分　组	收入合计(亿元)		从业人员平均人数(万人)	
	自年初累计	增幅%	自年初累计	增幅%
合计	7414.6	10.3	99.8	6.2
一、文化艺术	132.8	18.1	3.5	-2.5
二、新闻出版	619.3	12.3	10.5	-0.1
三、广播、电视、电影	567.6	15.1	4.6	2.5
四、软件、网络及计算机服务	2931.2	13.6	49.3	10.6
五、广告会展	844.2	2.1	5.9	6.4
六、艺术品交易	322.7	3.6	1.2	10.2
七、设计服务	302.3	10.0	7.3	9.9
八、旅游、休闲娱乐	663.7	19.1	8.1	1.2
九、其他辅助服务	1030.8	0.6	9.4	-2.6

注：规模以上文化创意产业统计范围是指年营业收入 500 万元及以上的文化创意产业法人单位（其中批发企业和工业企业年主营业务收入 2000 万元及以上）。

数据来源：北京市统计局（截至发稿时的最新数据）。

一　持续的文化创新发展与激励政策

（一）十届十次全会文化发展新部署

2012 年，北京市在支持文化发展方面制定了一系列文件政策，在文化创新与发展方面进行了一定的政策探索，主要体现在如下几个方面。

第一，在文化建设与核心价值体系方面，努力在践行社会主义核心价值体系上取得新突破。“北京精神”作为城市精神，是对首都人民长期发展建设实践过程中所形成的精神财富的概括和总结，体现了社会主义核心价值体系的要

求，大力弘扬“北京精神”，就是大力弘扬社会主义核心价值观，北京市委市政府充分利用各种载体，将“北京精神”内化为广大人民群众的人格素养和行为习惯，把“北京精神”融入到首都经济社会发展的各个方面和过程中。

第二，在文化体制改革方面，努力在推动文化体制改革上取得新突破。积极转变政府职能，大力推进文化体制改革，这是首都文化发展繁荣所坚持的根本路径。重视文化体制改革意味着各个层面的文化创新，2012 年，北京市着力搭建文化创新服务平台，组建国有文化资产监督管理机构，构建文化金融服务体系，建立文化创意产业发展基金，多方位促进文化建设与发展。

第三，在公共文化服务方面，努力在公共文化服务体系建设上取得新突破。北京市在公共文化服务方面一向走在全国前列，2012 年，启动公共文化服务设施达标、服务达标、活动达标、经费达标和管理达标五项评审，每三年评审一次，要求进一步缩小城乡、区域之间在公共文化服务方面的差距，针对首都流动人口较多的实际，解决他们的基本文化需求，加强基层文化建设。

第四，在文化创意产业方面，努力在推动文化创意产业的发展上取得新突破。这一突破主要体现在推动文化与科技融合，实现科技创新、文化创新双轮驱动科学发展等方面。同时，围绕打造首都文化“航母”，加快文化企业建立现代企业制度和现代产权制度步伐，打造大型文化企业集团；下大力气抓一批有发展潜力的品牌文化企业。创新驱动和品牌文化企业，这两个方面是文化创意产业竞争力的主要体现，也是北京市文化与社会发展转型时期的重要探索。

第五，努力在推出文化精品、加强文化人才培养上取得新突破。创造时代精品，提升文化软实力，是北京市文化建设的具体目标之一，在文化精品方面，北京积极打造更多的经典品牌之作。文化精品的创造需要创意创新人才，加大力度改革人才培养机制，健全顶尖专业人才服务支撑体系，增强对文化创新人才的激励，努力形成文化创意产业各领域创新人才不断涌现、文化创造活力竞相迸发的生动局面，是文化创新发展和文化精品塑造的关键。

（二）各部门支持首都文化建设快速发展情况

北京市文化创意产业的发展成就与政府各部门的配合与支持密切相关。自

从《国家文化产业振兴规划》发布以来，发展文化产业以提升城市竞争力的观念深入人心，尤其是政府各部门积极支持工作，在北京十六个区县分别成立了文化创意产业相关机构，进行统筹管理。在此基础上，各部门都或多或少制定了相关意见和规划，以促进文化创意产业快速发展，2012 年，北京工商和金融部门表现明显。

首先，工商部门。为推动首都文化创意产业快速发展，充分发挥工商行政管理职能，北京市工商局以文化创新发展为着眼点，对自身部门的工作进行创新改革。2012 年 5 月，北京市工商局发布《关于支持文化创意产业发展促进首都文化大繁荣的工作意见》，支持文化企业集团化发展，提升首都文化企业竞争力；支持企业品牌建设，保护企业驰著名商标；支持文化事业单位改制重组，放宽文化企业出资方式；引导文化中介专业经营，规范有形文化市场发展。该工作意见在新举措上支持文化航母建设，在支持文化企业品牌建设上提出了新方案，在新模式上支持文化企事业单位改制重组，在支持文化中介企业培育发展上提出了新办法，将对首都文化大发展、大繁荣起到积极的促进作用。

其次，金融部门。金融支持文化创意产业发展的措施在北京备受重视。2012 年，金融支持首都文化创意产业发展也取得了更加显著的成效。为贯彻促进首都产业结构优化升级，2012 年 8 月，《关于金融支持首都文化创意产业发展的指导意见》（以下简称《意见》）发布，加大了金融对文化创意产业的支持力度。该《意见》的发布，掀起了首都金融支持文化创意产业的高潮。《意见》强调提供持续政策动力支持，把文化创意产业信贷业务开展情况纳入商业银行信贷政策导向效果评估体系，进一步完善金融支持首都文化创意产业发展的外部激励机制；这一指导意见提出要推动文化金融建设，建立长效工作机制，加强政府、银行、企业这三方有效衔接，打造文化金融网上信息平台，以在金融领域为文化创意产业做好服务。《意见》明确指出，要进一步加快创新文化创意产业直接融资体系。其一，建立上市企业储备库，对入库企业实施定期培训辅导，加强券商与文化企业对接，建立企业上市协调机制，重点推动市属国有文化创意企业上市。其二，支持有条件的文化创意产业园区组建市场化的运营主体并发行债券或股票融资，形成地标性的“文化航母”，建设综合收入过百亿元的“文化金融试验区”。同时，北京将争取中关村代办股份转让系统挂牌企业范围扩大到文化创意产业园区，争取到“十二五”时期末新增文化创意上市公司50家，形成“北京文化”板块。

二　政府引导文化建设有序发展

（一）北京市国有文化资产监督管理办公室成立

2012年，北京市的文化体制改革进一步深化，积极寻求有利推动首都文化建设发展的机制。2012年6月18日，北京市国有文化资产监督管理办公室（简称北京市文资办）成立。北京市文资办成立后，在六个方面推进工作，具体情况如下。

第一，建立规章制度，明确各部门义务要求，完善文化创意产业的各项制度，理顺国有文化资产监管体制与机制的关系，以提高国有文化资产的配置效率；

第二，按照北京市政府授权和“管人管事管资产管导向”原则，履行政府出资人监管职能，确保国有文化资产保值增值；

第三，继续推进文化体制改革，加大文化体制改革的力度，推动文化企事业单位改革重组，建立现代企业制度，打造“文化航母”；

第四，强调创新驱动。要求促进文化创意产业发展，落实文化创新科技创新“双轮驱动”战略，整合中央和市属资源，培育文化新业态，推动文化与科技、金融等领域融合发展；

第五，做好专项资金管理。要发挥文化创新发展专项资金作用，推动文化领域重点项目和重点企业落地，健全文化投融资服务体系，提高政府资金效益；

第六，国有文化资产监督管理办公室应该处理好各层关系，与兄弟部门密切合作，为推动首都成为全国文化精品创作中心、文化创意培育中心、文化人才集聚教育中心、文化要素配置中心、文化交流展示中心和文化信息传播中心做出努力。

为了拓展文化创意产业支持资金来源，北京市文化创意产业监督管理办公室还与中国银行北京市分行、国家开发银行北京市分行等多家银行签订文化金融创新发展合作协议，为北京文化创意产业发展提供授信额度1000 亿元人民币。共有十家银行承诺做好文化企业融资专项对接服务活动，开通“首都优质文化企业绿色审批通道”，力图为首都文化企业发展提供一揽子金融服务。同时，北京市文化创意产业监督管理办公室还与 11 家企业签订文化创意发展合作协议，一批重大文化项目在北京落地。这些措施及其产生的实践效果，说明国有文化资产监督管理办公室工作开局良好，体现着北京市各界积极参与首都文化建设，努力推动首都文化的持续繁荣发展。

（二）首都设立百亿基金促进文化创意产业发展

北京市文化创意产业发展专项资金是根据北京市支持文化创意产业相关政策的文件精神而设置的，这些文件主要有《北京市“十一五”时期文化创意产业发展规划》《北京市促进文化创意产业发展的若干政策》《北京市文化创意产业发展专项资金管理办法（试行）》等，该专项资金从北京市文化创意产业发展实际出发而设立，专门针对北京市文化创意产业发展进行扶持。2012年，在专项资金方面，北京市加大资金投入以扶持文化创意产业发展。中共北京市委十届十次全会《意见》提出：“建立北京文化发展专项资金，在整合资源的基础上，每年统筹 100 亿元，用于支持首都文化发展。”北京市委在该《意见》中提出，建立北京文化发展专项资金用于支持首都文化发展，目的是为更好地整合首都大文化资源，有利于推动首都文化创新发展。专项资金的使用不单是推动文化事业、产业发展和文化体制改革，还包括统筹管理旅游产业专项资金、体育产业专项资金、文化基础设施专项资金，推动文化与科技、旅游、体育、金融等融合发展。

2012 年，针对文化创意产业专项资金，北京市还出台《文化创新发展专项资金管理办法》以及配套的项目申报管理操作规程，并获专项资金联席会和市政府专题会审议通过。文化创新发展专项资金管理的目标进一步明确，其机制进一步健全。其中将实现“决策有评估、预算有评审、过程有监督、结果有评价”四个目标，构建项目决策、预决算、申报、论证评审、检查监督、项目评价六大机制。资金的使用也在不断创新，力争开创财政资金管理使用新模式。特别是在资金支持方式上实现创新，在补助、奖励和贷款贴息等传统支持方式的基础上，创新设立文化创意产业投资基金、股权投资、统贷平台、直接注资等支持方式，提升专项资金的使用效益。

三 公共文化服务与管理创新

（一）继续完善公共文化服务体系

北京市一贯强调要率先建成城乡一体化公共文化服务体系，完善市、区县、街道（乡镇）、社区（村）四级服务网络，用信息化、数字化提升服务水平，充分发挥首都各文化联盟的作用，推动公共文化服务均等化，以实施文化惠民为工作宗旨，全面落实文化惠民各项政策，努力构建符合首善之区要求的公共文化服务体系。在公共文化服务方面，2012 年，北京市还实施公共文化十大工程，为群众提供更多、更好、更便利的文化产品，其中，数字化工程将依托北京信息系统，将电子图书等专题视频资料引入社区公共文化站，创建融信息查询、文化传播、艺术欣赏、交流互动为一体的公共文化数字新平台。这些工程实施后，市民的文化生活水平和北京的城市文明将得到大幅度提高，基层公共文化设施全年免费，郊区农民将和城区居民同步看大片，来京务工人员享受市民同等文化服务待遇。

这十大工程包括以下方面。第一，设施提升工程：重点推进设施服务覆盖不到的超大型社区、新建小区和老旧小区，形成设施网点化并提高设施达标率。第二，服务达标工程：2012 年，启动公共文化服务设施、服务、活动、经费和管理达标五项评审，每三年评审一次。第三，示范先行工程：支持朝阳区完成国家公共文化服务体系示范区创建工作，扶持东城区和大兴区示范项目建设。第四，群众文化组织员工程：为全市社区和行政村文化室配齐 7000 名群众文化组织员。第五，“万人培训”工程：用 5 年时间，对市、

区县两级文化馆、图书馆专职文化队伍、街道乡镇文化站和社区行政村文化室兼职文化队伍共 33000 人进行系统化培训。第六，来京务工人员文化权益均等化工程：来京务工人员与首都市民平等地享受政府提供的各项基本公共文化服务。第七，文化志愿服务工程：力争 3 年后，市注册文化志愿者总数不少于 2 万人，针对大型活动、公益性文化设施提供专业性较强的文化志愿者服务。第八，社区数字化工程：率先在全国建设数字化文化社区，创建多媒体、跨平台、多终端的文化信息资源共享平台即“文化北京”频道，打造“北京数字文化社区网”。第九，24 小时自助图书馆工程：用三年时间，在北京市主要街区、城区社区部署 24 小时街区自助图书馆。第十，文化活动品牌化工程：从 2012 年开始，推出北京市群众文化艺术节，作为重要群众文化活动形式。北京市这十大工程致力于完善公共文化服务体系，进一步提升了公共文化设施水准。

（二）城乡公共文化服务再出亮点

公共文化服务体系的基础在于设施，而北京市文化基础设施的薄弱环节在农村、社区。“十一五”期间，北京市文化局重点在社区、农村文艺演出、电影放映和图书馆建设等领域加大投入，兼顾城乡间区域间协调发展，构建起便捷、高效、实用的公共文化服务网络。加快基层文化设施建设，才能改变城乡不对称的状况，公共文化服务才能均等共享，惠及全民。北京市最近几年把文化建设关注点放到了基层，尤其是放到了农村，这使北京整个公共文化服务建设向前走了一大步。北京在完善公共文化服务设施体系方面将以区域人口规模为服务半径，形成城乡公共文化服务网络，到 2015 年，将实现基层公共文化设施基本达到市级标准的目标。在城乡文化服务结合方面，北京还将推进重点惠民工程，推动开展面向郊区居民的“文艺演出星火工程”和“周末场演出计划”、面向城区居民的“百姓周末大舞台”和“百姓大戏节”、面向未成年人的“民族艺术进校园”和“打开艺术之门”、面向弱势群体的“走进长安戏曲之门”和让低收入人群“走进剧场看戏”四个系列八大品牌文艺演出惠民活动。

针对郊区公共文化服务薄弱的现状，北京市强调郊县文化设施与公共文化服务，制定了由城市专业电影院、区县专业电影院、乡镇数字多媒体综合文化服务中心、行政村数字多媒体综合文化服务中心组成的全市四级电影设施网络建设规划，重点对郊区公共文化服务建设和农村数字多媒体综合文化服务中心中的影院建设采取更加优惠的扶持政策。2012 年，北京市文化局利用郊区县闲置多年的剧场，推出“周末场演出计划”，该计划的投入仅相当于一个剧院年经费的一半，全年增加演出近 1000 场，使北京市 10 个远郊区县城乡居民每周能观赏到高质量的文艺演出。同时，加强郊区农村数字多媒体综合文化服务中心的数字影院建设，采取政府招投标采购的形式，为全市的数字影厅配备数字电影放映设备，并提供建设配套资金，购买版权，提供场次补贴。

此外，北京市构建起覆盖城乡的电影服务体系，采取政府招投标采购，在北京市农村和社区数字影厅配备数字电影放映设备，并提供建设资金，购买版权，提供场次补贴。引导农村自发形成“文化大院”，为流动人口密集的地区开办“民工影院”，巩固了农民、农民工家门口的文化阵地，让他们就近享受到文化服务。2012 年，国内影院建设继续快速发展，银幕数量迅猛增加，北京也加快由城区到郊区的影院建设步伐，北京今年新建的影院大多位于四环之外，除了大型社区，也不乏选址在郊区县的影院。目前，怀柔、昌平、通州、房山、大兴等郊区县以及方庄、亦庄等区域都拥有了新影院。未来两三年，北京影院的数量还会持续增加，但各大院线会加快郊区县影院数量。

四　文化创意产业服务体系新探索

（一）逐步推广当代艺术品实名“身份证制度”

近年来，北京艺术品交易市场的火爆，使首都当仁不让地成为全国艺术品交易中心。但与艺术品市场迅猛发展不相符的是，北京艺术品市场还存在赝品泛滥、市场结构失衡、市场体系不完善、立法滞后等问题。为了整顿市场秩序、建立艺术品交易市场规范，在“2012 首都文化创意产业发展论坛”上，

北京市提出要逐步推广艺术品实名登记制度，为进入市场的艺术品进行“身份证登记”，确保登记艺术作品的唯一性、真实性，保障首都艺术品市场健康稳定发展。当代艺术品实名“身份证制度”是首都在艺术品市场管理与建设方面的有益尝试。

基于正在逐步完善的规范化管理的制度体系，北京正在努力解决当前艺术品交易市场中存在的两个问题：售假和私下交易。2012 年，艺术品实名“身份证制度”实行后，北京市在艺术品交易市场建设方面将逐步推广两个体系的建设。第一，从当代原创艺术品做起，建立艺术品进入市场的“身份证制度”，以确保登记作品的唯一性、真实性、来源的合法性。第二，要努力加强艺术品市场信用体系建设，以规范其市场。首先要建立企业信用档案，对艺术品经营企业实行信用承诺制管理。另外，除建立当代艺术品“身份证制度”外，北京市还将通过培育艺术品一级市场，完善评估、鉴定、价格、监管体系，加快艺术品保税区建设，加快艺术品市场立法等工作，以确保首都艺术品市场的健康发展。

（二）北京文化创意产业将上“保险”

知识产权保护一直是文化创意产业领域内争论与存疑的话题，2012 年，北京市在文化创意产业产权探索方面有了创新进展。其中，与此相关的文化创意产业业务发展与保险业之间的合作在之前是罕见的，但是随着文化创意产业的深入发展，其产权评估与使用情况变得越来越多，保险业在这一方面支持文化创意产业的呼声越来越高。2012 年，北京市在该领域做出了探索性的尝试。

2012 年 9 月 27 日，北京市文化局与中国人保财险北京市分公司签署《文化产业保险战略合作协议》，双方将在文化保险市场的培育发展、重点文化项目建设等方面合作。中国人保财险公司北京分公司与该局签署协议后，双方将在文化保险市场的培育发展、重点文化项目建设、信息技术建设及加强沟通交流等方面进行合作。同时，还将努力在北京建立规范、系统的文化创意产业保险管理体系，制定文化产业保险科学、规范的风险管理评估方案及标准，丰富文化创意产业保险险种，加强文化保险有关政策研究。与此同时，人保财险北京市分公司还与首都剧院联盟、北京画廊协会分别签署了《北京市文化演艺行业保险合作协议》和《北京市文化艺术品行业保险合作协议》。中国人保财险公司北京分公司是文化部批准的首批文化产业保险试点单位，其在文化创意产业领域业务方面的探索成为2012年北京文化创意产业的一大亮点，也成为全国保险业探索文化创意产业创新实践的标杆。

（三）传统文化保护与管理创新举措

早在1982年，国务院核定公布第一批国家级历史文化名城，北京就以保存文物极为丰富、古代都城风貌较完整和非物质文化遗产众多等特征位列其中。北京市珐琅厂有限责任公司等被文化部列为第一批国家级非物质文化遗产生产性保护示范基地企业。

北京非物质文化遗产保护首要是要保护北京的传统文化，也就是说北京传统文化保护的首要内容就应当是那些魅力独特的艺术形式。对传统文化符号的保护，还体现在加强对这些名人名称和老字号进行保护方面。2012年，北京市政府决定出台一系列的措施，对其历史文化资源进行保护，尤其是对北京的老字号和名人名城进行产权保护，这是北京在历史文化名城保护和非物质文化遗产保护方面做出的探索。

为贯彻落实党的十七届六中全会和市委十届十次全会关于深化文化体制改革的精神和要求，探索传统文化保护与文化建设新发展，2012年5月，市工商局和市委宣传部共同草拟了《支持文化产业发展促进首都文化大繁荣的工作意见》，其最大的亮点是对品牌符号与名城的保护，即为加大文化企业市场准入扶持力度，加强对本市知名品牌的保护，北京市将放宽文化企业集团设立条件，并对老字号、驰名商标、文化名家名人姓名、大专院校名称等实行全行业保护。该意见强调，凡是经工商总局和市工商局认定的驰名、著名商标，经商务部和北京市确认的北京地区“老字号”，都可以向市工商局申请对企业名称中对商标文字部分、老字号名称的保护。北京市将支持市级以上文化部门确认的文化名家、文化名人，使用或授权他人使用自己的姓名登记注册文化企业和个体工商户。

五 相关政策与建议

（一）持续的文化创意产业创新政策

创新政策是促进城市活力与创新发展的有效法宝，政策支持往往会为城市文化建设带来人才和资源的聚集，因此，北京市要坚持持续的更大力度的创新政策。北京要充分吸收国外城市管理的先进经验，结合北京城市管理自身状况，在文化创意产业方面坚持持续的创新政策支持，以充分发挥政府在推动创意产业发展中的支持和导向作用。这里分两层意思，第一，北京市文化建设与城市创新，首先需要政策支持；第二，创新的支持政策必须持续，因为一个企业创业期与进入成熟期至少一段时间，而发展经济要将经济体中的基础创新能力持续发挥出来，则需要更长的时间。北京要想获得可持续性的发展，在总结今日成功的基础上，要将改革开放和鼓励创新的政策坚持下去。同时，坚持持续的更大力度的资金来源支持，为那些市场发展前景好、科技含量高、带动作用强的文化创意产业项目提供资助或贷款担保，为突出企业和人才提供奖励，为软性项目建设提供支持，设立更加灵活的创意产业发展基金，随着创意产业的深入发展，除了加大额度之外，资本配置还需要重新调度；积极拓宽文化创意产业融资渠道，推进银企合作，研究设立专门的文化创意产业项目投资、担保机制。

（二）继续完善公共文化服务体系

近年来，北京市进一步加大了公共文化服务体系建设的力度，加强和完善了公共文化服务体系的投入机制，充实了公共文化服务体系建设的人才队伍，基本建成全市及各区县、街道、社区（行政村）四级公共文化服务体系，基本实现了北京市农村基础文化设施全覆盖的目标。文化惠民工程大幅度发展，目前建成文化信息资源共享中心各级中心、基层服务点 4295 个，覆盖率达 100%。虽然文化信息共享工程实现“村村通”，公共图书馆计算机信息服务网络覆盖全市，但是北京还应该在公共文化服务上加大力度，提高公共文化服务的质量，提升市民平均公共文化服务设施拥有数量，提高民众在北京公共文化服务中的参与度。同时，北京公共文化服务在城乡表现出极大的发展不平衡，与国外公共文化服务质量高的国家相比，还存在较大差距。政府相关部门要转变职能，形成合力，一手抓管理，一手促发展，继续加大公共文化服务设施建设的力度，提高公共文化服务质量。坚持以群众的实际需求为导向，适应不同区域、群体的现实结构和现实特点，提供群众需要的、具有良好社会反响和社会效应的公共文化服务；切实提高群众的参与度和服务群众的便民性，提高公共文化资源的利用率，在便民性上，加快构建结构分布合理、交通便利、使用人性化；加强公共文化资源的精品建设和特色品牌建设，打造与文化名城地位相匹配的公共文化产品和内容，提高公共文化服务的核心竞争力与核心服务力，继续引导并扶持各区县培育品牌性的特色公共文化活动，服务各区域经济社会和文化发展；在引导和发挥市场机制作用的基础上，改善政府对公共文化服务的管理运营机制和专业化水平，以市场化机制补充政府直接办公共文化服务的不足，加强公共文化平台建设，打造特色品牌公共文化服务。

（三）坚持创新驱动发挥引领示范作用

2012 年 9 月，北京市出台《关于深化科技体制改革加快首都创新体系建设的意见》。《意见》提出要以提高自主创新能力为核心建设“有世界影响力的科技文化创新之城”，也就是更加重视创新驱动的作用。对于首都北京而言，有世界影响力的科技文化创新之城，意味着在全国城市科技文化创新发展中发挥引领示范作用，在世界城市体系中成为了具有科技文化创新竞争力的中心城市。在首都创新发展中，应充分发挥首都优势、明确目标，加强顶层设计、实现重点突破，率先形成科技创新、文化创新“双轮驱动”的发展格局。以文化科技融合工程带动科技文化创新之城的建设，抓住全局性、战略性的重大科技需求，以先进技术支撑文化装备、软件、系统研制和自主发展，利用和发挥科技创新对文化创新的作用，为文化精品创作、公共文化服务体系建设、文化创意产业发展、文化交流传播提供动力支撑。坚持文化创新与科技创新并重，把科技创新作为城市发展的动力，把文化创新作为城市文发展的基础，通

过科技创新与文化创新双轮驱动和深度融合推动城市经济发展方式转变，以创新提高城市竞争力。进一步深化科技体制改革，加快首都创新体系建设，发挥中关村国家自主创新示范区的龙头作用，促进科技与经济社会发展紧密结合、强化企业技术创新主体地位、加强科技资源统筹融合、优化人才发展环境，为初步建成有世界影响力的科技文化创新之城提供有力的体制和机制保障，为创新型国家建设做出新贡献。

（四）在更高起点上推进文化与科技融合

在创意经济时代，文化创意产业的发展从来都离不开科技的支撑，没有以强大的科技为后援的创意也不可能是真正的创意，文化创意产业也离不开文化创新，没有文化内容创新的科技发展也是不持续的。2012 年 5 月，刘云山在文化与科技融合座谈会上的讲话提出要在更高起点上推动文化与科技的融合；2011 年 7 月，文化部、科技部建立部级会商制度，标志着文化科技工作机制在部级层面有了重大突破；随后，由文化部组织实施的 2012 年度国家科技支撑计划项目“文化资源数字化关键技术及应用示范”和“文化演出网络化协同服务及应用示范”启动。这意味着以先进科技带动我国数字文化创意产业和演艺业发展的两大国家工程进入了具体实施阶段。2012 年 12 月，北京市政府召开专题会议，研究《关于实施“双轮驱动”战略加快推进文化科技融合发展的意见》和《北京市推进文化和科技融合发展三年行动计划（2013 ~ 2015)》等事项。会议研究文化科技融合发展及三年行动计划时指出，推动文化科技融合发展，实现科技创新、文化创新“双轮驱动”，加快转变首都经济发展方式。这说明文化与科技融合已被提上北京文化发展与建设的日程。文化与科技相辅相成、相互促进，文化发展是科技创新的思想源泉，科技创新是推动文化生产方式发生革命性变迁的有力杠杆。推动文化与科技的融合，有助于打造文化发展的新平台、拓展文化发展的广阔空间，有助于转变文化发展方式、提升文化发展的质量效益。只有加快科技应用步伐，才能提升文化发展的层次，优化文化发展的结构，增强文化发展的后劲，让文化借助科技的翅膀飞得更高更远。北京的文化创新发展，要进一步破解文化发展难题，努力开创首都文化建设的新局面，全面促进首都文化事业和文化创意产业的发展繁荣，构筑北京文化建设与发展繁荣的新格局，以服务于创新型国家建设和文化强国建设。

The New Progress in Culture Development in Beijing

Chen Hongyu

Abstract: The cultural construction in Beijing has the gratifying achievements in all aspects and made new progress in the construction of public cultural service system and creative industries in the year of 2012. Beijing made the efforts to build world city and creative capital, emphasizing the integration of science and technology, speeding up the construction of national cultural center, further progress in cultural system reform, further improving the level of public cultural service.

Key Words: 2012; Beijing; Culture development; Culture creative industries

B.3

北京文化战略与国际重要首都城市比较分析

王林生*

摘　要：

在文化"软实力"日益凸显的国际格局中，北京提出建设具有世界影响力的文化中心城市和科技文化创新之城的发展战略。本文从理念、定位和政策措施三个方面，将北京与国际首都城市华盛顿、伦敦、巴黎、东京的文化战略进行比较，从首都文化发展战略的规划与设计、文化保护意识的强化、公共文化服务体系建设、优势文化产业的提升和文化形象传播方式的拓展等五个层面对北京的文化发展提出建议。

关键词：

北京　文化战略　国外首都城市　比较

文化战略奠定了一个城市、国家和地区的文化发展路径和走向，随着全球化背景下文化"软实力"的重要性日益凸显，文化的地位得以提升，文化战略的制定和实施成为世纪之交世界各首都城市文化变革中最为重要的历史事件。本文将北京的文化战略置于这一宏观视野中，并通过北京与国际重要首都城市华盛顿、伦敦、巴黎和东京文化战略的对比，从文化发展战略的理念、目标定位和政策措施三个方面进行比较分析，从中总结出北京在文化建设中的不足，并提出相应对策建议。

* 王林生，博士，北京市社会科学院文化研究所助理研究员，博士后，主要从事城市文化和文艺理论研究。

一　国际视野中文化战略的“顶层设计”

当前，北京的文化发展进入了全面推进人文北京，建设特色世界城市的新阶段。在这一时期，文化价值观的交锋日益激烈，文化创新在城市和地区发展中的重要性日益凸显，传统文化在城市现代化进程中逐渐消退，文化需求与社会生产之间的矛盾仍较为突出。随着改革的逐步深入，只有从深层次上解决束缚文化发展的障碍，才能从根本上解放和发展文化生产力、提升文化软实力。正是在这一背景下，中央在“十二五”规划中首次提出“顶层设计”一词。

文化领域的顶层设计就是站在文化发展全局的高度，系统地协调统筹与文化相关的各种要素、关系，深层次、全方位对文化的发展进行战略性设计。文化领域顶层设计的目的在于，要从根本上破除制约文化发展的各种束缚，在实践中树立总控全局性质的价值观或理念的主导，具有整体性、方向性和宏观性的特点。作为对未来的一种整体性筹划，顶层设计在文化领域的具体应用表现为文化战略。在城市文化发展中，重视文化的顶层设计，就是要从战略高度认识文化在城市中的重要作用，对文化的发展进行统筹，明确城市文化发展的定位、目标和措施，从而系统地进行文化建设。

文化战略是一个城市、国家和地区根据内部和外部的文化关系而制定的一种具有方向性的发展选择，是一种竞争性的策略。当代世界各首都城市在制定其发展战略时，都将文化作为最重要的因素来考察，作为城市发展的要务来部署。

1. 华盛顿的文化战略

凸显意识形态在城市发展中的构建，对内维护美国的主流价值观念，注重文化艺术和公共设施在价值导向中的作用，对外将文化渗透扩散至美国的政治、经济、外交、军事政策之中，服从于国家全方位的文化扩张与渗透。

2. 伦敦的文化战略

伦敦以创意文化的发展为导向，确立了创意产业在城市发展中的主导性地位，提出以创意产业的勃兴来推动城市的转型发展，利用创意产业在促进文化、科技、经济一体化发展等方面的作用，培育新的经济增长点，实现城市产业结构的调整。

3. 巴黎的文化战略

巴黎确立了以文化保护为主要内容的发展战略。这一战略顺应的是法国所主张的“文化例外”和“文化多样性”的基本国策，是站在保护和发展法国文化的高度，以维护国家利益和文化主权的高度来实施。

4. 东京的文化战略

东京的文化发展战略以增强东京城市文化的活力和魅力为导向，要通过现代文化产业的发展，激活东京的文化资源，展示东京多样性的文化形态和国际前沿的文化视野，通过创造性的文化生产拓展东京的文化影响力。

为了顺应时代的发展潮流，彰显北京作为首都城市的文化魅力，创新驱动文化发展，北京市将打造中国特色社会主义先进文化之都、建设具有世界影响力的文化中心城市作为首都当前和今后一个时期重要而紧迫的战略任务。为服务国家创新战略，2012 年 9 月，北京市提出最大限度地发挥首都科技创新优势，以首善标准率先在全国形成科技创新、文化创新“双轮驱动”的发展格局。北京文化战略的确定与实施，从国家战略全局的角度看，是新历史条件下，国家在顶层设计上的一种文化自觉和文化自信，它要求加强文化在首都未来发展和建设中的引领作用，充分发挥首都的历史文化资源优势、文化产业优势、文化事业优势以及科研优势，推动北京创新发展，促进首都文化建设。

二　北京与国外主要首都城市文化战略的比较分析

文化战略根据城市自身不同的文化关系，在制定与实施的过程中各有侧重。本文选取战略理念、定位和实施措施三个层面，将北京与华盛顿、伦敦、巴黎、东京四个首都城市的文化战略进行比较分析，以深入把握北京文化战略在实施与推进过程中存在的问题。

（一）发展理念比较

城市的文化理念是在城市发展中形成的具有自身特点的价值观念和道德准则，它直接影响或主导文化战略的制定，以及在城市发展中人们对待文化问题

的思维方式和处理方式。文化理念具有继承性和连续性，一旦形成便作为一种集体的无意识内化于城市文化建设的各个环节，影响对文化问题的决策。

华盛顿的文化理念，奉行文化的渗透与扩张。这一理念从根本上受制于美国整体的国家战略。“冷战”结束之后，美国利用其在文化方面的优势，在全球范围内进行文化输出和意识形态渗透，使目标国认同和接受美国的文化符号及价值观念，谋求在世界的“话语霸权”，从而在文化和思想上达到对其他国家操纵和控制的目的。

伦敦的文化理念，追求文化的创意与创造。英国 1992 年公布的《创造性的未来》指出，“创造性”为英国今后长期遵从的文化诉求。对伦敦而言，“二战”后国际政治经济秩序的变化，伦敦不再是唯一的世界中心，随着 20 世纪后半期伦敦第二产业的不断衰落、对泰晤士河的治理以及因工业发展而给伦敦带来“雾都”之称的反思，最终使伦敦确立了以文化创意与创造为核心的城市发展理念，并以此为支撑促进城市转型发展、保持其世界中心的地位。

巴黎的文化理念，以强调民主化为主。巴黎是一个文化和艺术积淀深厚的城市，法国文化部在设立之初就将让大多数法国人接触法国文化使得法国的文化遗产拥有最广泛的群众基础作为部门的职责，在这一理念的支配下，主张文化不是奢侈品，不应被资本、权力或市场垄断，而应为所有人服务。

东京的文化理念，以凸显文化独特性为重点。日本在战后一直致力于国际地位的提升和形象的塑造，20 世纪 80 年代提出“文化立国”的理念后，便通过树立本国文化的独特性来提升日本在文化上的自豪感，并促进与世界各国的文化交流，展示日本的文化形象。

相比较而言，在发展理念上北京并未真正将文化视为北京安身立命的根本，尽管在“文化强国”战略的推动下，强调“文化创新、科技创新”对全国文化中心建设和社会主义先进文化之都建设的驱动作用，对文化在首都经济发展方式转变、特色城市构建、国际形象塑造以及竞争力提升等方面的认识有所加强，但“重经济、轻文化”的观念仍未彻底改变，对文化保护还未上升到文化自觉的高度。尤其是面对地产开发，对文化遗产、历史古迹的保护力度表现出明显不足。2012 年 1 月，已被国家文物局认定为“不可移动文物”的梁思成、林徽因故居在文物部门毫不知情的情况下被拆除，成为北京近年来

“最恶劣的文物毁坏事件”;[①] 12 月，北京钟鼓楼附近的 66 个旧式四合院被划入拆迁范围，引发民众争议。[②] 因此，与华盛顿、伦敦、巴黎和东京四大首都城市相比，北京以文化为发展基调的战略理念仍需进一步强化。

（二）发展定位比较

城市文化定位是城市根据自身的文化条件，为城市在未来区域发展或世界竞争中所设立的目标，它将城市文化中的某些要素予以凸显，进行重点培育和扶持，使之成为区别于其他城市的文化个性。城市文化的定位是城市文化战略的核心，作为城市文化发展的首要环节，回答的核心问题为“我是谁”。科学鲜明的文化定位能彰显城市在发展竞争中的差异性优势，增强城市的向心力和吸引力，提升城市的竞争力。在定位上，北京与华盛顿、伦敦、巴黎和东京等首都城市存在着差异。

华盛顿的文化定位。华盛顿是世界上少有的仅以政治职能为主的首都城市，因此城市文化建设在整体定位上以服从政治建设为核心，充分发挥文化在价值观建构中的整合和调控作用，彰显美国的价值理念。

伦敦的文化定位。伦敦将建设“模范的可持续发展的世界级城市”和“卓越的创新文化国际中心”为发展目标，并在此过程中，突出文化创意和文化多元性在城市发展中的特色，维持伦敦作为世界文化大都市的形象和地位。

巴黎的文化定位。保持巴黎作为艺术之都的世界地位，积极保护民族艺术以及巴黎老城区的历史古迹、艺术建筑和文化遗产，培养城市的文化氛围，延续城市的历史文化风貌。在现代化过程中，寻求传统和现代之间的平衡，延续巴黎独特的文化身份。

东京的文化定位。东京在战后经济得以迅速复苏，在 20 世纪 80 年代便被定位为在世界上能够代表日本的最主要的城市。《东京都文化振兴方针》（2007）提出，要在 2015 年将东京建设为文化魅力感受型、文化富裕型和具有丰厚文化创造底蕴的都市，展示东京的文化活力和文化多样性。

---

① 《梁林故居变废墟 文物保护先从改变审美观开始》，《人民日报》2012 年 2 月 10 日。

② 《北京钟鼓楼周围四合院将拆除 引市民记录历史》，http://news.xinhuanet.com/local/2012-12/17/c_114058481.htm。

文化是首都北京在未来建设中的重要资源和优势，北京不仅是中国传统文化集中和传播之地，也汇集了全国最多的科研院所、演艺团体、文化设施。《北京城市总体规划（2004～2020年）》将北京定位为“全国政治中心和文化中心，是世界著名古都和现代国际城市”。2011年12月，北京市又明确提出，到2020年要把首都建设成为在国内发挥示范带动作用、在国际上具有重大影响力的著名文化中心城市。2012年9月，北京市在出台的《关于深化科技体制改革加快首都创新体系建设的意见》中提出，到2020年将首都初步建成有世界影响力的科技文化创新之城和中国特色世界城市。

北京虽然在目标定位的设立方面有明确的表述，但与华盛顿、伦敦、巴黎和东京四大首都城市相比，在世界首都城市文化体系发展定位上缺乏较为突出、精准的文化特色。例如，华盛顿彰显政治文化在文化发展中的地位，伦敦突出现代创意文化在城市发展中的推动作用，巴黎注重历史文化保护对城市文化身份的塑造，东京则凸显文化活力和文化多样性在城市中的地位。而北京由于城市功能的重叠，在文化战略制定和实施的过程中，从思想道德显著提升、文化事业全面繁荣、文化体制活力迸发、文化创意产业发达、城市文化魅力彰显、文化科技深度融合、文化国际影响力显著增强等七个角度对首都的文化发展进行了论述，尽管概括较为全面，但文化特色并不突出，具有鲜明特质的文化个性不强，在文化定位凸显差异性方面仍需进一步挖掘。

（三）措施政策比较

政策措施是文化战略得以实施的制度保障，也是对文化理念和目标定位的展开和具体化，完善的保障措施有利于文化战略的顺利推进。华盛顿在文化战略的实施中，从城市规划、公共空间设计等方面增强城市文化的意识形态性。华盛顿在建城之初，便以立法的形式规定国会大厦为城市中心和最高建筑，体现了国家立法机构所行使权力的至高无上；在城市中轴线的设计上，确立了东西轴和南北轴的主次之分，体现了美国政体中立法对行政的授权和司法对行政权力的监督；在国家大草坪中，以在国家发展进程中具有重大意义的历史事件为题材，通过修筑纪念碑、纪念堂或雕塑，如华盛顿纪念碑、林肯纪念堂、“二战”雕塑群、越战纪念碑等，增强国家大草坪作为公共空间的政治记忆和

与民众的互动。

伦敦文化建设的开展体现在以市长名义颁布的战略草案中。《伦敦：文化之都——发掘世界级城市的潜力》（2003）和《文化大都市——伦敦市长2009~2012年的文化重点》（2008）作为第一和第二份战略草案，分别由市长利文斯通与鲍里斯·约翰逊颁布实施，两份草案均从12个方面对伦敦的文化建设进行了全面规划。2010年，约翰逊公布了第三份文化战略草案，即《文化大都市——伦敦市长文化战略草案：2012年及其以后》，这一草案着眼于伦敦文化战略在2012年后的发展，草案提出要通过拓展文化发展渠道，加大对教育、技能和职业的投入，改善基础设施、环境和公共领域，以追求卓越的精神加强伦敦市政府与其他文化机构、组织的协调，努力维持伦敦作为一个世界级城市在文化层面的地位。草案还指出，2012年伦敦奥运会既是文化和体育的盛会，也为伦敦留下了巨大的文化遗产，应在未来的区域发展中，将这些文化遗产纳入到区域发展的规划之中。

巴黎的文化保护表现在几个层面。首先，巴黎执行了自“二战”以来所颁布的文化规划及法律法规，遵从“历史、文化和美学视角下的遗产重要性”“城市与景观之间的和谐”“拆除和损坏风险评估”等原则，对老城区中的街道走向、沿街建筑的样式以及新建楼房的高度等进行了严格的保护或监管，并通过设立“文化遗产日”和开展民众有较强参与性的“巴黎秋日艺术节”“巴黎不眠之夜”等公共文化活动，促进人们与建筑古迹、文化艺术的互动，增强人们的文化意识。其次，为了缓解老城的拥堵状况并加强对古旧建筑的保护，巴黎于2004年公布了“大巴黎计划”，以利用城市郊区发展卫星城为主要方式，拓展城市的文化空间。再次，为了增强巴黎在世界文化多样性发展中的地位，经法国的倡导和推动，2001年和2005年令人瞩目的《世界文化多样性宣言》和《保护和促进文化表现形式多样性公约》分别在巴黎公布于世，这极大增强了巴黎在世界的文化影响力。

东京对文化活力和文化魅力型城市的打造，注重文化产业对城市发展的推动作用。2006年，东京政府推出的《十年后的东京——东京在变化》在述及文化部分时提出，要充分利用动漫产业等优势文化产业提升东京的城市魅力及国际地位。2009年，东京知事推出了“天堂艺术家事业”项目，通过为艺术家提供适宜的艺术创作环境和“城市中的剧场”，培育艺术氛围，提振东京的观光和文化事业。为进一步实现《东京都文化振兴方针》中为东京描绘的文化发展目标，2011 年，东京推出了《〈十年后东京〉2011 行动计划》。计划从八大领域确定了东京 2011 ~ 2013 年的发展规划，在文化发展方面，指出东京要重点加强“展示平台建设”、“特色资源开发”和“与其他城市或民间事业者的合作”等三个方面，以提升东京的文化魅力和产业能力。

相比较而言，北京作为首都城市在社会主义核心价值观念的塑造方面，缺乏华盛顿城市规划的整体性设计以及文化设施与人们之间的互动式交流。与伦敦相比，北京在创意产业的发展上缺乏文化领域的顶层设计，缺少从推行全国文化中心、建设社会主义先进文化之都和科技文化创新之城的高度，对文化创意产业进行的科学规划。尽管在“十一五”时期北京市出台了一系列文化创意产业的扶持政策，但仍未打破原有体制按行政部门、层级和区划配置或规划文化资源的方式。由于未能从首都城市宏观视角对各区域、各部门、各行业进行科学统筹，区域重建、管理重复、行业混乱等现象多有发生，制约了政策的协调推进。在文化保护和推广方面，北京与巴黎相比，人们对公共文化活动的参与性较差，对文化保护的意识不强，在政策的执行上也多有不足。北京传统的城市文化特色在商业性地产过度开发、“建设性破坏”、“异地迁建”等行为的冲击下逐渐消失。北京 300 余处市级以上文物保护单位被中央行政单位占用了 90 处，被市区等单位占用了 100 余处，仅 40% 的对外开放率严重限制了历史建筑、文化遗迹等在文化展示、传播、推广等层面的效用①。与东京相比，在文化创意产业提升城市文化影响力方面，东京已形成了具有核心竞争力的产业——动漫创意产业。动漫产业不仅是东京仅次于汽车业的第二大支柱产业，且通过东京国际动漫节和“动漫外交”等文化交流平台建设，动漫业在提升东京国际形象、活跃文化氛围等方面作用明显；相反，北京文化创意产业的整体产值虽在 2012 年 1 ~ 9 月份达到 GDP 的 12.9%，成为北京市的支柱产业，② 但各行业市场集中度偏低，创意性不强，具有世界

① 《古建筑多数被“占”颐和园打算说“不”》，《新民晚报》2011 年 8 月 31 日。

② 《文化创意成北京重要支柱产业 占 GDP 比重达 12.9%》，《北京商报》2012 年 10 月 30 日。

显著竞争力优势的文化行业并未形成，在文化创意产业的提升方面有待进一步加强。

三　加快北京文化战略实施的对策建议

（一）增强国际文化中心城市建设战略研究，加强首都文化发展战略的规划与设计

目前，北京建设中国特色社会主义先进文化之都和具有世界影响力的文化中心城市已进入实施阶段，为了落实文化强国战略，顺利推进首都文化建设，切实将北京文化战略的发展作为一项长期、系统性工程，北京应深刻把握国际形势，从国家首都文化战略发展的高度来统筹首都文化建设问题，从社会主义先进文化之都的高度全面提升首都文化竞争力和软实力。

第一，按照中央“五位一体”的总体布局，首都要从发展战略高度统筹文化与经济建设、政治建设、社会建设、生态文明建设之间的辩证统一关系，把文化建设作为现代化建设总体布局的重要组成部分，把文化体制改革作为促进文化大发展、大繁荣的根本动力。

第二，从国际首都城市文化体系建设的高度，制定符合北京发展的文化战略规划。首都的文化建设是北京参与世界文化竞争、构建特色世界城市的重要内容，因此应从首都城市文化发展的目标定位，结合北京作为首都城市的性质功能、文化发展的现状和格局，高起点、全方位、多角度地对文化发展予以设计。

第三，从社会主义先进文化之都建设的高度，全面统筹首都及其各区县、行业的城市规划、文化发展规划等，提升首都文化大发展大繁荣的标准和层次，将首都文化的发展纳入到国家文化发展、民族文化复兴以及社会核心价值体系建构的高度，在“西强我弱”的国际文化格局中，增强国家的文化软实力和国际文化话语权。

第四，从全国文化中心建设的高度，把握当今世界文化发展的潮流趋势和时代主题，通过深化文化体制改革，优化文化发展环境，推动文化科技创新，为首都文化建设注入新的活力。

（二）强化文化保护意识，彰显首都文化特色

保护民族的传统文化，对维护世界文化多样性具有十分重要的意义。对北京城市文化特色的挖掘、保护与延续，不仅是北京作为历史文化名城的重要内容，也是建设特色世界城市必须思考的文化问题。

第一，从国家首都和国际首都城市文化体系建设的高度，将首都文化保护作为延续历史文脉、传承民族文化优秀价值观和美学观的重要途径，将弘扬民族精神、维护民族文化个性作为强化社会主义核心价值体系建设的重要内容，塑造国家和民族文化赖以生存和发展的精神支撑。

第二，从全国文化中心建设的高度，将首都历史文化资源的保护与利用开发协调统一，在彰显首都城市文化底蕴的同时，通过机制创新、科技创新和文化创新，在传统文化中融入现代因素，以继承和发展的形式达到文化保护的目的。

第三，从历史文化名城建设的高度，加强整体保护意识，严格执行各项法律法规。着重处理好旧城改造与新城开发、历史建筑与现代建筑、物质形态保护与非物质形态保护之间的关系，尤其是针对北京中轴线区域的“碎片式”开发,① 要制定整体性的保护规划，对中轴线保护范围内的建筑数量、色彩、高度、格局等做出严格限定。

（三）提升首都公共文化服务体系，增强社会文化效益

城市公共文化服务是满足城市居民生活、娱乐、休闲基本需求的服务，也是体现城市人文关怀的重要标尺。首都公共文化服务四级体系已在全国率先完成，在国际首都城市的文化竞争中还可进一步提升。

第一，突出标志性公共文化设施的建设，尤其是要发挥国家首都优势，争取国家级文化场馆落地北京，提高首都公共文化服务的国际化水平，加速与国际接轨。

第二，打造品牌化的文化活动，如北京国际音乐节、北京国际戏剧节等，

---

① 《抢时间，保护北京中轴线》，《光明日报》2012 年 1 月 20 日。

借鉴巴黎利用遗产日、艺术节普及文化的做法，以各种形式鼓励人们参与和互动，将之作为拓展首都公共文化服务的平台与载体，提高活动的社会效益。

第三，增强公共设施的公益性和开放性，尤其是针对具有重大历史价值、美学价值的历史建筑被占用的情况，如中轴线保护范围内的天坛外坛内、先农坛等历史建筑，可采取腾退或新建筑功能置换等方式，确保公共设施的文化效益。

第四，建立公共文化服务体系多元投入机制，通过文化体制改革与创新，改变当前由政府单一主体发挥作用的局面，鼓励商业资本、民间资本、基金进入，在政府、市场和民间力量之间形成良性互动和协作机制，共同推动首都公共文化服务体系建设。

（四）培育优势产业，提升文化创意产业整体竞争力

从伦敦、巴黎、东京等城市的发展经验来看，优势文化创意产业是扩大城市文化影响力，塑造城市文化品牌的重要驱动力。

第一，从国际首都城市文化竞争的高度，实施大项目带动战略，培育文化“航母”。依托北京丰富的文化资源和深厚的文化底蕴，充分整合中央在京文化企业、市属文化企业、民营文化企业的力量，通过重大产业项目的带动，在加快文化资源向文化资本的转化过程中，培育一批在世界范围内具有市场竞争力、品牌影响力的骨干文化企业。

第二，在国际首都城市文化体系的建设中，发展特色文化行业。积极利用科技与创意对具有浓郁北京地域色彩或传统文化特征的文化行业进行改造和升级，如天桥的演艺业，提升传统文化行业的科技含量，增强文化企业的产品附加值和文化行业的辐射力，彰显城市文化发展的差异性。

第三，从全国文化中心建设的高度，加快对全市 30 个文化创意产业集聚区的规模化、集约化和专业化建设，充分发挥集聚区对区域经济的集聚效应，提升文化创意产业的发展水平和质量，发挥首都在全国经济增长方式转变中的垂范作用。尤其是北京市三大优势行业（软件网络及计算机服务业、广告会展业和新闻出版业）较为集中的集聚区，要在基础设施、技术平台、交易平台等硬环境和政策配套、税收优惠、股权激励等软环境方面给予适当扶持，以进一步提高行业的产业效率和国际竞争力。

第四，从提高首都创新能力的层面，促进校企联合，完善首都文化创新机制建设。根据首都高校集中、科研机构众多的资源优势，通过设立高校科技园区、创意孵化器等形式，促进产学研一体化发展，通过整合高校、科研单位的人力资源，激发创意潜能，提高创新研发能力。

（五）拓展传播渠道，加强国际国内文化交流和传播平台建设

多元的文化交流与传播渠道，是首都文化建设的重要内容，也是首都建设具有国际影响力的文化中心城市、社会主义先进文化之都、科技文化创新之城的强大引擎。

第一，充分发挥首都作为国际交往中心的地位和优势，积极组织、参与或承办重要文化交流活动，扩大对外文化交往、交流与合作，对具有国际影响力的文化活动的参与和组织予以常态化，在国际交往中实现首都文化的横向一体化建设。

第二，充分发挥首都作为国家文化中心优势，整合首都丰富的文化资源和文化设施，尤其是北京奥运会的文化遗产，如奥林匹克公园等交流平台，发挥首都作为国内和国际会展城市的功能，着力打造具有首都地域特色、中国风格和世界水平的文化交流品牌，通过品牌文化的聚合效应，彰显首都文化魅力。

第三，依托先进文化之都对文化、技术聚集的优势，加快首都对技术先进、传输快捷、辐射能力强的现代传播体系的建设，创建国际一流传播媒体，并通过首都众多的平面媒体、屏介媒体和境外驻京媒体的宣传和报道，展示首都的发展变化，传播首都的文化形象。

Comparative Analysis of Beijing Cultural Strategy and Capital Cities of other Countries

Wang Linsheng

Abstract: Cultural "Soft Power" has become increasingly prominent in the

international competition, Beijing adopts development strategy of building a city characterized advanced Chinese-featured culture, world influence and the technological and cultural innovation. From the aspects of the concept, self-positioning and policy measures, this paper compares the cultural strategies of Beijing with that of Washington, London, Paris, Tokyo, putting forward constructive suggestions regarding Beijing's cultural development on five levels, namely planning and design of the capital's cultural development strategy, strengthening of cultural protection awareness, promotion of public cultural service system, enhancement of the advanced cultural industry and communication ways of the cultural image.

Key Words: Beijing; Cultural Strategy; Capital Cities of foreign countries; Compare

B.4
首都网络文化软实力现状与对策

徐 翔*

摘 要：

本报告在网络文化建设发展的实践基础上，对网络文化软实力的内涵与构成进行理论分析，并从北京网络文化发展基础条件和支撑因素、网络文化信息环境和应用、网络文化产业和企业发展、网络文化内容供给水平与内容竞争力、网络文化辐射力和影响力、网络文化扩展效能等六大重点方面，对首都网络文化软实力现状进行分析考察，最后结合首都文化战略和网络文化发展实际，对首都网络文化软实力发展提出若干对策建议。

关键词：

网络文化软实力 网络传播 网络文化产业 数字内容

随着数字网络时代的来临，城市文化软实力建设面临新的诉求和挑战，网络文化软实力成为城市文化实力提升必须重视的现实及其未来发展过程中的重要因素。首都北京的网络文化发展既具有多重基础和优势，也面临着一些问题与挑战。本文对首都网络文化软实力的构成与支撑等主要要素及其现状进行分析，考察北京网络文化软实力发展状况，并针对北京网络文化软实力建设发展的实际提出若干对策建议。

一 首都网络文化建设政策背景与内涵构成

城市网络文化软实力是由以下几个相互区别、相互关联的基本层面和维

* 徐翔，博士，北京市社会科学院副研究员，首都网络文化研究中心副主任。

度所构成的整体：①网络文化基础力，它是城市提高网络文化竞争力和影响力的基础，包括文化基础、信息基础、科学技术等诸多重要促动因素和制约因素；②网络文化提供力，即城市进行网络文化生产、提供网络文化内容和服务、促进网络文化繁荣的能力；③网络文化传播力，即在网络空间中进行文化表达、提升网络文化扩散力和话语权、强化城市文化影响的实力；④网络功效扩展力，即城市发挥网络文化对城市多方面功能和作用的能力。

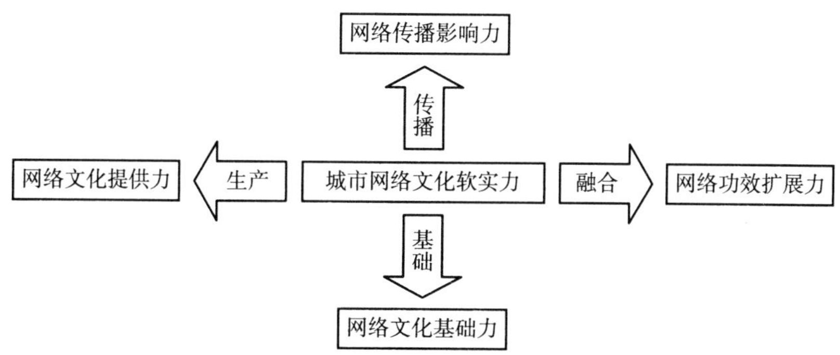

图1　城市网络文化软实力构成

二　首都网络文化软实力现状

本报告重点从六方面对北京网络文化软实力展开分析：①网络文化发展的基础条件和支撑因素；②网络文化信息环境和应用水平；③网络文化产业和企业发展；④网络文化内容供给水平与内容竞争力；⑤网络文化辐射力、引导力、影响力；⑥网络文化对于城市公共领域的改善作用。其中，第一和第二个方面属于网络文化基础力层面，第三和第四个方面属于城市网络文化提供力层面，第五个方面属于城市网络传播影响力层面，第六个方面则属于城市网络功效扩展力层面。同时，从这几个重点方面展开的分析也将适当结合北京与上海、天津、重庆等若干具有典型性的东南沿海城市、环渤海重要城市、西部代表性城市的比较，以明确北京网络文化软实力的现状和特点，进而有针对性地进行政策对策分析。

（一）北京网络文化发展的基础条件：网络的文化和科技基础优势较大，是北京网络文化软实力发展的战略性资源

网络文化的发展需要精神文化内容的支撑，从现实来看，网络文化产业与文化生产的诸多领域如新闻出版、广播、电影、电视、广告、软件乃至会展、艺术、休闲娱乐业等都有广泛的交融，它们为数字出版、网络广播、网络新闻、网络影视、网络广告、网络娱乐等内容的繁荣提供着文化产业的土壤，缺乏这些文化创意产业领域发展的城市，在相关网络文化产品的创作和生产方面也会受到潜在的制约。2011 年，北京文化创意产业增加值占 GDP 比重达 12.2%，居全国首位。2012 年 12 月，中国人民大学发布的《中国省市文化产业发展指数（2012）》中指出，北京的“文化产业发展指数综合指数”位居全国首位。北京具有传统优势的新闻、出版、影视等文化产业，为与其相关的网络文化的繁荣提供了尤为重要的基础支持和延伸条件，使得北京网络文化的产业发展以及发展潜力大大领先于重庆等文化产业薄弱城市。文化创意产业土壤是北京网络文化软实力发展的一大战略优势。

网络文化软实力体现出文化与科技融合发展的典型特征。许多网络产品尽管带有深刻的思想文化烙印乃至意识形态诉求，但文化与科技的融合度较高，如网络游戏、3D 虚拟博物馆。北京是我国的科教中心城市，也是软件信息产业高度领先的城市。2011 年，北京的软件和信息服务业收入达到 3539 亿元，软件产业继续保持全国领军地位，为推动北京各种网络软件产品、网络信息服务的发展提供着坚实的数字网络技术基础。根据《中国软件和信息服务业发展报告（2011）》对我国城市软件产业竞争力指数的分析，北京的软件产业竞争力指数以 0.7731 居于全国第一，上海以 0.3991 居于第三，天津、重庆等城市则仅有 0.1542、0.1398。[①] 这些显示着北京的网络文化科技方面的厚实基础和比较优势，成为北京网络文化软实力的核心性支撑条件。

---

① 李颖编著《中国软件和信息服务业发展报告（2011）》，社会科学文献出版社，2011。

（二）北京网络文化信息环境和应用水平：网络资源具有区位优势，网络应用水平具有一定领先性但总体优势不突出

首都北京具有较良好的互联网环境，在互联网硬件设施建设、互联网域名以及网站数量、网络渗透应用等方面都处于国内领先水平，为网络文化软实力的发展奠定了坚实的基础。

首都的网络资源重要特点之一，是作为我国互联网枢纽城市和骨干网络中心节点城市之一所具有的网络区位优势。北京是 chinanet、chinagbn、crnet 等全国各大骨干网中拥有核心节点最多的国内城市。在我国互联网的国际连接分布中，北京作为中国首都和北方的中心城市，成为我国国际互联网络的枢纽之一。网络地址数、域名数是首都网络区位资源优势的主要表现。在 IPv4 地址日渐枯竭的情况下，北京的 IPv4 地址数长期居于国内首位；即使是新的 IPv6 地址数，北京由于中国电信、中国移动、中国联通等总部的存在，而表现出其所分配资源的倾斜；在域名数、网站数等方面，北京也大大领先于津、渝等城市。在新的信息时代，“权力正在从‘拥有雄厚的资本’转向‘拥有丰富的信息’”①，北京可以而且也需要凭借对互联网“硬资源”的掌握使其转化为在网络信息监测、管理、引导和网络文化发展建设中的“软实力”。

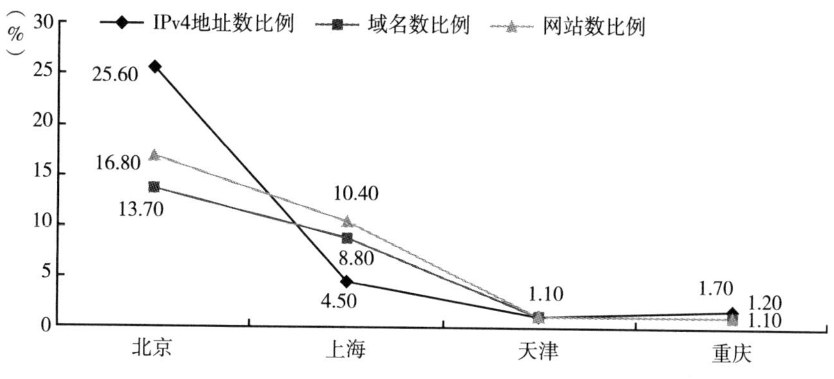

图 2　京、沪、津、渝互联网资源比较（截至 2011 年 12 月）

---

① 约瑟夫·S. 奈：《硬权力与软权力》，门红华译，北京大学出版社，2005。

北京的多种网络应用高于全国平均水平，与天津、重庆等城市相比，其网络应用程度以及网络文化发展对于人民生活的渗透程度都更深入。尤其在一些新型网络应用上，北京都显著高于全国水平乃至其他一线城市。例如，截至2011年底，北京网络购物使用率为52.3%，稍落后于上海的52.6%，高于全国平均水平的37.8%；旅行预订使用率为18.2%，而全国水平为8.2%，不到北京市的一半；团购使用率为21.2%，全国水平为12.6%。但是，随着网络应用的逐步推广和扩散，北京在一些成熟项目上的领先度呈现出弱化的趋势。例如，在网络新闻、搜索引擎、即时通信、网络音乐等项目内容的应用上，北京与全国水平几乎相当；2010年底，北京的网络游戏、网络音乐的使用率分别为58.5%和79.1%，甚至低于全国平均水平的66.5%和79.2%。由于城市经济因素、产业基础等方面的原因，北京在某些项目的优势并不突出，甚至落后于一些沿海发达城市，尤其是在与网络经济、消费、商务等相关的领域。例如，拥有超过6.5亿注册账户的“支付宝”2012年1月发布的2011年度数据资料显示，就城市的网络消费能力而言，北京以第二位落后于居首位的上海。电子商务的发达意味着网络信息流、网络商流、网络物流等水平的提高，也意味着电子网络时代消费方式和生活方式的变化转型，然而在此方面北京未体现出足够的竞争力优势。2010年北京电子交易总额为3995亿元，同期上海达到4252.8亿元，而作为中国电子商务之都的杭州，仅其淘宝网一家网站年交易规模就超过了4000亿元。

（三）北京网络文化产业和企业：网络文化产业的集聚性、规模、质量提升对北京网络文化软实力的支撑作用

北京是全国的文化中心和文化产业高地，具有网络文化资源、网络文化人才、网络文化创新等方面的领先水平，为其网络文化实力提供了较好基础。尤其在从事网络文化生产的产业和企业方面，北京体现出了较强的竞争力。

经营性互联网文化单位是提供网络文化产品与服务的市场主体，2006～2011年，北京获得文化部网络文化经营许可证的经营性互联网文化单位不仅保持年均超过50%的快速发展，而且其数量、增长潜力也大大超出上海、天津、重庆等城市，在全国城市中处于绝对中心地位。2006～2011年，北京获得文化部网络

文化经营许可证的经营性互联网文化单位累计达765家，而上海有294家，天津和重庆分别只有27家和11家，这也体现着北京在集聚网络企业和网络文化人才、吸纳网络文化资源方面的“网都”地位。这些网络文化企业涉及领域广泛，具有充足的经营活力，对首都网络文化发展的繁荣起到了促进作用。

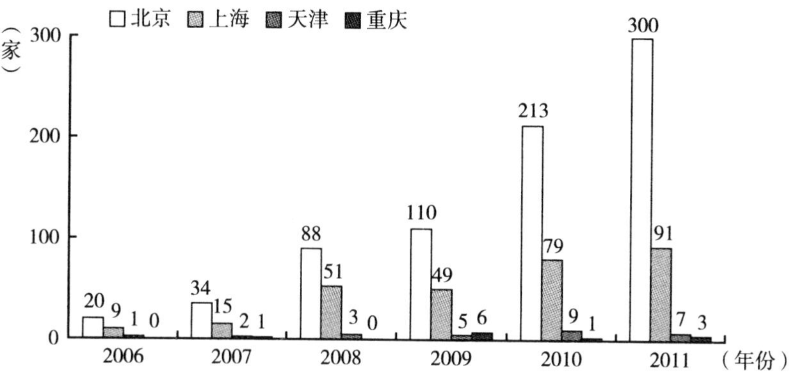

图3　京、沪、津、渝每年获得网络文化经营许可证的互联网文化单位数量对比（2006～2011）

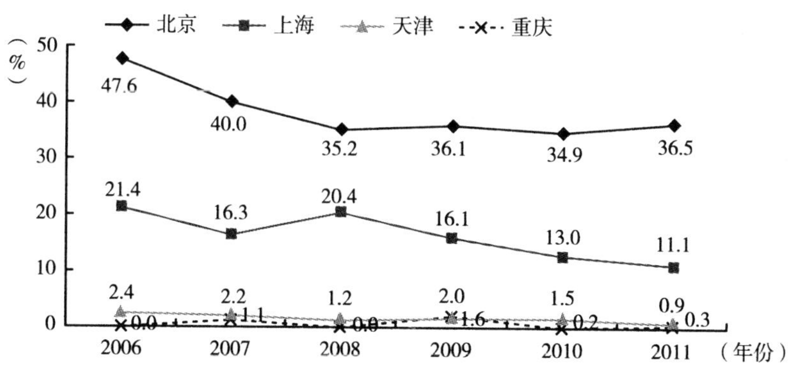

图4　京、沪、津、渝每年获得网络文化经营许可证的互联网文化单位在全国所占比例对比（2006～2011）

资料来源：根据文化部网站资料整理。

截至2012年8月，在上市的互联网企业中，北京拥有逾4000亿元的市值，广布门户网站、网络出版、网络视听、网络文学等诸多领域，其总的市值以及分布的广度都超过了上海，与国内同为网络产业重镇的深圳、广州、杭州等城市相比也有不小的优势。以在美国和香港上市的互联网企业为例，截至2012年8月下旬，北京共有21家上市互联网企业，上海有11家，深圳和广州分别有3家和1家。

网游产业是近年来我国发展势头迅猛的网络文化领域。从网络游戏制作研发企业来看，2011年，全国客户端网络游戏研发公司共有164家，与2010年的154家相比增加了10家。在164家客户端网络游戏研发企业中，北京、上海、广东三地的企业数量占据前三的位置，其中北京与上海分别为24.4%和23.2%，而其他省市则较显著地落后于这两地，重庆与四川加起来才占10%，天津则更少。[①] 但是从网游产品的生产制作看，北京在领军企业以及精品内容方面依然面临着上海、广东等城市的强力竞争。例如，上海网络游戏产业2011年产值达到149亿元，约占全国网络游戏产业的30%；以2011年我国网游前5大企业来看，总部位于广东的腾讯、网易分别占全国市场份额的36.9%和15.4%，上海的盛大游戏以12.4%紧随其后、位居第三，北京的完美时空和搜狐畅游仅仅只有7%和6.5%的份额、居第四和第五。

网络视听是网络文化使用与消费的重要内容。在互联网视听节目的运营上，截至2011年6月30日，北京有185家持证机构，其中虽然有不少在京的中央单位，但北京市的市属企业单位也占到了百余家，如北京电视台、北京市委讲师团、北京六间房科技有限公司等不同类型的单位；而上海市则为29家，在单位数量上仅次于浙江省的42家位居全国第三；天津、重庆分别为3家和9家。北京所拥有的丰富网络视听运营机构凸显了其“网都”的巨大优势，也为其视听内容的提供与传播发展奠定了有力的基础。

（四）北京网络文化内容供给：网络内容水平和综合实力领先，网络视听、网络游戏、网络文学等部分领域还需进一步提升其竞争力

数字网络时代，网络游戏、网络视频、网络音乐、网络动漫等蕴藉着丰富的文化内容。网络时代的数字出版广泛涉及电子图书、数字报纸、互联网期

---

① 国际数据公司、中国互联网络信息中心：《2011年中国游戏产业调查报告》，http://www.cgigc.com.cn/201201/120087820889_7.html。

刊、网络动漫、在线音乐、手机出版等内容的制作与发行、传播，成为网络时代典型的“文化工业”。

北京、上海两地数字出版产品的生产总值占据了全国数字出版约四成比重，与广东共同成为我国数字内容生产的中心区域；天津、重庆虽有后起之势但依然与前者有很大差距。例如，2009 年，京、沪的数字出版产值分别已达 176 亿元和 185 亿元，而重庆只有 18.88 亿元。总体上看，上海在数字出版方面表现出强劲发展态势，甚至在产值等方面已经超过北京。另一方面，随着全国范围内 9 家国家级数字出版产业基地的确立，上海通过张江数字出版基地进一步巩固了其优势地位，天津、重庆也在天津国家数字出版基地、重庆北部新区国家数字出版基地的设立背景下，数字出版能力得以大幅提升并显现出很大的发展潜力，而北京则由于缺乏这样的国家级数字出版基地，在一定程度上影响到其在数字文化方面的竞争优势。上海张江数字出版基地在 2011 年底已有 300 多家企业入驻，年产值突破 130 亿元，是我国最具影响力的数字出版产业基地之一；重庆北部新区国家数字出版基地作为我国西部首个国家级数字出版基地，目前入驻了华龙网、腾讯·大渝网、中兴通讯等近 100 家数字出版企业，2010 年，基地从业人员近万人，营业收入近 80 亿元；2011 年 10 月挂牌的天津国家数字出版基地目前有 40 家企业入驻，着力打造云计算等特色优势产业，对北京数字出版产业链的形成带来了竞争和挑战。

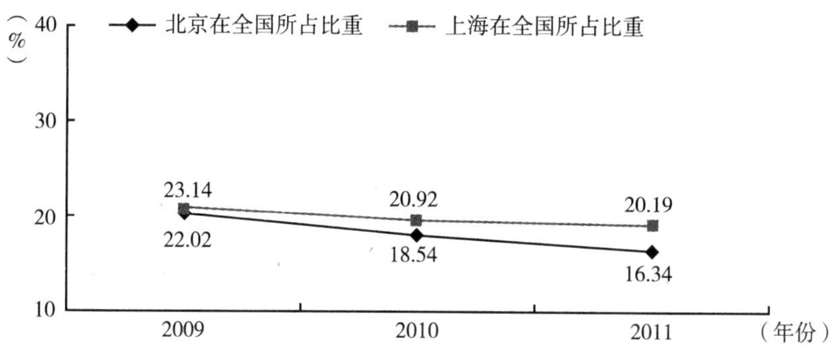

图 5　京、沪数字出版产值在全国所占份额的比较（2009～2011）

资料来源：根据千龙网《首都互联网发展报告（2007～2012）：网络经济篇》、各年度《中国数字出版产业年度报告》、上海市新闻出版局资料等综合整理。

网络游戏领域中上海和北京也为我国两大中心城市，深圳、广州等城市属于第二梯队，而天津、重庆则属于较弱的状态，这体现着北京在通过网络游戏的内容引导网络文化发展方面有强大实力，但是北京在此方面依然面临着上海等地区的强力竞争和挑战。考察几年来京、沪、津、渝四城网络游戏的制作出产情况可以看出，北京、上海年度网游出产约占全国的一半。从网络游戏产品的收入来看，2011 年，北京为 130 亿元；而广东在 2010 年已经达到了 152 亿元，约占全国 35%；2010 年，上海网络游戏营业收入约 125 亿元，2011 年，《2011 上海游戏产业年度报告》显示，已达到 149 亿元。重庆市的网络游戏制作在 2007 年之前一直是空白，到 2010 年时的年运营销售收入才达到数千万元。从网络游戏的内容来看，上海是网游的内容大市，上海盛大、上海巨人等领军企业具有在网络游戏领域很强的制作、创新能力，向全国乃至海外提供了富有中国文明底蕴与文化特色的网络游戏产品，对北京作为网络游戏中心城市的地位构成了竞争与挑战。在中国出版协会主办评选的 2010 年度十大最受欢迎的民族网络游戏中，北京地区占了 4 款，上海占了 3 款，深圳有 2 款，广州 1 款；2011 年度十大最受欢迎的民族网络游戏中，北京 6 款，上海 3 款，广州 1 款，充分体现了北京与其他城市之间存在的优势与面临的挑战。

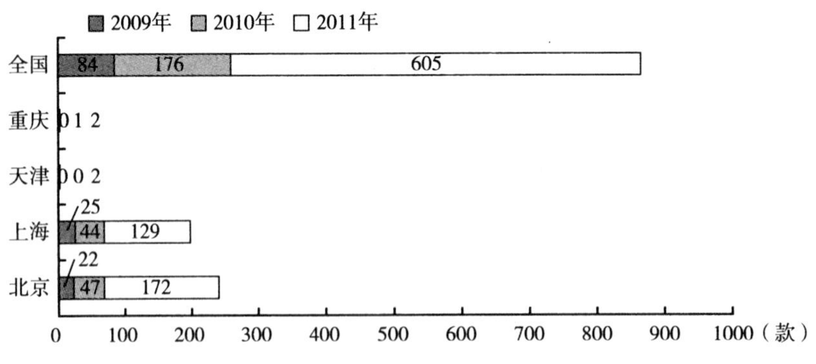

图 6　京、沪、津、渝年度网络游戏出产款数（2009 ~ 2011）

资料来源：根据文化部网站资料综合整理。

网络视听促进了网络文化发展在内容与载体、形态方面的进步。在网络视听服务的竞争力以及受众反应方面，上海占据着一定的优势地位，它拥有全国

近半数的在线视频运营商以及全国最大的IPTV、互联网电视运营商百视通，网络视听企业的用户覆盖比例已超过全国的60%。2011年，上海在全国的网络视听服务市场份额达到七成左右，土豆网、PPTV、百视通等网络视听企业发挥着重要的作用。[①] 与之相比，北京虽然拥有网站、网络传媒方面的显著总体优势，但是在这些细分内容供给领域仍然体现出相对的竞争力不足。根据艾瑞的统计分析，2012年上半年，我国网络文学航母，即总部位于上海的起点中文网月均月度覆盖人数2673.8万人，以近乎三倍的覆盖率超过第二名，即总部位于北京的红袖添香网站。巨大的差异体现了北京在网络文学生产和创新方面的不足，提高文学网站吸引力、强化发布平台建设应是北京网络文化建设的重要内容之一。

（五）北京网络文化传播影响力：北京网络文化和网络意见的传播引导能力显著领先于其他城市，体现出网络媒介城市的辐射力和影响力

北京的网站数量和网页容量持续在全国保持首位，在全国网络信息的传播中发挥着强有力的辐射作用。在大规模的、品牌性的网络传播上，首都北京具有一大批关键性的核心网站，它们成为向全国乃至世界传播网络文化信息的重要中枢节点。根据2012年8月21日Alexa对近三个月指数数据的分析，在全球前500的网站排名中，北京占据了42家、高居我国首位，而位列第二的上海只有9家，广东、浙江等网络发达省份分别只有8家和7家，西部中心城市重庆只有2家，福建、江苏、海南等省份只有一两家。北京的部分网站跻身于具有世界竞争力的网站行列，如百度、新浪、搜狐、优酷等的Alexa指数都进入世界前几十位，在网络内容提供和服务技术创新方面都具有强大实力，对受众体验具有良好用户黏性。从各大网站对我国群众的覆盖和辐射状况而言，北京拥有一批具有超强用户规模的互联网公司，它们的网络内容以及软件平台成为我国网民与互联网交互的主要界面与“接口”，甚至形成对网民网络使用的垄断或者说“网络霸权”。例如，搜狐公司的搜狐网、搜狗、搜狐视频、搜狐畅

---

① 《2010年上海文化创意产业发展取得重大突破性进展》，《解放日报》2011年9月23日。

游、焦点网等网络服务内容对我国的网民覆盖率达到了90.6%，新浪公司所属的新浪网、新浪微博、新浪UC等的网民覆盖率达到了77.9%，优酷网、搜酷、i酷等达到62.9%，而同样进入网民覆盖率前20名的千橡、乐视、PPStream等只有30%～40%左右的覆盖率，其他非主要网络公司的覆盖率则更低。①

中央在京网络媒体对于首都的网络传播实力具有很大的影响，这也是首都网络文化发展影响力领先于其他城市的重要特点。2012年8月19日，根据Alexa近三个月用户覆盖指数统计的全国新闻网站TOP50中，北京地区占据了近20家，其中半数以上是在京中央媒体机构，如新华网、人民网、央视网、中国新闻网、环球网、中国广播网、中国网、光明网、国际在线、中国日报网站，它们基本占据着我国新闻网站排名中前10的行列，这也凸显着首都北京在网络传播力方面与上海、天津等非首都城市相比而显现出的战略地位。根据2012年7月艾瑞对40万份网络样本的监测，在京的中央网络媒体体现出大大领先于其他网媒的用户覆盖人数和网民到达率，人民网日均覆盖人数达到501万人，网民到达率达2.1%；环球网日均覆盖人数251万人；而东方网、联合早报网的日均覆盖人数分别只有134万人和90万人。从网站媒体对用户的作用时间而言，根据艾瑞对2012年7月数据的统计分析，新华网、人民网、环球网的月度有效浏览时间分别为1028万、890万、664万小时，高居我国前三位，领先上海、重庆等地新闻门户网站的数倍乃至十余倍。

在网络文化对受众的影响途径和渠道中，网络视听成为了向受众传输认知、思想观念、体验的具有时代意义的新方式。艾瑞2012年的研究数据显示，我国视频网站在一定程度上的周使用时长已经超过了电视②；尤其是在手机、微视频等网络新媒体的发酵下，视听内容更成为我国社会文化和舆论形成的新策源。北京的网络视听在传播影响和内容提供方面具有全国

① 艾瑞咨询：《2012上半年中国用户规模二十大互联网公司》，http：//a.iresearch.cn/29/20120816/179172.shtml。

② 艾瑞网：《2011～2012年中国在线视频用户行为研究报告》，http：//www.iresearch.com.cn/Report/1715.html。

引领地位，成为对我国受众进行视听内容传播的中心性城市；根据 2011 年 5 月互联网实验室的分析，在我国 30 家主要视频网站中，北京地区占了 17 家，这些网站如优酷网、酷 6 网、奇艺高清等具有显著超出其他多数网站的人气值，其市场份额占到了全国约六成；相比之下，上海的土豆网、激动网等也占到了近三成的市场份额，天津、重庆的视听网络传播所处的弱势地位较为明显。① 在数字视听内容日益重要的网络文化时代，北京地区通过对视听传播渠道的强力塑造，促进了网络影视、微视频、草根视听内容在当代文化中的影响力，提升了北京网络时代的视听范式传播在全国的辐射力。

近年来，以微博客等为代表的自媒体在我国呈现爆发性的增长，引发网络文化发展在传播特征上的重大变革，对社会文化和舆论的形成、网络文化发展秩序和文化生态的构建起到了重要的发酵乃至策源效能。首都北京集聚了大批网络意见领袖，成为对我国网络公共生活影响很大的策源中心之一。以新近崛起极为迅猛的微博客为例，作为我国最重要的两个微博平台的新浪微博和腾讯微博，共拥有我国几亿的注册用户，而北京地区的微博主在这些微博中占有绝对性的优势，其影响力大大超过上海、天津、重庆。以拥有 300 万以上粉丝数的微博主为准，根据 2012 年 8 月 23 日统计，新浪微博中具有重要公众影响力的意见领袖北京有 142 个，上海仅有 15 个；腾讯微博中超 300 万粉丝数的博主北京地区有 107 个，上海 12 个；天津和重庆几乎没有。在粉丝数为 100 万～300 万的新浪微博主中，北京有 498 个，上海 112 个，天津、重庆分别为 6 个和 7 个。

北京由于知识分子、媒体人士、演艺体育明星等各种文化阶层的集聚，拥有众多粉丝数的意见领袖多，其活跃度及网络言论反馈度都很高，话题广泛涉及社会生活、公共事件、文体娱乐、政治经济、意识形态等领域。上海在偶像明星数量以及知识分子数量等方面都落后于北京，甚至广东、江苏在意见领袖影响力方面也不低于上海。例如，江苏由于高等院校以及媒体机构发达，其意见领袖中虽然缺乏文体明星，但对于社会公共领域和社会舆论的

---

① http：//www. chinalabs. com/html/zuixinredian_ wenzhang_ /20110622/41704. html.

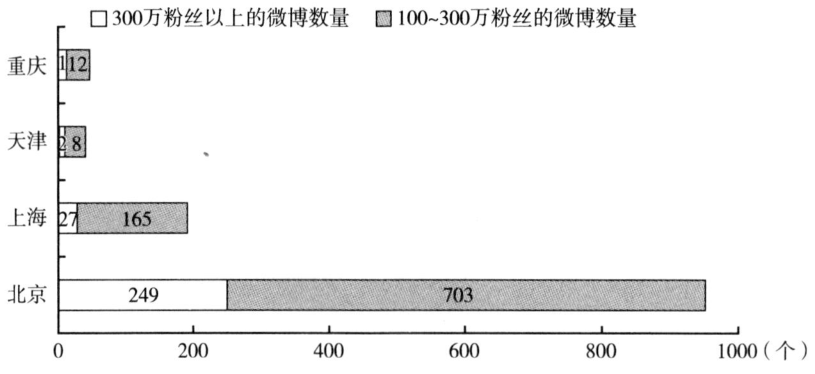

图7　新浪、腾讯的微博主分布状况比较（2012年8月）

导向能力更为扎实。这既说明北京地区的网络言论对网民产生的巨大影响力和渗透力，也显示着北京自媒体传播及其舆论监管引导面临着更为重要而复杂的任务。

（六）北京网络文化扩展作用：网络传播和网络公共领域对于城市软环境产生一定促进和改善效果，但是网络文化与社会、政治的"多位一体"发展仍需继续加强

近年来，网络在社会公共领域和政治文明中的应用是网络文化发展的一个显著特点，如网络"善治"（good governance）和网络时代的公民参与。这种变化的一个基础是网络对社会互动的便捷化、数字化、参与化的形塑，提高了网络时代的公众政治参与度，有利于政治公共领域的改善与和谐社会的建设。北京的网络文化发展对执政理念和行政方式的改变起着积极作用。作为国家首都和政治中心，北京网络政治文明的改善更对全国具有示范性的意义和作用。工信部中国软件评测中心连续举办的年度性政府网站绩效评估，对政府门户网站的信息公开情况、公众参与情况等多个指标进行综合评估。2008～2011年，北京政府网站连续多年得分居全国省级政府网站第一位，上海在第二名和第三名之间浮动，天津从2008、2009年的第十一名变为2010年的十四名和2011年的十九名，重庆则在二十名左右浮动。这体现了北京在政府网络服务和网络

问政中的领先状态，而天津、重庆与京、沪等网络政治文明良好的城市则尚有较大提升空间（见图8）。①

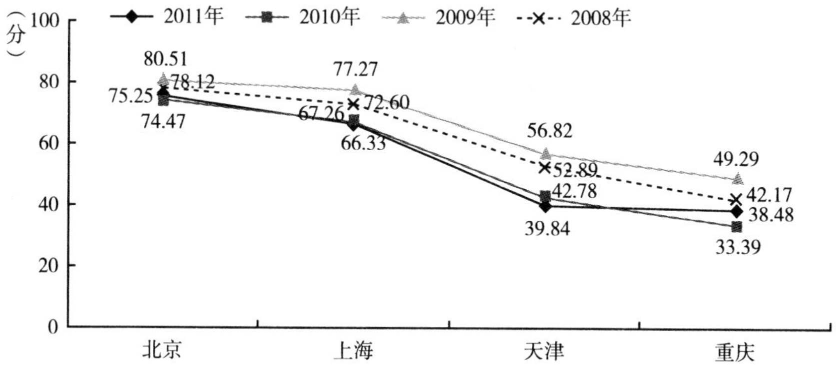

图8　京、沪、津、渝政府门户网站绩效（2008～2011）

网络话语的方式带来公共领域特点的改变，使得社会各利益阶层和博弈主体之间的信息互动范式发生变化，增强了“新意见阶层”、草根群体的话语力量和话语表达。尤其自媒体的崛起使得网络问政和公众的网络公共事务参与特点都发生着变化，政务微博、公共机构微博成为新的社会热点现象，也改善着微博时代政府、官方机构与公众的关系构型。根据对新浪微博2012年7月的统计，在综合考察活跃度、传播力、覆盖力的官方机构微博影响力前100名中，首都地区的机构占了13个，其中包括政府机构、事业单位、国企等各种类型的官方机构，它们都参与到与网民的即时化乃至碎片化的互动中。其中“平安北京”微博的影响力仅次于“上海发布”“上海地铁 shmetro”，拥有大量粉丝，在搭建政府与民众的沟通互动平台、促进官民互动理念转变方面起到了积极的引领示范作用。总体上看，北京地区的政府微博影响力依然较大幅度地低于公共名人和意见领袖微博，而官方企事业单位与公众的自媒体交流空间与公共领域建构更显薄弱，例如，新浪政府微博影响力居于最前的10家政府机构，其影响力与名人微博、媒体微博相比，差距较大。北京需要进一步加大政府和公共机构网络

① http：//2011wzpg. cstc. org. cn/fbh2011/.

自媒体话语的建设力度，促进网络和谐社会建设，促进首都网络文化影响力提升。

三　提升首都网络文化软实力的对策与建议

（一）扶持引导网络文化产业发展升级，使之成为首都网络文化软实力的重点支撑

网络文化产业的健康与繁荣不仅可以带来丰富的城市网络文化内容和服务，也为积极向上的网络文化产品环境和消费环境提供着基本支撑。北京要不断优化网络文化发展的市场化、产业化、体系化成熟度，持续促进网络文化产业中心城市的地位巩固和升级，使之成为驱动首都网络文化健康发达的强力引擎。要立足北京现有的文化创意产业基础和优势，着重在数字图书期刊出版、网络影视、网络游戏等北京具有全国领先性的领域继续做强做优，发挥其繁荣健康的数字内容对全国网络文化内容生产的示范辐射作用。要鼓励网络文化产业与文化事业、社会公共服务的有机结合，多形式吸纳社会资本、商业资本进入公共网络文化服务体系建设，加大网络文化产业在文化信息资源共享工程、北京公共网络信息库和数据库中的合作共建力度。

（二）加强网络内容的精品化创新与内涵式发展，使之成为北京发展网络文化软实力的核心环节

文化内容的原创力和吸引力关系到城市的文化质感度、文化标识度和文化认同度。北京要抓住网络文化兴起的新机遇，挖掘自身文化底蕴和文化创造力，繁荣网络文化艺术的生产与供给，为数字网络时代北京建设具有世界影响力的文化中心城市和中国特色世界城市奠定有力基础。北京作为对全国具有示范作用的文化中心，网络文化产业不能过于关注眼球效应和短期的市场效应，要依靠雄厚的文化资源与文化积淀，扎扎实实地推进网络内容精品创新和高端竞争。改变网络文化发展中重产值、重规模而轻文化的倾向，注重城市网络品牌的淬炼和锻造，提升首都网络文化内容竞争力和影响力。

（三）强调网络传播的实际效果和影响力，切实实践首都网络文化软实力“注意力经济”和“影响力经济”的双重提升

当前复杂的网络舆论环境对群众的思想文化与观念塑造起着巨大的影响，首都网络文化“软权力”必须着力强化网络传播效能及其文化引导实力。立足北京新媒介的基础优势与发展态势，大力加强首都在全媒体语境下的传播引导能力建设。强调电子报刊、网络广播、IPTV、三网融合、移动互联网等新媒介产业在北京传媒体系中的创新引领地位，注重网络电视、网络音乐、网络文学、多媒体数据库等新兴网络文化元素中的潜在舆情规范引导。吸纳与发挥北京具有高度集聚性和强大传播力意见领袖的城市功能，使之成为城市舆论引导、城市文化传播、城市形象构建中的重大新兴力量。注重重点媒体与民间网络议程的协调，增强首都舆论场的内聚力。增进政府传播的媒介渠道与效能，拓宽政府在网络平台中对民众信息公开、公共服务、舆情引导的实际效果，在“北京微博发布厅”的良好基础上提高其绩效以及全国的示范力，并把政府公共传播向社交网站、即时通讯、移动互联网等媒介拓展和延伸，把政府网络信息传播形塑为网络舆论信息引导中必不可少的重要平台。

（四）充分发挥北京的相关文化基础和积淀，使之成为首都网络文化软实力的特色支撑和动力

城市或区域的网络文化软实力战略要与其网络文化基础力的实际阶段和特点相匹配，北京的文化创意产业基础、文化科技基础、文化人才基础等诸多方面是其网络文化实力发展的战略优势，要在新时期的网络文化建设中加以凸出和进一步的强调。要促进重点文化创意产业的数字网络化发展，推进数字网络背景下文化与科技的融合创新，打造首都特色的数字文化产业及其核心竞争力。把北京深厚的文化古都底蕴作为其数字文化的特色构建，推动北京历史文化元素及资源的网络化传承与弘扬，加强北京传统古都文化底蕴与现代数字文化的交相融合。

Present Situation and Countermeasure of Beijing's Internet Cultural Soft Power

Xu Xiang

Abstract: On the practical basis of development of cyber culture, this paper analyses the theoretic constitution of internet cultural power, and practically analyses the condition of Beijing's internet cultural power in view of basic elements, internet environment and its application, internet cultural industry and enterprises, digital content and its competitive force, effects of cyber culture, extended functions of internet culture. At last, this article proposes some countermeasure and suggestion for the development of Beijing's internet cultural power.

Key Words: Internet cultural soft power; Online communication; Cultural industry of internet; Digital content

B.5 首都教育改革与发展面临的新形势新任务

桑锦龙　汤术峰*

摘　要：

回顾2012年首都教育改革与发展，可以看到尽管首都教育取得了很大成绩，但仍面临一系列的严峻挑战，如培养创新人才的任务日益迫切、教育体制改革亟待深化、建设人力资源强市任重道远，因此要进一步加快首都教育现代化建设，就必须努力在坚持教育优先发展方面取得新共识，在教育的优质发展、公平发展、创新发展方面取得更大进展。

关键词：

首都　教育改革与发展　新形势　新任务

一 首都教育改革与发展面临的新形势

（一）党的十八大对深化首都教育改革与发展提出了新的要求

2012年11月召开的中国共产党第十八次全国代表大会是一次具有承前启后重要历史意义的会议，既对我国现代化建设事业具有深远影响，也对我国教育现代化建设提出了新的更高的要求。

---

* 桑锦龙，北京教育科学研究院教育发展研究中心研究员，主要从事教育社会学、教育发展战略与规划研究；汤术峰，北京教育科学研究院教育发展研究中心助理研究员，主要从事高等教育、比较教育研究。

这主要体现在以下三个方面。首先，更加清醒地指出我国教育民生问题还很突出。十八大报告将教育作为社会建设和改善民生之首，在充分肯定我国教育取得的成绩的同时，明确提出当前我国“社会矛盾明显增多，教育、就业、社会保障、医疗、住房、生态环境、食品药品安全、社会治安、执法司法等关系群众切身利益的问题较多，部分群众生活比较困难”。其次，更加坚定地重申了到2020年“基本实现教育现代化”的战略目标。报告明确把“基本公共服务均等化总体实现，全民受教育程度和创新人才培养水平明显提高，进入人才强国和人力资源强国行列，教育现代化基本实现”作为2020年全面建成小康社会目标之一，进一步凸显了教育在我国经济社会发展中的优先地位。再次，更加务实地提出了教育改革发展的战略部署。报告从“办好人民满意的教育”的战略高度，提出要“办好学前教育，均衡发展九年义务教育”“积极推动农民工子女平等接受教育，让每个孩子都能成为有用之才”等，积极回应了当前社会公众关心的一系列教育热点难点问题。

简言之，北京作为国家首都和高等教育中心，在国家教育现代化进程中起到举足轻重的作用，在新的历史时期能否打好教育体制改革攻坚战，能否在教育现代化进程中“领先一步”“更上一层”，能否在“办好人民满意的教育”方面取得突破性进展，将不仅影响到首都在全国教育改革与发展全局中的地位，而且还将影响到首都“五位一体”推进中国特色社会主义事业的大局。

（二）建设中国特色世界城市对首都教育改革与发展提出了新课题

2012年6月召开的中国共产党北京市第十一次代表大会也是对首都教育现代化进程具有重要影响的会议。这次会议立足《北京城市总体规划》的战略部署和当前首都现代化建设的实际，将建设中国特色世界城市作为新的历史阶段首都现代化建设的发展目标，也为首都教育现代化提供了新的参照系。

世界城市是指国际大都市的高端形态，是引领国际大都市发展潮流、现代化程度最高、综合实力最强，对全球的经济、政治、文化等方面具有重要影响

力的城市。纵观当前的世界城市，可以发现，尽管各自的形成背景和发展路径各不相同，但都有一些共同的特点，如市民普遍受教育程度高、公共教育服务体系发达、高等教育资源密集、高校具有强大的知识创新能力、高等教育对于区域经济社会发展支撑能力强、教育国际化程度高等①。与此相比，北京还有明显的差距，以居民受教育程度为例，2010 年全国第六次人口普查信息显示，北京大约 1/3 的常住人口具有大学教育程度，6 岁及以上人口中的研究生比例也已达到 3.67%，虽然在全国处于领先水平②，但与一些发达国家的国际化大都市或地区相比仍有明显差距③，2007 年，美国 25 岁及以上人口中拥有研究生及以上学历的人口比例为 10.1%，纽约州的比例为 13.7%，马萨诸塞州甚至达到 16%④。

中国特色世界城市的提出，凸显了在新的历史条件下，首都加快落实《北京市中长期教育改革和发展规划纲要（2010～2020 年）》，努力实现“到 2020 年实现教育现代化，建成公平、优质、创新、开放的首都教育和先进的学习型城市，进入以教育和人才培养为优势的现代化国际城市行列”的战略目标的重要性和紧迫性，以教育现代化促进首都加快转变经济发展方式、促进首都文化大发展大繁荣、促进民生改善成为新的历史阶段首都教育改革与发展面临的新课题。

（三）人民群众对首都教育改革与发展提出了新期待

2012 年 8 月 31 日，国务院办公厅转发了教育部、国家发改委、公安部、人力资源和社会保障部联合制定的《关于做好进城务工人员随迁子女接受义务教育后在当地参加升学考试工作的意见》（以下简称《意见》）。作为我国人口流入比较集中的特大城市（地区），特别是教育资源比较丰富的发达地

① 北京市教委课题组：《瞄准世界城市目标建设教育之都》，《北京日报》2010 年 10 月 26 日。

② 各省市 2010 年第六次全国人口普查主要数据公报。

③ 由于国情特别是统计指标体系的不同，我国与境外其他地区（城市）监测教育发展与人力资源状况的指标及其内涵、计算方法不尽相同，形成具有完全可比性的监测指标体系存在困难，因此这里只能做近似的、初步的比较。

④ 2007 American Community Survey, R1503. “Percent of Persons 25 Years and Over Who Have Completed an Advanced Degree”; using American FactFinder.

区，北京、上海、广东等地落实情况引起了社会各界的高度关注和广泛争议[①]，凸显了在新的形势下进一步推进我国包括首都教育改革的复杂性和艰巨性。

这一方面反映了中央对于促进教育公平的决心，回应了广大流动人口要求自己子女在流入地平等接受教育的强烈诉求，受到了他们的广泛欢迎，但另一方面也引发了流入地居民对于自身教育权益受损、城市人口激增带来的资源承载超限等问题的担忧，因而遭到了不少市民的抵触和反对，在一些地区，不同利益群体的争论非常激烈。作为一个资源禀赋薄弱、人口流入比较集中的特大型城市（见表1），新世纪以来北京市认真贯彻落实《国务院办公厅转发教育部等部门关于进一步做好进城务工就业农民子女义务教育工作意见的通知》（国办发〔2003〕78号），确立了以流入地政府为负责单位，以流入地全日制公办中小学为承接单位，解决来京务工人员随迁子女接受义务教育的基本方案，保障了他们公平接受义务教育的权利（见表2）。但是，在户籍学龄人口入学高峰到来和外来人口持续快速流入的双重压力下，北京要切实做好随迁子女接受义务教育后在京参加升学考试工作的确面临着一系列的难题，例如，如何按照《意见》做到防止“高考移民”，如何做到“保障当地高考录取比例不因符合条件的随迁子女参加当地高考而受到影响”，如何做到“坚持有利于保障进城务工人员随迁子女公平接受教育权利和升学机会，坚持有利于促进人口合理有序流动，统筹考虑进城务工人员随迁子女升学考试需求和人口流入地教育资源承载能力等现实可能”。

表1　2000～2010年北京市常住人口规模

	2000年（万人）	2010年（万人）	增量（万人）	增幅（%）	2010年占常住人口比重（%）
常住人口	1356.9	1961.2	604.3	44.5	100.0
户籍人口	1106.7	1256.7	150.0	13.6	64.1
外来人口	250.2	704.5	454.3	181.6	35.9

数据来源：北京统计年鉴2011。

① 袁新文：《异地高考，慢不得也急不得》，《人民日报》2012年11月27日。

表 2　“十一五”期间北京市流动人口随迁子女接受义务教育规模及就学途径情况

单位：万人，%

年份	随迁子女总规模	公办学校接收人数	公办学校接收比例	民办学校接收人数	民办学校接收比例	自办学校接收人数	自办学校接收比例
2006	37.0	22.9	62	—	14.1	—	38
2007	40.9	26.6	65	1.0	2.4	13.3	35
2008	41.7	27.6	66	1.7	4.1	13.1	30
2009	42.1	28.6	68	1.9	4.5	11.3	28
2010	43.2	30.2	70	2.1	4.9	10.9	25

数据来源：刘熙：《来京务工人员随迁子女接受义务教育形势与保障体制研究》，《北京教育发展研究报告 2011 年卷：“十一五”时期首都教育回顾》，北京出版社，2011，第 252 页。

经过几十年的改革，当前我国的教育体制改革已进入“深水区”，首都要实现党的十八大提出的“努力办好人民满意的教育”，必须对如何立足社会主义初级阶段的基本国情，按照以人为本、统筹兼顾的原则对推进教育公平等问题进行广泛理性的思考和政策辩论，在教育公平问题上保持好教育体制改革的重点和节奏，认识和处理好改革、发展与稳定的关系，而这一切都对首都教育管理能力提出了新的更高的要求。

二　首都教育改革与发展面临的现状与挑战

（一）普及教育的任务基本完成，培养创新人才的任务更加迫切

首都教育改革与发展面临一个必须回答的问题，即在教育普及程度不断提高的背景下，首都教育体系如何构建一个更加有利于创新人才培养成长的教育体系。

目前，北京已经基本完成教育普及任务。根据 2011 年底发布的《北京市“十二五”时期教育改革和发展规划》：“‘十一五’期间，北京市各级各类教育入学率进一步提高，0～3 岁婴幼儿接受早期教育率达到 90%，学前三年毛入园率达到 90% 以上，义务教育毛入学率和高中阶段教育毛入学率继续分别保持在 100% 和 98% 以上，高等教育毛入学率达到 60%，教育普及水平已超

过中等发达国家同期平均水平。”①

伴随着教育普及程度的日益提高，首都教育的总体规模扩大很快，教育内部的类型、层次、结构分化日益加速，由此带来的各级各类教育的衔接沟通问题越来越突出，如基础教育和高等教育的衔接、普通教育与职业教育的衔接、正规的学校教育与非正式的其他教育的衔接等。但总体看来，我国包括首都的学校教育体系封闭僵化的色彩依然较为浓重，基础教育特别是高中阶段与大学教育为主的高等教育之间脱节的现象较为突出，现行教育评估体制和人才培养机制与社会经济发展所需要的创新型人才仍不相适应。基础教育、高等教育和社会需求三者之间并未形成灵活、多变、协调发展的机制。

（二）教育体制改革持续深化，实现教育事业科学发展的要求与日俱增

2012 年 9 月，教育部部长袁贵仁主编的《落实教育规划纲要两周年报告》发布，其中由北京市教育体制改革领导小组办公室提供的北京市落实教育规划纲要两周年报告以“全面提高首都教育现代化水平”为主题，明确提出北京市到 2020 年要实现教育现代化，建成公平、优质、创新、开放的首都教育和先进的学习型城市，使北京的教育和人才培养跨入现代化国际城市行列，将《北京市中长期教育改革和发展规划纲要（2010～2020 年）》确定的 50 项重大任务细化成 139 条具体工作任务，分解到 47 个部门和单位，明确了各项工作的牵头委办局和协同部门，形成了分工负责、密切协作的教育规划纲要落实工作体系。同时，还组建了教育体制改革工作小组，细化 20 项国家教育体制改革试点项目实施方案，积极推动教育体制改革项目的实施，各项工作都取得了新的进展②。

以改革促发展、努力实现教育事业科学发展是 2010 年第四次全国教育工作会议后我国教育发展呈现的总体态势，从首都繁重的教育体制改革

① 北京市教委官方网站：《北京市“十二五”时期教育改革和发展规划》，http：//www.bjedu.gov.cn/publish/portal0/tab67/info15878.htm。

② 袁贵仁：《落实教育规划纲要两周年报告》，人民教育出版社，2012，第 26 页。

任务可以窥视这种态势。一方面，北京市委市政府高度重视教育发展，积极推动教育体制改革。以教育经费投入为例，2011 年，北京市地方国家财政性教育经费 627.73 亿元，占全市国内生产总值的 3.92%，比上年增长 0.19 个百分点。预算内教育经费投入（不含教育费附加）557.73 亿元，比上年增长 18.84%。预算内教育经费增长比例高于财政经常性收入增长比例 6.32 个百分点。预算内教育经费投入（含教育费附加）604.47 亿元，占财政支出的比例为 18.63%，比上年增长 0.02 个百分点。2011 年，北京还从土地出让净收益中按比例计提教育资金 65 亿元①。2012 年，全国落实国家财政性教育经费占国内生产总值 4% 的目标，可以预见，完成教育经费增长北京市任务分解指标还将为首都教育发展带来新的经费投入增加。

另一方面，首都教育发展面临的一系列突出问题，无论是作为“热点问题”的择校问题、“异地高考”问题、减轻过重课业负担问题，还是教育发展的深层次问题，如创新人才培养问题、提高教育质量问题、扩大教育开放问题等，都不仅涉及价值观念的冲突，而且还牵扯到既有利益格局的深刻调整。打好教育体制改革“攻坚战”不仅需要更加完善的决策过程和机制，而且也需要更好的“顶层设计”和政治勇气，以改变社会公众对于教育改革“外部呼声很高、内部动力不足”的负面印象，同时保持好教育改革的节奏和重点，扎实推进首都教育现代化建设。

（三）教育与人力资源水平全国领先，建设人力资源强市任重道远

2012 年 6 月，《北京市 2010 年人口普查资料》正式公开发布。② 相关数据显示，由于人口流动、人口政策等诸多因素影响，北京的常住人口规模不断增长，2010 年，北京的常住人口达到 1961.2 万人，与 1953 年第一次全国人口普查相比，新中国成立以来北京人口规模增长了 6 倍多；与 1982 年第四次人口普查相比，改革开放以来北京人口规模翻了一番还多；与 2000 年第五次人

① 袁贵仁：《落实教育规划纲要两周年报告》，人民教育出版社，2012，第 27 页。

② 北京市第六次全国人口普查领导小组办公室等：《北京市 2010 年人口普查资料》，中国统计出版社，2012。

口普查相比，北京人口规模增长了44.5%，年平均增长率达到3.7%[①]（见图1）。当前北京市常住人口年龄结构呈现出“两头小、中间大”的特征，劳动力资源非常丰富，处于“人口红利”的黄金时期（见表3）。

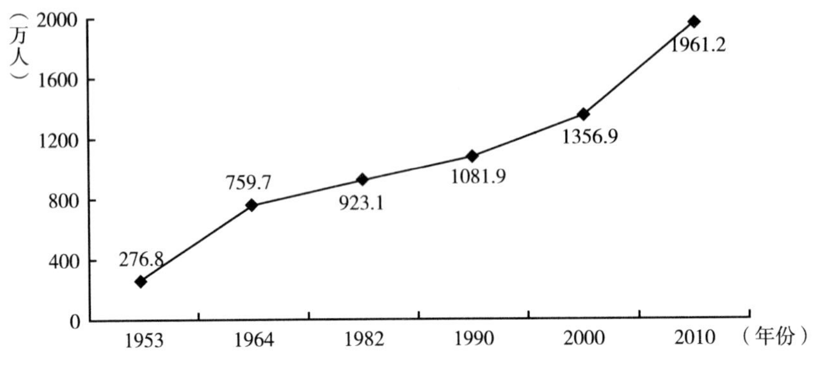

图1　北京常住人口规模

表3　北京常住人口年龄构成

单位：%

年份	0~14岁	15~64岁	65岁及以上
1953	30.1	66.6	3.3
1964	41.5	54.4	4.1
1982	22.4	72.0	5.6
1990	20.2	73.5	6.3
2000	13.6	78.0	8.4
2010	8.6	82.7	8.7

数据来源：《北京统计年鉴（2011）》。

新世纪以来，尽管北京市人口增长压力巨大、区域竞争激烈，但得益于首都教育持续健康快速发展，北京市人力资源水平从规模、结构和质量来看，都有了新的提高，教育与人力资源发展水平继续在我国大陆地区保持领先，有些指标的优势还进一步扩大（如常住人口平均受教育年限）（见表4、表5）。

① 北京市第六次全国人口普查领导小组办公室等：《北京市第六次全国人口普查课题汇编》，中国统计出版社，2012，第510~556页。

表 4　2000 年、2010 年全国及部分发达地区每 10 万人口拥有的大学程度人口

单位：人，%

区　域	大学程度		
	2000 年	2010 年	增减幅度
北京市	16839	31499	87.1
天津市	9007	17480	94.1
上海市	10940	21952	100.7
江苏省	3917	10815	176.1
浙江省	3189	9330	192.6
广东省	3560	8214	130.7
全　国	3611	8930	147.3

数据来源：各省市 2000 年第五次、2010 年第六次全国人口普查主要数据公报。

表 5　2000 年、2010 年全国及部分发达地区 6 岁以上人口平均受教育年限比较

单位：年

区　域	2000 年	2010 年	增加值
北京市	10.0	11.5	1.5
天津市	9.1	10.2	1.1
上海市	9.4	10.6	1.2
江苏省	8.0	9.2	1.2
浙江省	7.7	8.7	1.0
广东省	8.2	9.2	1.0
全　国	7.8	8.9	1.1

数据来源：本表数据系根据全国和各省市 2000 年、2010 年全国人口普查数据公报的相关数据计算所得。

与此同时，北京的教育与人力资源开发工作面临一些新的挑战，如少儿抚养比例明显下降、人口老龄化趋势加深、要长期保持北京市现有的人力资源优势、女性和外省市来京人员的总体受教育水平仍然偏低等。例如，北京 6 岁及以上常住外来人口的受教育程度主要集中在初中阶段，初中教育程度者达到 45.9%；大学教育程度者占到 24.4%，低于北京 6 岁及以上常住人口的该项指标值（32.8%）；在高端服务业中的人力资源优势还不是很明显；各区县的教育与人力资源发展依然存在一定程度的不平衡；等等[①]。

因此，北京市确定的2020年要“进入以教育和人才培养为优势的现代化国际城市行列”，必须抓住《北京市中长期教育改革和发展规划纲要（2010～2020年）》实施的有利契机，以更大的紧迫性、更多的资源全面推进首都教育现代化建设，努力在制约首都教育与人力资源开发的一些重要问题上取得突破性进展。

三　首都教育改革与发展面临的新任务

（一）要在教育优先发展方面取得新共识

在2012年9月10日“教师节”到来之际，近年来我国社会开始出现的“取消教师节”的声音又开始在某些人士的带领下甚嚣尘上[②]，甚至部分主流媒体也开始讨论“教师节，该送老师什么礼物”这样的话题[③]。与改革开放之初社会上普遍发出“再穷不能穷教育，再苦不能苦孩子”、教师是“人类灵魂的工程师”等呼声、全社会普遍同情教师并支持教育发展的环境相比，当前我国教育发展包括首都教育发展面对的舆论环境已发生了很大的变化，人们对待教育部门这一公共财政投资很大、公职人员众多、市民反映的民生问题比较突出的部门的态度更加冷淡。也正因如此，当前乃至今后一段时间，首都教育部门要按照党的十八大提出的“办好人民满意教育”的要求，深刻分析这种变化产生的原因，打好教育体制改革攻坚战，切实解决市民关注的教育民生问题，提高公共教育服务的水平，以服务求支持、以贡献求发展。更为重要的是，全社会必须在支持教育优先发展方面凝聚新的共识，深刻理解“当今世界，经济全球化深入发展，科技进步日新月异，国际竞争日趋激烈，知识越来越成为提高综合国力和国际竞争力的决定性因素，人才资源越来越成为推动经济社会发展的战略性资源，

① 北京市第六次全国人口普查领导小组办公室等：《北京市第六次全国人口普查课题汇编》，中国统计出版社，2012，第510～556页。

② http：//news. 163. com/12/0907/09/8APOT1L100014AEE. html.

③ http：//pinglun. eastday. com/c10/2012/0910/3394769611. html.

教育的基础性、先导性、全局性地位和作用更加突出"[①] 这一重大时代背景，牢牢把握"教育资源已成为北京最珍贵的资源，人才优势已成为北京最突出的优势"[②] 的北京实际，把优先发展教育作为贯彻落实科学发展观的一项基本要求，切实保证教育发展优先规划、优先投资、优先保障、优先安排。

（二）要在教育优质发展方面取得新突破

2012 年 4 月 12 日，中、日、韩、美四国研究机构联合发布四国高中生留学意愿调查结果[③]，结果显示，有近七成的中国高中生有出国留学的意愿，这一比例高于美国和日本。在目的上，中国高中生是为了寻求更好的教育环境，而其他国家以开阔视野、提高外语水平为主。调查中，有 79.9% 的中国父母支持孩子留学，比日、韩、美分别高出 22.9、28.2 和 22.3 个百分点；有 14.8% 的中国高中生有高中期间或高中毕业直接留学的意愿。特别需要指出的是，这项研究也显示，四国高中生在课余时间的支配上，日、韩、美高中生分别以提高自身文化艺术的素质、参加志愿活动、打工以及增加社会阅历为主，而中国高中生多用于补习功课。四国高中生中，中国学生的学习压力最大。[④] 有专家指出："中国教育尤其是高等教育的发展，与国际先进水平相比仍有明显差距，不能完全满足大众接受良好教育的普遍需求，高中生对此现状也形成了自己的认识，并成为促使他们出国留学的重要原因[⑤]。"可以认为，伴随着国际教育交流的日益增多，西方发达国家的优质教育资源对我国年轻人的吸引力与日俱增，以"优秀学生出国数量增加、工薪家庭留学学生比例增加、留学低龄化趋势加深"[⑥] 为特征的我国留学发展趋势，不仅深刻地影响着我国教育的发展态势和战略布局，也对整个

---

① 《2007 年 8 月 31 日胡锦涛同志在全国优秀教师代表座谈会上的讲话》，http：//news.xinhuanet.com/politics/2007 - 08/31/content_ 6638950.htm。

② 《北京市中长期教育改革和发展规划纲要（2010 ~ 2020 年）》，http：//www.bjedu.gov.cn/publish/portal0/tab67/info12492.htm。

③ 孙云晓：《中日韩美四国高中生留学意愿及生活意识比较研究报告发布》，http：//blog.sina.com.cn/s/blog_ 475b16640102e218.html。

④ 《调查显示：中日韩美四国高中生中国学习压力最大》，《现代教育报》2012 年 4 月 16 日。

⑤ 孙云晓：《中日韩美四国高中生留学意愿及生活意识比较研究报告发布》，http：//blog.sina.com.cn/s/blog_ 475b16640102e218.html。

⑥ 新华社：《高中尖子生"弃考"出国让人忧》，《中国教育报》2011 年 6 月 19 日。

国家的现代化建设事业具有深远影响。因此，增强国民特别是年轻一代对中国教育的信心成为我国教育必须面对的重大战略问题，而以更大的紧迫性建立健全我国各级各类教育的质量保障体系，全面促进教育的优质发展，尽快形成符合素质教育要求的育人模式就成为我国教育改革与发展须承担的重大战略任务。作为中国高等教育中心，北京必须在深化育人模式改革、课程教材改革和考试招生评价制度改革、教育教学方式改革、建立健全教育质量保障体系方面不断取得新成就，在促进教育优质发展方面走在全国前列，为坚定人们对中国教育的信心做出贡献。

（三）要在教育公平发展方面取得新成绩

2012 年 12 月 30 日，《进城务工人员随迁子女接受义务教育后在京参加升学考试工作方案》出台，文件明确提出“坚持统筹兼顾、分步实施，尽可能地通过不断增加教育资源来逐步缓解升学压力，努力保障随迁子女公平受教育权利和北京市中考高考录取总体比例不受影响”[①]，并为北京解决这一问题提出了“路线图”，即长期而言要“逐步构建以常住人口为对象的社会管理体制和公共教育服务体系”，中期要“进一步完善进城务工人员服务管理制度，抓紧研究出台与之相挂钩的随迁子女升学考试具体实施办法”，近期则“实行过渡期升学考试措施”，包括 2013 年开放中职、2014 年开放高职等。这标志着北京市在坚持教育公平发展方面又迈出了新的步伐，可以预见，伴随着这一文件规划“路线图”的逐步落实，北京统筹兼顾的教育体系将更加完善。同时，围绕这一文件出台前后发生的各种争论可以看出，在新的历史时期促进教育与经济社会协调发展的艰巨性和复杂性日益增强，特别是由于教育改革日益涉及利益格局的深刻调整和价值观念的冲突，促进教育公平面临着更多的困难。但是，促进教育公平是国家基本教育政策，是“爱国、创新、包容、厚德”的北京精神的应有之义，是建设中国特色世界城市的客观需要。在新的历史时期，北京要大力倡导“全民学习”“终身学习”“全纳教育”（Inclusive education）等先进教育理念，以建立高水平、普惠型的以常住人口为服务对象

① 市教委、市发展改革委、市人力社保局、市公安局：《进城务工人员随迁子女接受义务教育后在京参加升学考试工作方案》，http：//report. qianlong. com/33378/2012/12/30/2502@8413723. htm。

的公共教育服务体系为目标，进一步提高教育普及程度，促进义务教育均衡化发展，进一步增强保障来京务工人员随迁子女接受教育的能力，加大对家庭经济困难群体子女教育的资助，不断提高民族教育和特殊教育水平，确保北京成为人人都享有平等的教育权利的“首善之区”。

（四）要在教育创新发展方面取得新进步

2012 年 9 月 1 日，作为北京市政府 2012 年为民办实事工程之一，“北京数字学校”通过歌华有线高清交互平台正式上线①。所有北京市使用高清交互数字电视机顶盒的歌华有线用户，可免费点播义务教育阶段全科（21 个学科、9500 节课）数字化名师授课资源。而此前不久，2012 年 7 月 31 日，与国家开放大学在人民大会堂正式揭牌成立同步，北京开放大学也同时成立②，成为北京依靠现代信息技术形成开放的继续教育平台，为市民提供方便、灵活、个性化的学习服务，构建终身教育体系的重要事件。这些都是北京市推进教育公平的重大创新实践，也是以信息化带动教育现代化的重要探索。它们的成功实施和顺利运行充分说明，在新的历史阶段，北京市不仅要做好教育的“存量改革”，还必须做好“增量改革”，以创新的精神推进教育现代化建设，准确把握世界教育发展趋势，在教育发展理念、教育制度安排和教育资源提供方式等方面进行大胆创新，尊重和充分激发基层学校和师生的首创精神，形成充满活力、富有效率、更加开放、科学发展的体制机制。

Education Reform and Development Facing the New Situation and New Tasks in Beijing

Sang Jinlong　Tang Shufeng

Abstract: Reviewing of the main events in Education reform in 2012, it can be

① 《歌华有线打造多终端学习服务平台》，http://bjyouth.ynet.com/3.1/1210/10/7512417.html。

② 《国家开放大学正式揭牌成立》，http://bjyouth.ynet.com/3.1/1208/02/7341904.html。

see that education reform and development in Beijing has made tremendous progress, but also faces a number of serious challenges, such as how to speed up the task of cultivating innovative talents, deepening the education system and building human resources strong city. Paper argue that we should has made a new consensus on giving priority to the development of education now, and do our best efforts to achieve new breakthrough on Quality development, Equitable development and Innovative development of education in Beijing.

Key Words: Education reform and development; New situation; New tasks; Beijing

首都城市文化与公共文化服务体系

Capital City Culture and Public Culture Services

B.6
北京与世界城市的文化建设比较分析

白志刚*

摘　要：

世界城市，是世界所有城市中发展水平最高、影响力最大的超级城市。建设世界城市是城市发展的高级目标，而文化建设是实现“世界城市”和“文化中心城市”发展目标的重要举措。本文通过与纽约、伦敦、东京和巴黎几个世界城市的文化比较，分析北京在“文化遗产和人口”“文化设施和市场”“文化活力和产业”“生态环境和宜居”几个方面占有的优势和存在的差距，提出北京加快文化发展的建议。

* 白志刚，北京市社会科学院外国研究所所长、研究员。

关键词：

世界城市　国际视野　文化魅力

党的十八大指出，要扎实推进社会主义文化强国建设，提高国家文化实力和竞争力。2012年，北京市第十一届党代会提出，加大首都文化改革发展力度，加快建设具有世界影响力的文化中心城市和中国特色社会主义先进文化之都。北京要跻身世界城市，除了要大力发展经济，还要加快文化的大发展、大繁荣。具有世界影响力的文化中心城市的建设必须具有广阔的国际视野，借鉴世界城市文化发展经验，充分发挥北京城市的历史文化优势，弥补文化方面存在的不足，不断增强北京城市的特色文化魅力。

一　城市文化的指标评价

“世界城市文化评价体系”是衡量世界城市文化水平的重要指标体系。它既考虑到文化评价的内容覆盖面的广度，又要照顾指标的国际通用和可采集的可能性。因此，这个指标体系可设立4项一级指标，15项二级指标。

（一）指标得分

表1　世界城市文化评价体系得分①②

	指标名称	北京	伦敦	纽约	巴黎	东京
一 文化遗产和人口	1. 世界文化遗产(项)	6	4	1	2	0
	得分	100	66.7	16.7	33.3	0
	2. 大专以上人口比例	31.5%③	28%	30%	31%	23%
	得分	100	88.9	95.2	98.4	73
	3. 常住外籍居民比例④	0.63%	30%	20%	17.6%	3.05%
	得分	2.1	100	66.7	58.7	11.7
	合计	202.1	255.6	178.6	190.4	84.7
	平均得分	67.37	85.2	59.54	63.47	28.23

续表

	指标名称	北京	伦敦	纽约	巴黎	东京
二 文化设施和市场	4. 国家博物馆(座)	38	22	16	19	8
	得分	100	57.9	42.1	50	21.1
	5. 其他博物馆(座)	141[5]	162	85	138	71
	得分	87.0	100	52.5	85.2	43.8
	6. 公共图书馆(座)	25[6]	395	255	303	369
	每10万人口个数	0.13	5	3	2.63[7]	3
	得分	2.6	100	60	52.6	60
	7. 书店[8](个)	1800	2904	7298	6662	4715
	得分	24.7	39.8	100	91.3	64.6
	8. 电影院(个)	65	105	264	88	105
	得分	24.6	39.8	100	33.3	39.8
	合计	238.9 47.8	337.5 67.5	354.6 70.9	312.4 62.5	229.3 45.9
三 文化活力和产业	9. 大型剧院年演出数量(场)	9288	17285	12048	15598	8281
	得分	53.7	100	69.7	90.3	47.9
	10. 年国际游客数量及占城市人口比例[9]	413万 23%	1564万 208%	814万 99%	970万 85%	147万 12%
	得分	11.1	100	47.6	40.9	5.8
	11. 文化创意产业就业人口(万人)	103[10]	55[11]	16[12]	21[13]	15[14]
	得分	100	53.4	15.5	20.4	14.6
	合计	164.8 54.93	253.4 84.47	132.8 44.27	151.6 50.53	68.3 22.77
四 生态环境和宜居	12. 城市绿化覆盖率	44.4%	42%[15]	21%[16]	N/A	65.5%
	得分	66.8	64.1	32.1	/	100
	13. 人均公园绿地面积[17](平方米/人)	14.4	30	30.5	24	5.3
	得分	47.2	98.4	100	78.7	17.4
	14. 总悬浮颗粒物[18](立方米/人)	89	21	21	N/A	40
	得分	23.6	100	100	/	52.5
	15. 全球宜居城市排名[19]	72	53	56	16	18
	得分	22.2	30.2	28.6	100	88.9
	合计	159.6 39.9	292.7 73.2	260.7 65.2	178.7 89.4	258.8 64.7
		765.4 (15项)	1140.2 (15项)	926.7 (15项)	833.1 (13项)	641 (15项)
		北京 52.5	伦敦 75.74	纽约 60.44	巴黎 65.52	东京 42.47

注：①“表1”中数据来源：北京的数据，除了有特别注释的，均来自北京统计局2010年对2009年的统计。其中，除注明出处的数据之外，纽约的数据由任丁秋提供，伦敦的数据由刘波提供，东京的数据由张喧提供。其中一部分数据来自伦敦发展署：《伦敦：一次文化大审计》，2008年。

②得分计算方法为，数据最好的城市得满分，其他城市根据数据得出与数据最好城市的百分比，就是所得分数。没有统计数据的，此项不积分。

③根据《北京统计年鉴（2011）》，北京2010年人口抽样统计结果，常住人口为1961.2万，大学专科人口为237.8万，大学本科人口为310.9万，研究生人口为69.1万，得出大学以上人口比例为31.5%。

④刘欣葵、武永春：《试析世界城市环境特点及北京的差距》，《2010城市国际化论坛论文集》，中国经济出版社，2011，第99页。

⑤北京地区按行业管理登记的博物馆共141家，其中：中央38家、市属39家、区县属31家、民办22家，长期闭馆11家。

⑥资料来源：北京市统计局2012年数据。

⑦北京市人口为1961万。上海为1601万，包括郊区。巴黎大区人口为1149万。据此得出“每10万人口公共图书馆数量”。

⑧张贺：《小书店如何支撑》，《人民日报》2011年2月11日。

⑨北京的数据来自北京统计局，上海的数据来自上海统计局。其他4个城市的数据来自伦敦发展署：《伦敦：一次文化大审计》，2008年。

⑩张勇顺：《稳步推进的北京文化创意产业》，北京统计信息网《数据》2008年第10期。

⑪伦敦发展署：《伦敦：一次文化大审计》，2008年。

⑫沐星：《创意产业——纽约经济新增长点》，《新京报》2008年4月27日。

⑬黄辉：《巴黎文化产业的现状、特征与发展空间》，《城市观察》2009年第3期。

⑭“表1”中东京指标数字5、8、9参考《国民生活白书》，2008年。

⑮参见：http://www.london.gov.uk/，2008年数据。

⑯刘欣葵、武永春：《试析世界城市环境特点及北京的差距》，《2010城市国际化论坛论文集》，中国经济出版社，第96页。

⑰刘欣葵、武永春：《试析世界城市环境特点及北京的差距》，《2010城市国际化论坛论文集》，中国经济出版社，第96页。数据来源：根据相关文章和城市政府网站整理，北京的数据来自《北京统计年鉴》，中国统计出版社，2011；《中国城市建设统计年鉴》，中国建筑工业出版社，2011。纽约、伦敦和东京的数据来自《城市管理创新：世界城市东京的发展战略》，同济大学出版社，2004。

⑱资料来源：世界银行《世界发展指标》，2008年。

⑲《全球宜居城市排名温哥华居榜首》，《文汇报》2011年2月22日。

总的来说，统计结果比较科学，也符合实际。但在5个城市的比较中，4个城市都是15项指标数据，只有巴黎少了两项。此外，由于能够找到的各个城市统计数据的年份有所不同，对于得分结果也有一定影响。

（二）位置排名

表2　北京与世界城市文化评价排名及得分

名次	城市	平均分数	文化遗产和人口	文化设施和市场	文化活力和产业	生态环境和宜居
1	伦敦	75.74	77.8	67.5	84.47	73.2
2	巴黎	65.52	65.9	62.5	44.27	89.4

续表

名次	城市	平均分数	文化遗产和人口	文化设施和市场	文化活力和产业	生态环境和宜居
3	纽约	60.44	55.95	70.9	50.53	65.2
4	北京	52.5	67.37	47.8	54.93	39.9
5	东京	42.47	36.5	45.9	22.77	64.7

“北京与世界城市文化评价排名”统计结果显示，得分最高的是伦敦，75.74分；第二是巴黎，65.52分；第三是纽约，60.44分；第四是北京，52.5分；第五是东京，42.47分。

北京的文化评价得分在6个城市中处于中游偏下的位置，分别比前面的伦敦、巴黎和纽约少23.24分、13.02分和7.94分，比东京多10.03分，这与到过北京和其他世界城市的人们得到的总体感觉也是比较符合的。

二　城市文化的比较分析

2012年12月5日发布的“2012全球城市综合竞争力”排行榜中，前3名分别为纽约、伦敦及东京，香港继续排名第7，与2011年相比，是唯一进入前10名的中国大陆城市，而北京排在第13名，上海排第21。[①] 随着经济结构的变动趋势，文化和文化产业在城市综合实力中所占比重越来越大。在“北京与世界城市文化评价排名”统计结果中，北京在文化底蕴方面的优势明显，是其他几个城市比不上的，但在文化设施、文化活力、生态环境等方面与伦敦、巴黎和纽约相比差一些。

（一）文化遗产和人口

城市文物承载着城市历史的记忆，是一座城市文化底蕴的象征。在第一部分“文化遗产和人口”中，伦敦得分最高，为77.8分，后面依次是北京67.37分，巴黎65.9分，纽约55.95分，东京36.5分。

北京得分高的主要因素是北京的文化遗产优势明显。北京拥有世界文化遗

① 《2012全球城市综合竞争力，香港排名第七》，《嘉实资讯》2012年12月6日。

产6项，包括周口店猿人遗址、明十三陵、故宫、长城、天坛和颐和园，伦敦有4项，巴黎有3项，而纽约和东京则没有。在世界文化遗产数量方面，北京与其他世界城市相比，占有相当大的优势。同时，北京800多年的建都史、7300余项文物、99处国家级重点文物保护单位、262处地方文物保护单位，构成了北京壮丽的人文景观，也为北京在世界城市体系中彰显独具中华神韵的特色城市文化奠定了基础。

北京的大专以上人口比例也是最高的，但北京采用的是2011年的最新数据，其他几个城市采用的是前两三年的数据，北京得分比其他几个城市的2011年的实际得分高一些。

（二）文化设施和市场

在第二部分“文化设施和市场”中，纽约得分最高，为70.9分，后面依次是伦敦67.5分，巴黎62.5分，北京47.8分，东京45.9分。

（三）文化活力和产业

文化活力和多样性是一座城市综合竞争力的重要组成部分，也是人们在选择居住地时考量的重要指标。“近年来，音乐、电影、广播电视、图书、艺术品、表演艺术、设计、建筑、传媒等文化产业市场的潜力不断被挖掘，呈现出迅猛发展的态势。”[①]“文化活力和产业”这一部分，伦敦得分最高，为88.47分；北京第二，为54.93分；纽约第三，为50.53分；巴黎排名第四，为44.27分；东京排在最后，仅22.77分。

文化创意产业是伦敦的支柱产业，在提升城市文化活力和特色城市打造中的作用明显。2012年，伦敦创意产业产值约300亿英镑，成为与金融业并驾齐驱的行业。与其他所有对手相比，伦敦的剧场演出数量为17285次，高于纽约的12045次和巴黎的15598次；音乐场所数目上，伦敦为400座，纽约和巴黎分别为151座、122座；在文化节数量上，伦敦为200个，高于纽约的81个和巴黎的40个。在统计数量上显现出的优势，均说明伦敦是富有激情和活力的文化都市。

① 《德国汉堡世界经济研究所发布文化城市排行榜》，www. namoc. org/news/yjxw/2012/201208/。

表3　伦敦创意文化产业就业分布、总数及比例

	出版	游戏软件	音乐、视觉、表演艺术	电台和电视	广告	电影和录像	建筑设计	艺术和古董	时装	其他创意产业	总数和比例
伦敦创意产业就业和总就业人数(万人)	7.8	7.8	7.0	4.8	3.8	2.5	1.2	7	4	19.4	55.3 471 *
占伦敦创意产业就业总数和总就业人数比例(%)	14	14	13	9	7	5	2	1	1	35	100 11.7
英国创意产业就业人数和总就业人数(万人)	19.7	34.9	21.3	9.0	10.4	6.0	6.5	4.0	1.9	104.7	218.4 2946 **
伦敦占英国创意产业就业总数和总就业人数比例(%)	40	22	33	54	36	42	18	18	23	19	25 1.88

* 徐凌江：《英研究机构预计金融危机将严重影响伦敦就业形势》，2009年10月29日，gb. mofcom. gov. cn/aarticle/.../20091005860017. html。

** 来源：新华网，intl. ce. cn/gjzx/oz/200903/.../t20080320_ 14901322. shtml。

资料来源：《CLA经济》，2007；伦敦发展署：《伦敦：一次文化大审计》，2008。

北京深厚的文化底蕴和丰富的科教资源是北京发展文化创意产业的条件和优势。但是，现在北京的文化底蕴和科教资源的优势还没有充分发挥出来。因此，北京要建成富有文化魅力的世界城市，文化创意产业应成为北京的主导产业。① "2011年，北京市文化创意产业实现增加值约1989.9亿元，同比增长14.2%，全年文化创意产业收入达到9012.2亿元，增速超过21.1%。2012年1~8月，北京市规模以上文化创意产业单位收入达5203.5亿元，同比增长12.9%。"② "随着近年来经济的良好增长，文化创意产业的发展时机来临，投资机会将大幅增加。十八大报告为文化产业勾勒出一个巨大的新市场。十八大以后国家将继续出台实质性政策，助推文化产业发展。文化创意产业有望迎来快速发展的'黄金十年'。"③

旅游业是纽约第五大产业，每年为纽约带来300亿美元的收入，而数十万人的工作也有赖于旅游业的发展，曼哈顿华埠的经济也一向倚重于旅游业。纽

① 《世界城市对北京提出的新要求》，《北京日报》2010年6月12日。

② 《2011年北京文化创意产业收入9012.2亿元》，《中国证券报》2012年12月21日。

③ 东方财富网：《文化创意产业将迎来快速发展"黄金十年"》，2012年12月19日。

约市旅游业持续增长，2010年上半年，迎来了2350万游客，比上年同期增长了8.7%，全年达到了4750万人次游客的目标。2010年1~6月，酒店的平均入住率比上年同期上升了6.8%，约等于100万间/夜。酒店业给纽约市纳税178亿美元，比上年增加了1/4。在全世界经济不景气的情况下，纽约旅游业的发展可谓是一枝独秀。[①]

（四）生态环境和宜居

“生态环境和宜居”，巴黎名列第一，为89.4分，伦敦73.2分，纽约65.2分，东京64.7分。北京排在第五，为39.9分，比总名次第四降低了一位，说明在这方面与世界城市的差距更大。“‘十二五’开局之年，首都绿化美化建设启动‘生态园林、科技园林、人文园林’行动计划，各项绿化指标均有所增长，而人均公共绿地面积再增0.3平方米，达到15.3平方米”[②]，但在绿地面积总量上，城市中心区仍显不足，依然存在城市绿地布局不合理、发展不平衡、服务半径不到位等突出问题。伦敦曾经被称为“雾都”，但通过治理污染和提高城市绿地覆盖率，不仅摘掉了“雾都”的帽子，而且成为世界大城市中自然生态与城市协调发展的典范。

目前，北京的“人均公园绿地面积”只有伦敦的48%。北京应借鉴伦敦及其他城市的经验，通过城市楔形绿地建设，营造公共绿地、花园等多种形式，提高城市绿化率，构建景观优美、功能互补、和谐发展的现代都市。

三　北京城市文化建设对策建议

（一）增加文化设施

“文化设施是衡量一个城市的文化底蕴、文化水准的标尺，也是经济发

---

① 《纽约旅游业兴旺 JFK扩建第四号候机楼》，《侨报》2010年8月12日。

② 资料来源：人民网，北京，2012年1月24日电。

展水平、社会精神风貌的反映，是城市的代表和象征，增加北京文化设施的数量是理所当然的。”① 要建成世界城市，北京在文化设施的建设方面还要加大力度，加快速度。

完善书店体系。“到2009年底，纽约拥有书店7298家，巴黎6662家，东京4715家，伦敦2904家，都远远高于北京的1800家。从相对指标来看，每万人拥有的书店数分别是：纽约8.88，巴黎5.84，伦敦3.87，东京3.75，北京仅为1.06。每平方公里的书店数分别为：纽约9.30，东京2.16，伦敦1.08，巴黎0.55，北京只有0.11。”② 这一数据充分说明，在书店体系的建设上，北京与国外城市有较大差距，实体店的缺失不利于城市整体文化氛围的打造。因此，北京建设世界城市，增加北京的文化氛围，提升市民的文化素质，应当有大的资金投入，进一步发展和完善自己的实体书店体系和空间布局。

增加公共图书馆。与世界城市相比，我们的公共图书馆数量和每10万人占有的图书馆数量也较为缺乏。

北京公共图书馆的统计数据低，是因为真正对社会开放的公共图书馆只有中央所属的“国家图书馆”、北京市所属的“首都图书馆”和区县所属的23个图书馆。其实，北京的图书馆还是很多的，但绝大多数都只是单位内部人员使用，不对社会开放。所以增加公共图书馆数量的一个最简便易行的措施，就是要求政府部门、大学和研究机构的图书馆一律对社会开放，充分实现图书资源的社会共享。要对开放自己单位图书馆的单位给予表扬和奖励，而对不开放的单位则给予批评和惩罚。

（二）增强文化活力

增加文化多样性。“常住外籍居民比例”是世界城市的一项重要指标，是生态宜居的认可程度，也是城市文化多样性的重要表现。(参见表1)，北京的常住外籍居民比例为0.63%，而伦敦、纽约、巴黎和东京分别为30%、20%、

---

① 张和平：《浅谈北京的文化设施建设》，《前线》2003年第2期。

② 《小书店如何支撑》，《人民日报》2011年2月11日。

17.6%和3.05%。随着中国经济的日益强大，来北京工作和生活的外国人越来越多，北京市应该重视这一问题的研究，制定旨在吸引外籍人口的系列政策，让北京越来越国际化，使北京的文化越来越呈现出多样性，更加精彩纷呈，更加充满活力。

加速发展旅游业。北京是历史文化名城，旅游资源非常丰富，但旅游产业发展状况与纽约、伦敦和东京相比，仍然有较大差距。入境旅游者接待人次是衡量一个城市国际吸引力的核心指标。“据统计，2011年北京入境游人数达500万人次。而2011年伦敦接待入境旅游者达到2012万人次，位列世界第一，接待入境旅游者占总游客接待人次的43%。而在这一项上，北京却不到3%。”① 北京要发展文化产业，增加魅力和活力，增加世界城市的影响力，就必须进一步加快旅游业的发展。与世界城市相比，北京在旅游业上的发展创意策划、项目开发、管理提升、服务优良等方面都还有许多可快速提升的地方。

（三）提高环境质量

生态环境建设是实现中国特色世界城市和“绿色北京”的基础，是改善城市环境的基本手段，是实现宜居的基本措施。“建设生态文明，是关系人民福祉、关乎民族未来的长远大计。”② 在幸福的感觉中，最基本的是安全感，尤其是对生命有直接影响的生态环境的安全感。目前，北京的生态安全、生态文明还需要被高度重视并做出实在、具体、有实效的工作。

减少悬浮颗粒物数量。从表1看到，北京的总悬浮颗粒物数量与世界城市相比是最高的，是伦敦和纽约的4倍多，是东京的2倍多。根据世界卫生组织2011年9月的统计数字，在全球1082个城市空气质量排名中，北京排在1000名之外，位于1035；在中国内地30个城市中排名第26位；2009年，每立方米空气中悬浮颗粒物含量为121微克。③ 可见，北京要建设世界城市，还要花

---

① 来源：中国新闻网，2012年12月6日。

② 《中国共产党第十七届中央委员会第六次全体会议公报》，《人民日报》2011年10月18日。

③ 《2011全球空气质量城市排名》，wenku.baidu.com/view/7ad0693b376baf1ffc4f。

大力气来提高空气洁净度。

建更多的绿地。绿地对于城市空气质量和城市景观都是极为重要的。在表1中，北京的“人均公园绿地面积”，比伦敦和纽约少了一半，比巴黎少40%。增加人均公园绿地面积，在城市用地极为紧张的情况下，是一项十分艰巨的工作，需要做出经济与环境的艰难抉择，需要做出城市规划的艰难调整，需要作出拆迁补偿的巨大付出。而为了人民的生态安全，为了人民的长久幸福，北京市政府应该下更大的决心，中央政府也应该给中国首都世界城市的建设更大的财力支持。

提高河湖水质量。水是城市的血液，是城市秀美和灵动的基本条件。北京的河流与世界城市相比，本来就不多，而且都已被污染；虽然经过多次整治，但大部分还没有彻底见效，水的质量较差，还不能用于农田和绿化灌溉用水，也不能用于景观观赏用水。所以，北京要建设世界城市，还要下大决心彻底整治河流污染问题。

Culture Comparison on Beijing and Foreign Country

Bai Zhigang

Abstract: World City is the highest in all levels of development and the most influential super city in all the cities in the world. Building world city is one of the high goals of urban development, and cultural construction is the important measure for building "world city" and "central cultural city". Through the comparison with New York, London, Paris and Tokyo, this article puts forward some suggestions about how to speed up the development of the city culture by analyzing the advantages and gaps of Beijing on "cultural heritage and population", "cultural dynamic and industry", "cultural facilities and markets", "ecological entironment and livable city".

Key Words: World city; Cultural development; Suggestions

B.7
北京城市品牌建设要素分析

张 铮*

摘 要：

城市品牌是由硬件和软件系统共同构成的要素体系，是能够为常住居民和外来游客感知的立体体系。本文针对构成城市品牌的若干要素进行分析，并针对不同感官对不同要素的感知，对北京市的城市品牌要素进行分析，并对北京市城市品牌建设提供对策建议。

关键词：

北京 城市 城市品牌 品牌要素 五觉体系

引 言

1972 年，意大利作家伊塔洛·卡尔维诺出版了他的重要作品《看不见的城市》（Le città invisibili），这部作品进一步确立了他后现代派的独特创作风格。作者记述了旅行家马可·波罗和鞑靼国的统治者忽必烈进行的一次对话，旅行家回忆了他访问过的城市景象，并使对话者陷入对“城市”这一概念的沉思。卡尔维诺在前言写道：“对于我们来说，今天的城市是什么？我认为我写了一种东西，它就像是在越来越难以把城市当做城市来生活的时刻，献给城市的最后一首爱情诗。”①

在这部充满奇幻色彩的作品中，“城市”是其中的主题。如果结合我们自身对于城市生活的感知和对不同城市的印象，必然会存在诸多难以捉摸的奇幻

---

* 张铮，清华大学国家文化产业研究中心讲师，博士、博士后。

① ［意］卡尔维诺：《看不见的城市》，张密译，译林出版社，2012。

观感。“城市”这一抽象概念在日常生活中是不可见的，但是无论是城市的常住居民，还是外来的国内外访客，对城市的认知与体验都是通过具体的对象，并且通过大众媒体或其他各渠道接触的，这个感知的过程就是城市品牌打造和强化的过程。本文从硬件和软件系统层面进行分析。

一 城市品牌建设的要素分析及北京路径

分析发现，城市的品牌可以以不同方式体现并为人所知，例如，对这座虚拟的城市“迪奥米拉”来说，“圆屋顶”代表城市的建筑，“青铜塑像”代表城市的景观雕塑，“铺铅板的街道”代表城市风貌，“水晶剧场”代表城市的文化地标和标志性的消费场所；那么，如果说这些是城市品牌组成的硬件的话，“一只金鸡在塔楼顶上每天报晓”则是固定的城市生活仪式，“炸食店”是城市中的特色饮食，“多彩的灯光”是城市的夜生活生态，“凉台上女人的叫声”代表了城市中最具有活力的部分——市民，也就是“人”的部分。

按照既有的对于城市品牌的研究，如美国学者凯文·莱恩·凯勒认为：“像产品和人一样，地理位置或空间区域也可以成为品牌，即城市可以被品牌化。”他认为：“城市品牌化就是让人们了解和知晓某一城市并将某种形象和联想与这座城市的存在自然联系在一起，让其精神融入城市的每一座建筑之中，让竞争和生命与这座城市共存。”[①] 由此可见，城市品牌化是一个让他人对城市了解、熟悉、体验，并产生向心力和凝聚力的过程。

聚焦有可能作为城市品牌的要素，此前有诸多学者进行过分析研究，有学者认为城市独有的要素禀赋、历史文化沉淀、产业优势等可以作为差别化品牌要素[②]，或者将城市品牌划分为八个基础因子：政治因子、经济因子、人文因子、历史因子、区位因子、环境因子、制度因子、潜力因子。[③] 同时，国外有学者提出自然、产业、文化、建设环境四个维度与观测层、价值层、环境层三

---

① 〔美〕凯文·莱恩·凯勒，《战略品牌管理》（第三版），卢泰宏、吴水龙译，中国人民大学出版社，2009，第23～28、251～253、285～286、434～435页。

② 杜青龙：《城市品牌定位理论与实证分析》，《西南交通大学学报》2004年第6期。

③ 于宁：《城市品牌定位研究》，《市场营销导刊》2007年第Z1期。

个层次构成的矩阵模型，对城市形象进行打造①。

城市品牌形象塑造的元素可以分为两个不同的系统，其一是软件系统，即城市的精神、价值观念、文化传承等抽象概念；其二是硬件系统，包括在一切有形事物基础上提炼出来的最具有品牌价值的内容，如城市标志、建筑、街景、雕塑、交通、生活方式、节事活动、礼品等。另一方面，城市品牌不能仅仅是体现城市价值体系的抽象概念，更需要是一个能够落实到营销传播方案的具象系统。从这个角度看来，尽管城市是“看不见的”，但是城市的品牌体系应该是“看得见的”，而且还应该是一个立体的感官调动体系。

表1　基于“五觉”的城市品牌体系

感官	城市品牌内容
视觉	城市市徽、城市吉祥物、城市雕塑、建筑、文化艺术、灯光照明等
听觉	地方方言的使用、地方的音乐、城市的噪声、公共场所的解说、政府官员说话方式、市民说话的语气、媒体的风格和他人的口碑
嗅觉	城市的气味
味觉	地方饮食
触觉	景点、住宿、休闲、导向、购物等

（一）视觉

第一，一个城市的市徽能够很好地为公众识别与记忆。市徽又称“市章”，一个城市的市徽可以广泛运用在旗帜、建筑物、官方文书、印刷品上。世界各大城市的市徽，背后大多有一段传说或历史事件，例如希腊首都雅典的市徽，就是阿西娜女神的头像；法国首都巴黎的市徽，则是一艘行驶在塞纳—马恩省河的帆船。2009 年，澳大利亚第二大城市墨尔本，更新了原有的市徽，变成以城市名称首字母“M”为基础的市徽。

从历史来看，我国很多城市也都设计并使用市徽，如广州市 1925 年就开始使用市徽。但 1997 年 11 月 18 日，中共中央办公厅、国务院办公厅下发了

① Laaksonen P, Laaksonen M, Borisov P, Halkoaho J. *Measuring image of a city: A qualitative approach with caseexample. Place Branding*, 2006, 2 (3): 210 - 219.

《关于禁止自行制作和使用地方旗、徽的通知》，使得国内城市的市徽画上了句号。从2008年北京奥运会的标志“中国印”发布之后，这种以好记忆、好辨识的图案作为地方标志的方式再次引起人们注意。这也是北京城市品牌打造可以采取的方式。

第二，一个拥有吉祥物的城市，是容易让人产生亲切感、具有动感和活力的城市。从国外成功经验来看，举办过夏季奥运会的城市，其奥运吉祥物往往会成为该城市的联想物。例如1972年第20届德国慕尼黑奥运会的吉祥物小猎狗“瓦尔第”，1976年第21届加拿大蒙特利尔奥运会的吉祥物海狸“阿米克”，1988年第24届韩国汉城奥运会的吉祥物小老虎“虎多力”，都很好地传递了这些吉祥物与城市精神之间的联结性。因此，北京应在2008年奥运会吉祥物“福娃”的后续推广和开发上下更大力气，让“福娃”成为北京的城市吉祥物，承担起城市品牌推广大使的角色。

第三，城市雕塑是吸引游客、推广城市品牌的重要手段。例如丹麦首都哥本哈根的“美人鱼”，这座以童话人物为原型设计的雕塑成为丹麦最著名的景点，每年吸引来自世界各地的游客超过百万人次，为了保护她免受游客过多的损害，2006年，哥本哈根市政府决定将美人鱼的雕像从海边向深海处搬迁，使游客只可以从陆地上远远地欣赏这一世界上最著名的童话人物。同样，比利时布鲁塞尔最为著名的“撒尿小童小于连”的塑像，建成就成为当地的著名地标，至今已经数百年，而他也成为当地城市与世界各地进行交流的文化使者。纽约的自由女神像，巴黎协和广场的方尖碑，新加坡的鱼尾狮，我国城市中珠海的渔女、深圳的拓荒牛等，都成为可以借鉴的例子。从这个角度讲，北京理应在城市范围内，结合城市建设和街道风貌，建设更多具有文化特色和视觉震撼的城市雕塑，使之构成城市品牌的一部分。

第四，具有独特吸引力的建筑是城市有别于其他城市的重要特征。在世界范围内，建筑都是具有深厚文化底蕴和城市特征的，这类案例不胜枚举。在这一方面，北京市要特别注重建筑设计与城市总体风格与功能的协调，避免单个建筑破坏城市景观，产生喧宾夺主的效果。

第五，文化艺术是一个城市品牌组成因素中最具活力的地方。从世界范围内来看，文艺演出以及文化名人和文化艺术作品的展览、展示、展销始终是一个城市品牌中可以历久弥新的部分。例如，位于英国中部的斯特拉特福小镇是英国文学巨匠莎士比亚的故乡，每年吸引游客超过50万；法国卢浮宫一直是世界范围内参观人数最多的博物馆，每年有接近900万人次的游客入馆参观，可谓游人如织；著名的音乐剧《猫》，首演于1981年，1982年开始在百老汇冬日花园剧院首演，之后成为美国巡演时间最长的音乐剧，在20年的演出时间里，全世界有超过6500万观众观看《猫》剧，总收入超过20亿美元。

对于北京而言，文化艺术也是品牌中必备要素。例如，作为明清两代的都城，北京拥有大量旧时的会馆，据统计，历史上有会馆491所，至今仅西城区一个区，有确切地址可考、尚有地面遗存历史建筑且院落环境基本完整、位于正在实施的城市建设项目用地范围之外的会馆就有101处。[①] 如何调动这类文化资源，使之成为可资利用和传播的文化品牌，进而推出结合会馆的文化产品，就是现在的重点任务。在这一方面，正乙祠、台湾会馆、湖广会馆等都做出了有益的探索，并已经逐渐形成了观众欣赏传统中国戏曲、曲艺的重要场所，形成了良好的品牌效应。再如，近年来在国内外产生很大影响的798艺术区、宋庄艺术区等北京的现代艺术家聚集区，已经成为重要的城市文化品牌；而以“京城百工坊”为代表的北京传统手工艺技艺和产品，也具有成为城市品牌的潜力。

最后，城市的夜景灯光和照明，也可以形成具有品牌性质的城市景观。例如2011年的电影票房黑马《失恋三十三天》中，女主角的对白：“还有一种姑娘，是把你带到新天地上面，让你看看北京的小夜晚有多浪漫。”让处在繁华路段的灯光喷泉成为新的年轻人青睐的约会地，也成为很多外地年轻人来京必游的地方。再如，2013年1月1日，“北京之光迎新倒计时活动”在中华世纪坛举行，这项活动将成为北京迎接新年夜的传统，成为继纽约时代广场新年水晶球降落倒数计时仪式，伦敦大本钟新年特制钟声，日本增上寺除夕夜倒数与大梵钟、诵经声响起共迎新年之后，又一影响世界、代表中国形象的跨年活动。[②] 这些具有奇幻、瑰丽、震撼特点的灯光与夜景，也将成为“北京一夜”的代表性品牌。

---

① 《北京西城：名人故居和会馆》，http：//www. bjxch. gov. cn/XCHxxgk/XCHzhengwuxiangqing. ycs? GUID =7360。

② 《世纪坛将亮起擎天柱迎新年“北京之光”成新地标》，《新京报》2012年12月28日。

（二）听觉

在历史上，各个地区都形成了固有的语音语调。但从某种程度上讲，地方方言代表了当地的国民性。例如，提起“吴侬软语”，人们自然形成对江南文化的联想；而“燕赵之地多慷慨悲歌之士”，则体现了华北地区所具有的特性。从这一点来看，北京也亟待形成具有自身城市品牌特征的声音体系。

北京拥有独特的音乐遗产——京音乐。智化寺的“京音乐”是中国现存的最古老的音乐之一。智化寺是明代大宦官王振的家庙，王振当年请得明英宗“敕建”封号建寺后，擅自利用职权把部分宫廷音乐移入寺院，训练僧人演奏传习，俗称“京音乐”，被誉为中国古代音乐的“活化石”。“京音乐”在曲谱、发声、乐调、乐器的演奏技巧等方面，多处继承唐宋乐曲的精髓，并且采用中国的传统记谱法——工尺谱来记谱。最难得的是，智化寺京音乐有着保守、严格的传承方式，师徒口传身授、代代传承，艺僧们先学乐谱、后学乐器，7 年后方可出师，至今已传承 564 年、传至第 27 代传人，是我国唯一按代传袭的乐种。但这样一种极具地方特色的音乐，与其他众多非物质文化遗产一样，在传承和发展上面临着诸多问题，如财政支持不足、缺乏再传弟子、演出水平不高、年轻人无兴趣继承等，曾经保存下来的 200 多首曲目，如今只有 48 首曲目传承下来并可以演奏。由此看来，此类对市民、游客的听觉能够产生巨大冲击和文化震撼力的作品，亟待在北京整理、挖掘一批，并进行现代化的产业运营，使之成为城市品牌的有机组成部分。

（三）味觉与嗅觉

如果说北京的城市品牌要素包括味觉与嗅觉的话，人们的直接感受就是这一点和城市饮食有着密切的关系。在世界范围内，很多城市和国家都与美食联系在一起，我国作为一个有着五千年文明的古国，更是孕育了具有鲜明地方特色的美食。2012 年 5 月，由中央电视台摄制的七集纪录片《舌尖上的中国》播出后，迅速引发了一股热潮，美食、旅游、影视、出版等行业都纷纷利用这样一个机遇，推出属于自己的“舌尖效应”，迅速将自己的品牌推向市场。而在《舌尖上的中国》中拍摄的地方美食，也成了各地吸引游客的招牌。

对于北京来说，目前最具品牌效应的是北京烤鸭，但北京的饮食具有更加深厚的文化内涵，如北京的官府菜和清真系列饮食就具有形成城市“味觉”和“嗅觉”品牌的潜力。以牛街的清真餐饮为例，作为国际化都市的北京，吸引着国内外各民族的人们来此定居，以回族、维吾尔族为代表的伊斯兰教众由于其独特的饮食结构和文化差异，从宋辽时期就聚居于北京牛街，长期以来，牛街形成了其鲜明的民族特色，并以特色清真小吃闻名遐迩。北京牛街在京城食客和全国伊斯兰教众的心目中有着很高的地位。这里的清真小吃品种齐全，涵盖了点心、面食、凉拌、热炒等多种类型。其中面茶、豆汁、糖耳朵、火锅等特色美味深受人们的喜爱，很多都成为人们的家常便饭。同时，牛街是回民聚居区，其建筑风格独特，主要以木制的斗拱配合蓝绿白的装饰色彩，人们在品尝小吃的同时可以领略到异族风情，赏心悦目、饶有特色，而悠久的历史沉淀也让小吃街结合了许多北京当地的地方小吃特色，无形中对外地游客产生很大的吸引力。

（四）触觉

谈到城市品牌中的触觉要素，其实是一个城市提供给市民和外来游客的“交互界面”，通过这个界面，城市和人产生交互，并进一步影响人的生活。其实，城市品牌的“触觉”要素更多体现在城市为市民和游客提供的服务水平以及城市的运营和管理水平上。

在城市管理水平上，近期媒体报道的“打车难”、高房价、空气污染等，都成为制约城市发展的重要问题，也成为影响北京美誉度的负面因素。在旅游景点的接待能力上，作为拥有集中的六处世界文化遗产的城市，北京的长城、故宫、十三陵、天坛等围绕明清皇家生活的重要遗存吸引着众多的游客，但是这些旅游景点提供给游客的各类服务和感受尚不能形成游客“流连忘返”的因素。以明十三陵为例，它是中国明朝皇帝的墓葬陵，建筑年代历经 230 多年。1957 年，北京市政府公布十三陵为北京市第一批重点古建文物保护单位。1982 年，国务院公布十三陵风景区为全国 44 个重点风景名胜保护区之一。2003 年，十三陵被列入世界遗产目录。但是，当前的明十三陵仍存在发展模式粗放、不能适应游客需要的问题。按照统计数据，目前十三陵景区每年有

500 万余人的接待量，旅游收入却不足 3 亿元。从理论上推算，人均消费不足 60 元。据 2009 年昌平区旅游局统计，十三陵的游客占整个区游客人次的 25.6%，可是收入却只占 8%。通过调查发现，十三陵的消费结构单一，旅游产品少；旅游产业聚集差，处于观光游为主的形态；文化保护与合理利用之间断裂，造成文化资源的浪费。北京以十三陵为代表的很多类似的旅游观光场所都存在同样问题，这也是北京城市品牌建设中亟待解决的突出问题。

二　北京城市品牌打造的对策建议

“北京可能是人类在地球上最伟大的单一作品。这座中国城市，设计成帝王的住处，意图标志出宇宙的中心。这座城市十分讲究礼仪程式和宗教思想，这和我们今天毫无关系。然而在设计上它是如此光辉灿烂，以致成为一个现代城市概念的宝库。”① 作为具有深厚、悠久历史文化的古都，北京以其现代、多样、时尚与古典、市井、传统交融的独特气质吸引着中外游客，也成为目前我国最具品牌价值的城市。按照北京国际城市发展研究院发布的国内首份《中国城市品牌价值报告》，以“宜居、宜业、宜学、宜商、宜游”这 5 个一级指标和 15 个二级指标，对全国 287 个地级以上城市品牌价值分析的结果，北京是当前中国最具品牌价值的城市。本文对北京的城市品牌打造从以下几个角度提出建议。

（1）从历史角度上，对北京的历史文化遗存进行充分的梳理和提炼，形成可以作为品牌传播的系统化的要素集合，并对不同要素进行充分的论证与分析，形成品牌传播方案。对游客进行科学的调查统计，考察国内外游客对不同历史文化的认知与感受，集中选取具有良好接受度的要素进行打造，形成科学的规划方案。

（2）从文化角度上，尊重已经形成的亚文化圈，重点针对不同文化类型，按照民族、种族、时间等不同维度，对文化内容进行归类与打包，找到最能代

① 〔美〕埃德蒙·N. 培根：《城市设计》，黄富厢、朱琪译，中国建筑工业出版社，2011，第244页。

表当代北京文化特质的文化内容产品，在未来五年推动文化产品的升级与改造，形成具有北京品牌优势的产品线。

(3) 从经济角度上，着力推动北京的文化创意产业发展，按照北京既定的八大产业门类，推动重点行业的发展，通过文化创意产业发展为城市品牌提供源源不断的内容产品和强大的后续推动力，同时促进城市品牌的产业化转化，集中推出一批具有北京文化品牌、为国内外消费者喜爱的文化创意产品。

(4) 从空间角度上，尊重不同地区、不同区县的发展基础和特点，对全市的城市品牌空间布局进行科学规划，在地理上形成“一街一景”“一区多品”，形成城市品牌的科学分布。

(5) 从人口角度上，对北京市民、外来游客、国际旅客等不同群体，有针对性地开展调研，选择最能产生地方认同、地方依恋的城市品牌作为重点主题，并考虑在不同的群体中采用不同的营销与传播策略。

(6) 从舆论角度上，对不同的城市品牌要素采用不同的营销与传播策略，重点采用当前具有良好传播效果的节事营销、口碑营销等手段，充分利用北京媒体聚集的优势，针对城市品牌展开系统传播；同时，重视社会化媒体条件下的移动应用开发给用户带来的影响，充分利用 City Guide 等知名手机端应用，推广城市品牌。

城市品牌是城市的一致性、原创性、独特性的体现。城市品牌的打造是一个将看不见的城市转化为看得见的品牌的过程。正如伊塔洛 · 卡尔维诺所说：“城市就像一块海绵，吸汲着这些不断涌流的记忆的潮水，并且随之膨胀着。……然而，城市不会泄露自己的过去，只会把它像手纹一样藏起来，它被写在街巷的角落、窗格的护栏、楼梯的扶手、避雷的天线和旗杆上，每一道印记都是抓挠、锯锉、刻凿、猛击留下的痕迹。”① 对于北京而言，一致性在于北京具备其他城市都具备的功能，但其原创性、独特性在于这座城市能够给市民、游客独有的地方认同感和归属感。作为一个传统和现代的城市，北京的城市品牌首先要明确“从哪里来”，再确定“向哪里去”。

① 〔意〕卡尔维诺：《看不见的城市》，张密译，译林出版社，2012，第9页。

Visible City and Visual Brand: The Elements of Beijing City Branding

Zhang Zheng

Abstract: The brand of a city is a system consisting of hardware and software, which is solid and sensible for residents and visitors. This article focused on the elements of city branding, using five-sense approach to analyze the elements of Beijing city, also providing some suggestions to city branding of Beijing.

Key Words: Beijing; City; City Branding; Branding Element; Five-sense System

B.8

国外重要首都城市与北京公共文化服务比较报告

陈 镭*

摘 要：

伦敦、巴黎、柏林、华盛顿、东京等国外重要首都城市在公共文化服务建设方面有着独特的经验，其城市文明达到了很高的水平。北京的公共文化服务建设应当树立国际视野，吸收借鉴国外首都城市的有益经验，因地制宜、取长补短，更好地满足人民群众日益增长的文化需求，并推动北京加快建成中国特色社会主义先进文化之都。

关键词：

首都城市 公共文化服务 文化事业

北京已经初步建立了市、区县、乡镇（街道）、社区（行政村）四级公共文化服务体系，但要实现“十二五”时期的公共文化服务建设目标，即“到2015年，覆盖城乡、结构合理、功能健全、实用高效的公共文化服务体系基本建立”，还需要进行多方面努力。本文以伦敦、巴黎、柏林、华盛顿、东京五个重要首都城市的公共文化服务为研究和分析对象，从其所在国家的公共文化服务体系和政策背景出发，考察公共文化服务的政府职能、作用、保障机制等，探讨对北京公共文化服务体系建设的启示，并对北京公共文化服务体系建设提出对策建议。

---

* 陈镭，北京市社会科学院文化研究所助理研究员，博士后。

一　国外重要首都城市公共文化服务的特点

（一）政府角色与职能

在西方国家公共改革浪潮推动下，政府与市场、政府与社会的关系被重新界定。伦敦、巴黎、柏林、华盛顿、东京等首都城市的政府虽保有一定的文化主导权，却已经转变为公共文化服务的多元主体之一，往往要由相对独立、没有行政管辖权的基金会和专业委员会来构建公共文化服务体系，服务主体是各类专业委员会及其下属的文化服务网络。

英国的“文化、传媒和体育部”（DCMS）、地方政府和各类文化艺术委员会、地方文化艺术委员会组成了比较完备的三级公共文化服务体系。这三级机构之间没有行政上下级关系，政府委托地方艺术委员会、非政府机构分配文化资金，政府投资只占文化建设资金的一小部分（通常不超过30%）。首都伦敦由伦敦图书馆、档案馆、博物馆协会和英格兰艺术委员会等专业机构来搭建不同类别的公共文化服务网络，充分利用国家彩票基金和其他文化资金，政府扮演赞助人的角色。

德国的公共文化服务体系的层级是：国家文化媒体委员会，州和直辖市文化部门，非政府文化机构。2006年，德国进行联邦制改革之后，联邦政府及首都柏林在文化事业、遗产保护等方面拥有比以往更多的责任和权力。由于历史原因，柏林的经济水平与慕尼黑、法兰克福等大城市有明显差距，单靠市政府的力量，难以支撑众多国家级文化设施，因此联邦政府于2007年建立了首都文化基金，覆盖建筑、设计、会展、视觉艺术、电影、文学、音乐、戏剧等领域①。相比之下，柏林市政府的资金投入并不多。尽管联邦制给予地方政府很大的权力，柏林的公共文化服务仍然不是市政府主导的，公立的博物馆、美术馆等单位都没有独立的采购预算，而是由非政府协会把国家的文化基金和私

① The Capital Cultural Fund in Berlin，http：//hauptstadtkulturfonds. berlin. de/index. php？ id = 32&L = 1.

人捐助的款项分配给它们，或由国家基金和私人购买艺术品捐赠给它们。

美国的公共文化服务体系的层级是：总统艺术与人文委员会，州、市级文化艺术委员会、文化与艺术事务办公室，民间非营利性文化机构。美国政府没有专门管理文化事务的机构，华盛顿特区的文化决策由总统艺术与人文委员会、特区规划局和一些经济合作伙伴共同制定，其服务体系主要是非政府组织、非营利机构（又称第三部门）以及私人营利性机构共同搭建。特区政府通过政策法规对各类文化团体、组织机构进行管理，对非营利性的重点机构、重点项目给以税收优惠和资金扶持，并在信息服务等方面予以帮助，使其在市场中得到发展。

相比之下，巴黎的公共文化服务更接近我国的模式。法国公共文化服务体系的层级是：法国文化通信部，文化通信部直属文化单位和地方政府的文化机构，各类非政府的文化协会、社团和基金会。法国文化通信部的机构分支很多（图1），这一体系的特点是国家监管力度大，比之英美等国，权力更加集中在政府手中。法国文化通信部直接向巴黎等地方的文化事务处派员，提供发展资金，政府与国立文化机构签订合作协议。巴黎文化事务厅是文化与通信部的分部，负责管理地方文化事务，此外还有一个城市艺术委员会来辅助文化决策，其成员主要是专家和市民代表。

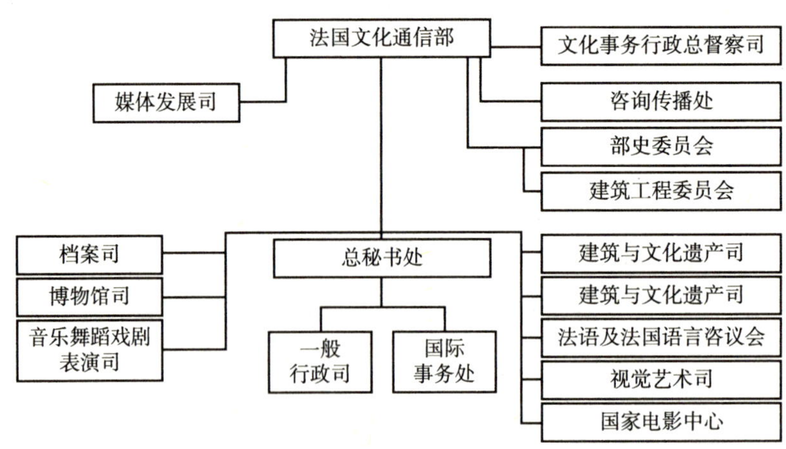

图1　2010年以前法国文化通信部结构

资料来源：Council of Europe/ERICarts。

日本的公共文化体系也有三个层次：日本文化厅，地方政府（都、道、府、县）管理文化事务的各级部门，社区组织（町内会、自治会）和其他非政府组织。日本的公共文化服务既类似法国，有较为复杂的中央职能部门；又类似美国，社区文化自治能力非常强。这体现了政府在反思“二战”的军国主义文化管制之后所确立的“内容不干预原则”。首都东京的公共文化服务主体由四部分组成：①国立美术馆、文物机构；②受政府指导的文化财团；③各类民间组织、财团和企业创办的服务单位；④社区自发的文化服务组织。

（二）公共文化政策规划

伦敦、巴黎、柏林、华盛顿、东京等首都城市的公共文化服务和文化产品供给以市场化为主，原先属于政府职责范围的公共文化服务渐渐被“外包”，文化产品呈现多样化趋势；文化政策越来越重视文化融合和文化多元性，重视社区性、地域性的文化价值；政府支持的预算少而精，主要对重点文化项目进行资助或减免税收，并建立了相关的考评、监督机制。这些城市的文化政策无不是以宏观引导、市场供给为主，具体到每一城市的发展规划，可谓各有千秋。伦敦、巴黎均定位于世界之都，在文化产业、文化事业的各领域全面出击；柏林成为新首都的时间不长，着力于文化古迹和文化设施的保护、翻修工作；华盛顿注重社区文化发展、文化普及和资源共享；东京的公共文化政策比之其扶植文化产业的政策要少很多，也比较注重传承历史文脉。

伦敦的文化政策主要依据 2008 年颁布的《文化大都市——伦敦市长 2009 ~2012 年文化重点》制定，该纲要列出了伦敦公共文化发展的十二个关键点：

（1）保持伦敦作为全球优秀文化中心的地位；

（2）面向 2012 年以及更远的世界级文化；

（3）加强对年轻人的艺术和音乐教育；

（4）提高覆盖面和参与度；

（5）增加伦敦的供给；

（6）为新人提供渠道；

（7）创造一个充满活力的公共空间；

（8）支持草根文化；

（9）推销伦敦；

（10）为创意产业提供有针对性的支持；

（11）维护文化在建筑环境中的地位；

（12）提高政府对伦敦文化的支持力度。①

伦敦公共文化政策的特点为：①善于把文化品牌塑造和自然环境、文化遗产的保护结合起来。②非常注重城市设计和创新，如上届政府在伦敦时装节上力推黑人设计师，把标志性的红色双层巴士重新设计推出等。③重视文化多样性，举办各种活动来促进少数族裔文化与本土文化的融合。④重视草根文化和地下艺术，伦敦活跃着成千上万的小型文化团体和个人。伦敦的文化组织和文化单位还可以围绕某项具体的文化战略进行跨界组合。

巴黎正在实施法国政府2007年启动的“大巴黎”计划，其内容包括翻修、新建一批重点文化设施，把巴黎的文化版图以塞纳河为轴向外扩展。巴黎文化政策的特点是：①重视文化遗产保护，弘扬民族文化。②促进文化的民主化，文化惠民向青少年倾斜。法国剧院、博物馆票价比欧洲其他国家要高，青少年艺术教育课的费用却很低（见表1）。政府对面向年轻人的文化表演给予补贴，并制定了培养青少年影视才能的教育计划。③坚持时尚之都的打造。④文化规划辐射到多个城市副中心，加快巴黎外城的发展。⑤吸引私人和团体投资公共艺术。

表1　英国、法国、德国主要公共文化服务产品价格比较

单位：欧元

国家	博物馆票价	音乐艺术课	剧院票价	公共艺术服务价格
英国	0.00	33.20	42.48	25.23
法国	12.00	2.30	125.00	46.43
德国	9.00	25.00	44.50	26.17

资料来源：Council of Europe/ERICarts。

① “Cultural Metropolis: The Mayor's Priorities for Culture 2009～2012”，大伦敦政府官方网站，www.london.gov.uk。

华盛顿特区政府没有专门文化规划，2006 年颁布的《华盛顿特区综合规划》（下面简称《规划》）首次把文化作为独立类别写进了综合规划。《规划》明确了特区文化发展的四个关键点：①优化城市文化设施的分布。②在新建和修缮的公共建筑中增加公共艺术。③保持现有的艺术机构集群。④鼓励设计新的艺术区，创造一种能够吸引创意阶层的公民文化。《规划》指出，政府的文化总目标是支持、鼓励文化艺术场馆和项目，倡导学习、推广特区在“激发一种有活力的、为各阶层服务的文化生活”方面的经验。

柏林由于历史原因，直到 1991 年才取代波恩成为新首都，德国政府完成搬迁迟至 1999 年。联邦政府迁都之时，与柏林地方一起签订了首都文化发展协议，确定了重点发展的项目：

（1）重建文化机构，修复“柏林博物馆岛”；

（2）兴建原属于柏林地方的文化设施，如被害犹太人纪念馆、柏林艺术学院、“二战”纪念馆等；

（3）兴办原属于“柏林责任有限公司”的大型活动，如柏林文化节、格罗皮乌斯博物馆、世界文化屋、柏林国际电影节等；

（4）2006 年投入更多的财政补贴，加强柏林三大剧院的联合；

（5）2007 年建立 4 亿欧元的特别文化基金，其中 2 亿用于柏林歌剧院翻新；

（6）2008 年初，联邦政府与柏林地方政府签订的新财政协议生效，沿用至 2017 年 12 月 31 日；

（7）建立首都文化基金。[①]

东京也没有专门的政府文化规划。2006 年推出的“十年后的东京”发展纲要的八大目标中没有提及文化艺术，但在实施计划中有所涉及。其中，第一条要求成立“历史景观形成基金”，引导青少年认识历史古迹，评选东京历史文化景观 100 强。第六条是“利用城市魅力及产业实力确立东京的地位”，其内容包括：以动漫产业的优势带动文化旅游，重新找回“水之都”江户时代

---

① Council of Europe/ERICarts, “Cultural Policies in Europe: a compendium of basic facts and trends”, 2003.

的繁华等。[①] 此外，东京是 2016 年夏季奥运会和残奥会举办地，政府希望围绕奥运会制定一系列文化事业计划。

（三）公共文化基础设施

伦敦、巴黎、柏林等国外重要首都城市都拥有大量历史文化遗产和代表国家形象的现代设施，公共文化服务设施体系完善，许多大型场馆具有世界影响力。它们都拥有一批国立大型文化设施，尤其是日本文化厅和法国文化通信部下属的场馆数量众多。这些大型文化机构与政府关系紧密，看似上下级从属关系，实为合同、契约关系。

英国的博物馆、美术馆等公共文化设施都是通过接受国家级的艺术委员会及其地方分支机构拨款维持运行，拥有由专业人士组成的管理委员会、理事会。国家委托理事会来管理包括大英博物馆、自然历史博物馆在内的众多公共文化单位，由理事会成立公司负责相关的商业开发。伦敦号称世界博物馆之都，博物馆和美术馆总数超过 300 家，名列世界第一；拥有 400 多家剧院、音乐厅及表演场地；此外还拥有大英图书馆等世界著名的大型图书馆，全市图书馆总数接近 600 个，其中公共图书馆 395 家，平均每 10 万人口拥有 5 家公共图书馆。

巴黎拥有 300 多个文艺中心、400 个大小型公园、135 座博物馆、170 多家歌舞厅、350 个电影院、141 个剧院和 64 所市属公共图书馆。约有 1.4 万座古代建筑和遗址被列为历史古迹，其中受保护的古建筑有 3115 座。巴黎拥有众多直属于法国文化通信部的国家级文化设施，如卢浮宫、凡尔赛宫、蓬皮杜国家文化艺术中心、巴黎国家歌剧院等。

柏林拥有博物馆 170 座，艺术画廊 300 多个，剧院 51 家，其他表演场所 9699 个，电影院 284 家，体育俱乐部 1909 个。世界知名的文化设施包括柏林三大剧院（德意志剧院、国家剧院、喜剧剧院），博物馆岛，柏林墙所在的波茨坦广场，勃兰登堡门，夏洛特堡宫等。

华盛顿是美国的政治中心，白宫、国会、最高法院以及绝大多数政府机构

---

① 参见东京都政府官方网站，http：//www. metro. tokyo. jp。

都设在这里，而商业高层建筑的数量比其他美国大城市要少得多，特区拥有7800英亩公园、70多座博物馆、90家艺术机构和411家图书馆。其中有众多的历史纪念性质的文化设施，包括阿灵顿国家公墓、林肯纪念堂、“二战”国家纪念馆、越战老兵纪念馆、华盛顿纪念碑等。华盛顿的大型博物馆几乎都属于著名的史密森学会系统。

东京拥有164个图书馆、131个博物馆，79个剧场。其中有11家大型公立博物馆、11家大型公立美术馆、两家大型公立图书馆，还有20家大型剧院、会馆。东京近年来有意地兴建一批现代化、商业色彩较浓的文化设施集聚区，如2003年开始投入使用的日本最大旧城改造项目“六本木新城”。

这五座城市公共文化设施建设的差异在于：柏林正在进行大规模保护修护工作，不仅针对柏林的旧皇宫、博物馆岛等历史古迹，也包括“二战”和冷战时期留下的各种历史文化遗迹；东京的公共文化设施注重其实际功用、实而不华，旅游和文化影响力要稍逊色一些；华盛顿体现其政治中心的公共文化设施较多，商业娱乐色彩不浓，大型剧院也如庙堂般庄严；而巴黎、伦敦两城市则较好地完成古今融合和国际化，呈现出世界之都、时尚之都的风貌，各种文化潮流都能在这里找到理想的活动场所。

（四）公共文化活动

伦敦每年要举办200多场文化活动，其中最重要的是弗瑞兹艺术博览会、伦敦设计节、伦敦时装周、伦敦电影节四大文化品牌。同时，市政府还重点支持在摄政公园举办的废奴纪念运动和先锋艺术活动。为了突出城市的国际性，伦敦在中国农历新年、爱尔兰圣帕克里特节等其他民族的节日举行融合历史、文化、美食、艺术和创意的跨文化活动。

巴黎重视当代艺术，其中著名的活动有当代艺术国际博览会和“巴黎艺术”两个著名的大型国际展会；“巴黎不眠夜”是以现代艺术为主题的在夜间举行的大型活动，每年参与者超过150万人次，辐射全国20多个城市，有效地推动了巴黎乃至法国的经济。巴黎摄影展、巴黎海滩活动、“巴黎点亮巴黎”“首都之夜”、巴黎设计周、时装周等活动也有很大的影响力。

柏林每年也组织众多大型文化活动，其中不乏一些世界知名的文化品牌，

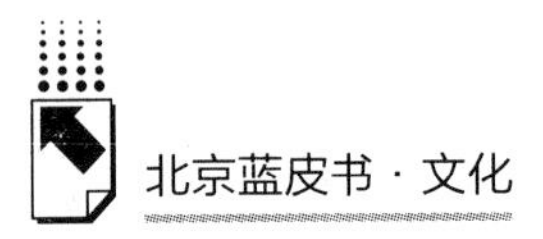

如柏林电影节、柏林音乐节、森林音乐节、“博物馆长夜”活动、克里斯托夫大街游行日、文化狂欢节、艺术双年展、柏林航空展、勃兰登堡新年派对等。柏林由于历史原因，是多种意识形态和民族文化交汇之地，因此公共文化活动还充分展示了文化多样性。

华盛顿特区的公共文化活动大多体现了深厚的文化底蕴和首都身份，不像纽约、迈阿密、新奥尔良等美国城市那样狂热，体现出成熟稳重的城市风格。除了以本土历史文化和民俗为主题外，还有以少数族裔文化为主题的活动，如非洲裔历史文化月、中国农历新年活动、中国文化节、爱尔兰圣帕特里克节。华盛顿特区是一个以黑人居民为主的城市，公共文化活动中有相当多的项目都是以非洲裔文化、移民文化为主题。

东京的历史底蕴深厚，各类大型文化活动和民间文化节十分频繁。其中著名的有东京电影节、东京国际动漫节、太平洋文化艺术节、东京创新周、“江户”三大祭祀活动等。此外，开发水上、水边的文化活动，重现江户时代“水之都”风貌是东京十年发展规划的重点之一。

相比之下，伦敦、巴黎的公共文化活动开展处于领先地位，各艺术领域、各文化门类几乎都有大型活动，具备世界影响力的文化品牌非常多；而华盛顿、东京的公共文化活动偏重于满足市民的一般需求，多是历史文脉的体现，展现了民风民俗和文化传统，新策划的大型活动要少一些；柏林则介乎于其中，既有传统的大型民间狂欢节等活动，也努力办好柏林电影节、柏林音乐节、航空展、双年展等大型活动，在先锋艺术、现代艺术领域特别是设计领域十分活跃。

二　国外重要首都城市与北京公共文化服务体系比较

北京在公共文化服务体系建设方面取得了很大成绩，特别是进入“十二五”时期以后，公共文化服务体系实现了“四个全覆盖”，即实现了全市四级公共文化设施、基层文化设备配备、基层文化活动经费和文化惠民服务的全覆盖。每年仅文化法定支出就达到了20亿元以上，年均增速达12%。截至2012年10月，全市四级公共文化设施平均覆盖率达到98.78%，其中市级文图书

馆覆盖率100%；区县覆盖率100%，42个文化馆图书馆，除2个达到国家二级馆外，其余均为国家一级馆；街乡文化服务中心142个、覆盖率98.6%，乡镇文化站178个，覆盖率100%；社区文化室2465个，覆盖率92.5%；行政村文化室3910个，覆盖率99.16%，实现了农村地区文化设施全覆盖。基层街道乡镇和社区行政村覆盖率平均达到97.57%，文化信息共享工程实现"村村通"，公共图书馆计算机信息服务网络覆盖全市。目前，朝阳区正在积极创建国家公共文化服务体系示范区，东城区和大兴区正在创建国家公共文化服务体系示范项目。

北京与伦敦、巴黎、柏林等国外首都城市相比，在文化基础设施的覆盖程度、公共文化支出占政府财政比例上并不逊色。大型公共文化设施方面，2012年，北京市注册登记的博物馆数量超过160家，位居全国城市之首，总数仅次于英国伦敦。"首都剧院联盟"由130家各类剧场和中央院团、市属院团、民营艺术机构共同组成。"首都图书馆联盟"拥有110余家成员，基本都是公立图书馆。近年来新建的中国科技馆、国家图书馆二期、首都图书馆二期、首都博物馆新馆、国家大剧院、国家话剧院、中央电视台和北京电视台新址等设施增强了公共文化服务能力，成为北京市的文化地标。大型文化活动方面，北京已经形成北京国际电影节、国际戏剧季、国际舞蹈季、国际音乐节、新年音乐会等具有国际影响力的文化亮点，与国外重要首都城市相比可谓各有千秋，整体水平处于一个等级。如果对博物馆、图书馆、剧院系统等不同领域进行对比分析，北京在个别领域可能还处于领先水平。而存在的差异主要在以下方面。

（一）公共文化服务主体的构成

伦敦、巴黎、柏林等国外首都城市提供公共文化服务产品的主体呈现出多元化格局，政府只是其中之一，甚至不是主要的服务主体，众多非政府组织、团体和个人发挥了关键性作用。而在我国，政府不仅要扮演设计师、管理者的角色，也是公共文化服务的主要提供者。政府充当公共文化服务主体，是我国市场经济尚不完善、公民社会尚未发育健全条件下的一种选择，但也应当积极转变政府职能，逐步推进管办分离。北京的公共文化服务体系建设遵循了"以政府为主导，以公共财政为支撑，以公益性文化事业为骨干，以全民为服务对象”的基本原则，较之伦敦、巴黎、柏林等国外首都城市，服务主体相对单一，政府承担了更多的责任和巨大压力。目前，北京地区活跃的非政府组织主要是有关环境保护、动植物保护、妇女儿童权益、慈善扶贫等领域的组织，文化类非政府组织在公共文化服务中的组织管理作用还很有限。民营文化团体在占有文化资源和享受国家政策等方面与国有企业无法相比，参与公共文化服务的程度不高，其文化从业人员在职称评定、社会保障等方面难以享受同等待遇，身份缺失和归属感缺乏是影响其发展的重要因素。北京现有大约一万多个经营性和公益性民间文艺团体，成员超过 20 万人，活跃在郊区县的小型团体有待进一步组织整合，克服低端重复、服务水平偏低的弊端。

（二）基层文化服务水平和社区文化自治能力

华盛顿、东京等首都城市的基层文化服务能力、文化自治能力很强。东京的町内会既带有东方传统伦理色彩，又能组织大型活动、提供多种文化服务，受到社区民众欢迎，甚至可以获得一定的商业利益、经济效益，这种基层公共文化服务效果在中国还较少实现。北京延伸到基层社区的公共文化服务是在政府主导下建立起来的，市政府逐级授权、分配任务，中央政府承担总工程师和总后勤保障的角色。由于社区建设的资源基本来自政府，社区管理行政化色彩较浓，社区公共文化的自我服务能力、创新能力十分欠缺。目前，北京的公共文化服务体系已经实现了全覆盖，但未从根本上解决城乡差距大、基层设施服务水平较低的问题，民众的公共文化观念也仅限于享受公共文化服务，未发展到主动经营、提供文化产品的程度。对回龙观、天通苑两个超大型社区文化建设满意度与需求度的问卷调查显示：回龙观社区居民对社区文化建设等方面的满意程度为 40%，天通苑仅为 24%，社区文化服务的供给量不足、网点不够、形式单一，尤其缺乏大型综合、功能齐全、品质较高的活动设施和文化公共空间。北京的基层公共文化服务水平和社区文化自治能力还有很大的提升空间。

（三）公共文化服务的有效供给

伦敦、巴黎等地的公共文化服务的人均占有率、市民参与度非常高，参观博物馆、美术馆、观赏戏剧是许多人日常的基本生活方式。相比之下，北京的

公共文化服务有效供给还不能满足市民日益增长的文化需求。北京的公共文化设施体系健全，场馆数量、规模都很可观，但利用率有待提高。一方面，故宫、长城等著名文化旅游景点在节假日人满为患，另一方面，公共文化服务基础设施的“五馆”——博物馆、美术馆、图书馆、科技馆、陈列馆总体上利用率不高，部分场馆服务形式老旧、门可罗雀。北京市社会科学院文化研究所组织的问卷调查结果显示，高达94%的受访者每年光顾图书馆、博物馆、美术馆、文化馆等文化场所不足5次。郊区县特别是农村新增的基层文化服务设施，也存在管理工作人员紧缺、后期运营经费不足、群众对硬件认知程度低等问题，造成了部分村镇的文化设施空置、闲置现象。棋牌室在农村最为普及、利用率高；而图书室虽基本普及，但书籍种类却较为陈旧、缺乏针对性，使用率极低。①

（四）公共文化服务绩效管理与评估

与公共文化服务有效供给相对应的是绩效评估，后者是落实公共文化部门责任并改进管理、提高效能的有力工具，自20世纪80年代以来被许多西方国家所重视。英国工党政府在服务绩效、政府支出的评估方面确立了四项重要原则，即分权原则、效果导向原则、问责原则、透明度原则。英国政府的文化投资只占所需建设资金的一部分，并视其运营效果确定今后的扶持力度，在必要的时候可以取消资助。北京市文化局从2010年开始研究制定基层公共文化服务规范和标准，通过建立公共文化服务需求机制、效果评价机制、投入机制、绩效考评机制和激励约束机制等管理制度、机制，提升基层公共文化服务质量和服务水平。2012年，创建全国公共文化服务体系示范区的朝阳区建立了全国首套从宏观和微观层面系统对地区公共文化服务建设进行评价的指标体系。公共文化服务的绩效管理与评估刚刚起步，还需要系统研究和进一步完善。据上海师范大学都市文化研究院发布的“2011年全国31个省市自治区公共文化服务综合指数排名”显示，在公共文化投入绩效一项，北京的排名很不理想。尽管这只是科研机构的阶段性成果，但也反映出加强公共文化服务绩效管理与

① 北京市文化局、北京大学社会调查研究中心：《北京市农村服务对象文化需求调研报告》。

评估的紧迫性。

公共文化服务的市场化程度，是造成北京与国外重要首都城市公共文化服务体系差异的重要原因，应当辩证看待这些差异。首先，市场导向与政府干预是可以相辅相成、相互结合的。政府采用多种手段，包括资金补贴、国有机构、投资激励、税收减免、政策制度、信息服务、教育培训等多种方式干预公共文化建设，在一定条件下可以帮助市场更好地运行。特别是近年来，发展文化产业、创意产业已经成为世界潮流，政府公共文化政策的意义更加凸显。同时，公共文化服务市场化，又可以使政府在文化政策的推进过程中与各种社会力量建立伙伴关系，由政府部门的代理机构与私人、团体积极展开合作，提供更多、更有效的文化产品。其次，我国人口众多，经济发展的地域差异明显、城乡差别明显，公共文化的普及难度很大。在政府主导下实施文化惠民工程，首先保证文化产品供给中的基本公平与正义，是十分必要的。西方发达国家基本已经迈过了这一阶段，可以采取更灵活的方式来提高公共文化服务的建设效率。服务主体多元化、建设运营市场化、融资渠道多样化正是北京公共文化服务体系进一步完善所需要考量的。

三　北京公共文化服务体系建设对策建议

（一）公共文化服务体系的建构过程应实现服务主体多元化

十七届六中全会《决定》提出，要“引导和鼓励社会力量通过兴办实体、资助项目、赞助活动、提供设施等形式参与公共文化服务”，引导发挥非政府组织、非营利性组织、非公有资本等社会力量的作用，可以促进政府从“办文化”向“管文化”转变，减轻政府工作负担，弥补文化产品供给不足。同时，非政府组织、非营利性组织能带来丰富的社会资金，减少政府的公共财政预算。这些组织还具有创新性、灵活性特点，与基层群众联系紧密，了解市民实际文化需求，大多具备成本低、效率高的优点。北京在发挥政府组织管理、资源整合、调控干预主导作用的基础上，应当积极实现服务主体的多元化，运用政府采购、项目补贴、资金奖励、财税扶持等手段，引

导非公有资本、非政府组织等社会力量参与公共文化服务，引导基层群众自办公共文化服务。

（二）公共文化政策的制定要以市民需求为导向，积极发挥市场机制作用

联合国世界文化与发展委员会（WCCD）在1998年斯德哥尔摩大会上提出了关于制定文化政策的五项建议，其中包括提高文化生活中的创新性和民众参与度、促进文化多样性等内容。政府在制定文化政策、履行宏观调控职责之时，应当更加灵活开放，更多地听取市民和专业委员会的意见，借助非政府组织的力量，避免所提供的产品和服务脱离群众的实际需求，造成有效供给不足。以市民需求为导向，还应当引入市场竞争机制，充分发挥市场的资源配置作用。北京的文化事业单位数量庞大、人员众多，要深化文化体制改革、发挥市场机制的作用，并非易事。这就需要打破事业单位、国有企业对市场的垄断和条块分割，起用真正懂经营的专业管理者和经理人，扭转外行指导内行的状况，避免这些单位、企业在垄断地位丧失之后迅速衰落；要提高政府文化资金的使用效率，逐步从直接拨款过渡到项目投资、购买市场提供的文化服务产品；还要强化成本效益核算，改变过去重投入、轻产出的弊端。

（三）文化设施体系的建设要优化布局、均衡发展

伦敦、巴黎等首都城市，其中心城区人口远没有北京这样密集，整个大区分散着多个具备特色功能的城市副中心，市政府的许多部门、机构搬迁到了郊外。伦敦、巴黎的大型文化设施大多沿河而建，分布较为合理，并未堆积在中心城区。北京市的公共文化设施已经实现16区县的全覆盖，却仍然存在较为明显的城乡差异，主城区尤其是北部地区集中了较多的大型公共文化服务设施。从设施类别来看，大型博物馆、展览馆、美术馆主要分布在三环以内，尤其是西城区、朝阳区的北部。由于历史、地理、交通等原因，各区内部的设施分布也存在差异。西城区、东城区的文化设施内部分布较为均衡，而海淀区的东南部较多，朝阳区的西北部较多。丰台区、石景山区等城市功能扩展区以及几个城市新区的大型公共文化设施数量相对较少。北京一直根据行政区域来划

建地区图书馆，导致昌平区的回龙观、天通苑等拥有几十万人口的大型社区没有像样的图书馆。应当强化人本理念，根据人口数量、人口结构和实际需求来规划建设公共文化服务设施。

（四）开展公共文化活动，应注意保护文化多样性

国外重要首都城市往往十分重视保护文化多样性。华盛顿在很长一个时期内都是黑人为主的城市，公共文化活动充分尊重了非裔、亚裔和其他外来族裔的文化传统；柏林由于历史原因，是多种意识形态和民族文化交汇之地，原东柏林地区更是吸纳了大量外国移民，举办世界多民族共同参与的大型文化活动是柏林的一大特色；“文化多样性”是法国从20世纪90年代以来在国际社会推行的一项基本政治主张。除了对外来文化、国际文化的吸纳，这些国外首都城市还特别注意保护社区文化价值和地域文化价值，如东京开展了各类名目繁多的民俗、民风文化节，社区町内会在其中发挥了重要的组织协调作用。对于北京而言，2008年的奥运会很好地展示了城市文化多样性，在“后奥运时代”开展公共文化活动，还应当更多地学习伦敦、巴黎这些世界之都的宝贵经验，重视文化多样性的保护和开发利用。北京的公共文化服务应当提倡贴近实际、贴近生活、贴近群众，鼓励专业团队创作、演出针对青少年、老年人、进城农民工、外来务工者、少数民族等特定人群的优秀节目。首都国际交流频繁，来京工作、学习的外籍人士众多，公共文化服务还应当考虑到外籍人士的需要。尊重文化多样性，很大程度上有利于克服公共文化服务主体单一所带来的文化产品和服务品种单一的弊端，也是增强首都文化软实力、扩大文化影响力的重要途径。

Comparative Report on Public Cultural Services between Beijing and Foreign Key Capital Cities

Chen Lei

Abstract: There Paper discuss the differences between public cultural services in

Beijing and foreign key capital cities, such as London, Paris, Berlin, Washington, and Tokyo, and reporting the mainly characteristics on the differences through the body of services, level of grassroots cultural services, ability of the community cultural autonomy, effective supply, performance management, performance evaluation. Base the International vision, Beijing should actively diversify the body of services to meet the increasing cultural needs of citizens, making progress on the construction of advanced socialist culture capital with Chinese characteristics.

Key Words: Capital city; Public cultural services; Cultural undertakings

B.9
北京市超大型社区文化建设满意度与需求度调查报告及对策建议

课题组*

摘　要：

本报告针对北京市超大型社区回龙观和天通苑的公共文化服务展开问卷调查，调研问题涉及社区居民6项基本信息和17项基本问题，通过对1570份有效问卷的内容与数据分析表明，超大型社区尤其需要加强公共文化设施和公共文化空间建设、积极开展丰富多彩的公共文化服务活动、规划建设超大型社区的公共文化服务中心、加强社区公共文化服务人才队伍建设。

关键词：

超大型社区　公共文化服务　满意度　需求度

回龙观和天通苑是首都北京乃至中国的超大型社区。社区的公共文化服务在社区的整体建设中具有重要地位，发挥着多方面的重要职能。本次调研通过在昌平区两个超大型社区天通苑与回龙观发放问卷的方式，获得了1570份有效问卷，以小区常住居民为调研对象，考察小区居民对该大型社区文化建设的满意度与需求度。其中，调研问题涉及市民个人6项基本信息和17项基本问题，居民基本信息包括居民原所在省份、性别、年龄、文化程度、职业和月收入，17项基本问题涉及居民对"社区文化"的理解、选择居住所在社区原因、对社区文化建设与文化活动满意度、对社区文件建设现状看法、

---

* 本报告执笔人为李建盛，北京市社会科学院研究员；唐智瑶、李海楠，中央民族大学文学与新闻传播学院。参与实际调研的还有范璨文、韩硕，中央民族大学文学与新闻传播学院。

对社区所组织文化活动的态度、对社区文化的需求度、对社区文化建设过程中存在问题的看法、如何丰富社区居民文化生活、社区是否存在特色文化符号及文化景观、文化建设规章制度执行情况、文化建设最大障碍、居民减少文化活动主因、丰富社区文化生活的关键、社区文化建设对日常生活影响程度、社区文化建设过程中的重要问题、建设文化宜居社区的要素、居民对文化建设的具体建议。调查时间为2012年7~8月。本报告结合实地调研、实地访谈，尤其是针对问卷调查开展数据分析和内容分析，具有较强的实证性和针对性，可为加强昌平区超大型社区文化宜居社区建设提供重要的科学依据和决策依据。

一 回龙观、天通苑超大型社区文化建设的满意度与需求度的数据分析

根据本次问卷调查的有效问卷和随机访谈，对回龙观、天通苑两个超大型社区的文化建设满意度和需求度进行17个方面的数据分析、图表分析和内容分析。

（一）社区居民的基本信息数据分析

调研问卷共有6项，涉及了居民原所在省份、性别、年龄、文化程度、职业和月收入信息。

1. 籍贯数据分析

表1 对参与问卷调查居民的省份分析

单位：%

省份	比重	省份	比重
北京市	46.9	上海市	0.6
辽宁省	2.4	江苏省	1.5
福建省	0.4	海南省	0.3
广东省	1.0	贵州省	0.4
天津省	1.4	河北省	9.9

续表

省份	比重	省份	比重
吉林省	4.8	浙江省	0.7
江西省	1.0	湖北省	2.8
海南省	0.3	云南省	0.4
重庆市	0.6	山西省	3.2
黑龙江省	3.4	安徽省	1.2
山东省	4.6	海南省	0.3
四川省	1.8	陕西省	1.7

1570份有效问卷中，居民原所在省份北京市占46.9%，其他省份占53.1%，其中河北省占9.9%、吉林省占4.8%，山东省占4.6%，调研的居民对象中北京市居民与外省居民基本平衡，外来人口稍多，且外来人口以北京市周边省份居多。

2. 性别数据分析

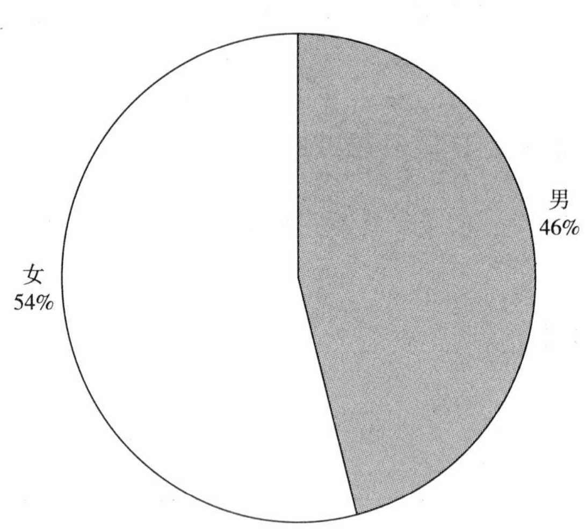

图2 对参与问卷调查居民的性别分析

1570份有效问卷中，男性占46.1%，女性占53.9%。调研的居民对象保持了基本的性别平衡。

3. 年龄数据分析

表 1 对参与问卷调查居民的年龄分析

		计数	列 N %
年 龄	20 岁以下	96	6.1
	20～35 岁	632	40.3
	35～50 岁	340	21.7
	50～65 岁	351	22.4
	65 岁以上	151	9.6

课题针对 5 个年龄段的社区居民进行问卷调查，各年龄段群体在有效问卷中所占比例为：①20 岁以下占 6.1%；②21～35 岁占 40.3%；③36～50 岁占 21.7%；④51～65 岁占 22.4%；⑤66 岁以上占 9.6%。从结果整体来看，21～35 岁居民所占比例最多，调研主体对象以中青年为主。

4. 文化程度分析

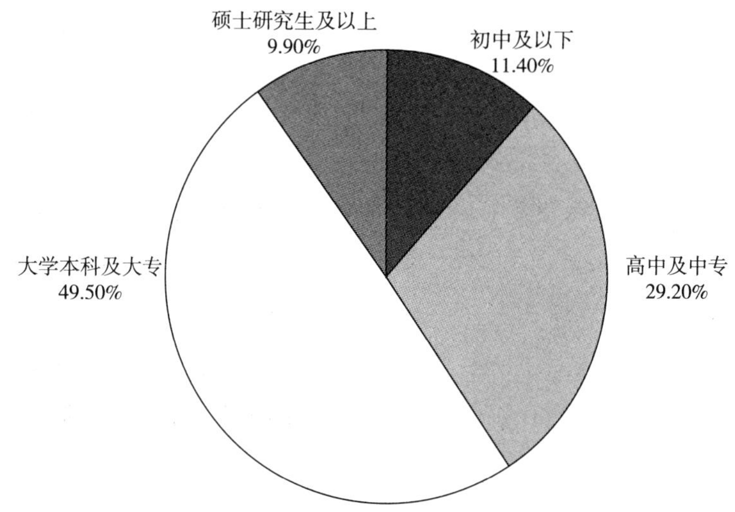

图 3 对参与问卷调查居民的文化程度分析

针对 4 个学历程度不同群体进行问卷调查，各群体在有效问卷中所占比例：①初中及以下占 11.4%；②高中及中专占 29.2%；③大学本科及大专占

49.5%；④硕士研究生及以上9.9%。本科及大专所占比例最高，约为总人数的1/2，调研主体对象学历程度较高。

5. 职业状况分析

表2　对参与问卷调查居民的职业状况分析

		计数	列N%
职　业	学生	125	8.0
	教师	72	4.6
	公务员	70	4.5
	企业员工	298	19.0
	个体工商业者	67	4.3
	事业单位人员	119	7.6
	公司职员	222	14.1
	下岗人员	20	1.3
	自由职业者	119	7.6
	离退休人员	344	21.9
	其他	113	7.2
总　计		1570	100

课题针对11个职业的不同群体进行问卷调查，各群体在有效问卷中所占比例为：①学生占8%；②教师占4.6%；③政府公务员占4.5%；④企业员工占19%；⑤个体工商业者占4.3%；⑥事业单位人员占7.6%；⑦公司职员占14.1%；⑧下岗人员占1.3%；⑨自由职业者占7.6%；⑩离退休人员占21.9%；⑪其他职业占7.2%。

离退休人员和企业员工所占比例最高，个体工商业者人员与下岗人员所占比例最低。各个职业所占比例均未超过总人数的1/2，保持了职业分布的平衡性。

6. 月收入（元）分析

课题针对6个收入不同群体进行问卷调查，在有效问卷中所占比例为：①无收入占11.7%，以学生为主；②2000元以下占15.7%；③2001～5000元占48.2%；④5001～10000元占17.8%；⑤10001～20000元占5.1%；⑥20001元以上占1.5%。

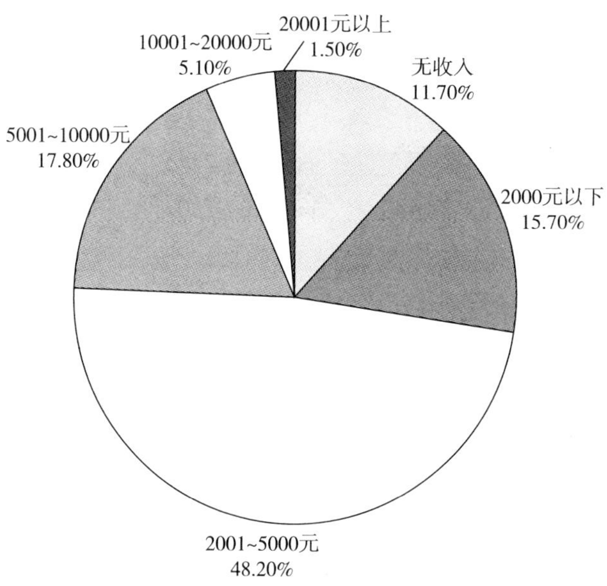

图4 对参与问卷调查居民的月收入（元）分析

月收入2001～5000元所占比例最高，约为总人数的1/2，调研主体对象月收入中等。

（二）大型社区文化建设的满意度与需求度数据分析

在问卷中，涉及社区文化建设的满意度与需求度的题器有17道。

1. 社区居民所理解的“社区文化”内容

表3 社区居民对“社区文化”理解的纵向比较

		计数	百分比(%)
居民文化素质	无	491	31.3
	有	1079	68.7
社区建筑	无	982	62.8
	有	581	37.2
艺术景观	无	994	63.4
	有	575	36.6
居民文化活动	无	662	42.2
	有	906	57.8

续表

		计数	百分比(%)
社区管理制度	无	866	55.2
	有	702	44.8
社区文化设施	无	712	45.4
	有	856	54.6
其　他	无	1447	92.2
	有	123	7.8

课题组针对社区居民所理解的有关“社区文化”的7项内容展开问卷调查，社区居民所理解的“社区文化”内容在有效问卷中所占纵向比例为：①社区居民文化素质、道德水平占68.7%；②社区建筑占37.2%；③社区艺术景观占36.6%；④社区居民文化活动占57.8%；⑤社区管理制度占44.8%；⑥社区文化设施占54.6%；⑦其他占7.8%。

在纵向比较中，社区居民所理解的“社区文化”内容最重要的选项为：社区居民文化素质、道德水平，社区居民文化活动，社区文化设施。这三项皆超过了比例的1/2，想要既丰富社区文化内容又能被广大社区居民所认同，应努力提高社区居民文化素质、道德水平，组织社区居民文化活动，加大社区文化设施建设。

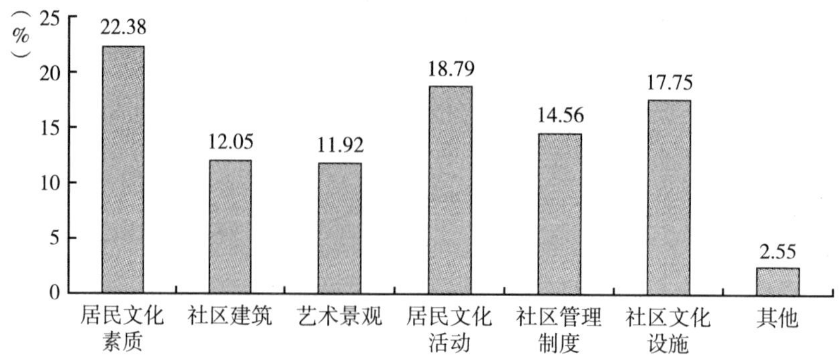

图5　社区居民对“社区文化”理解的横向比较

课题组针对社区居民所理解的有关“社区文化”的7项内容展开问卷调查，社区居民所理解的“社区文化”内容在有效问卷中所占横向比例为：①社区居民文化素质、道德水平占22.38%；②社区建筑占12.05%；③社区艺术景观占11.92%；④社区居民文化活动占18.79%；⑤社区管理制度占14.56%；⑥社区文化设施占17.75%；⑦其他占2.55%。

在横向比较中，我们发现除社区居民文化素质、道德水平所占比例超过问卷总数的1/5及其他选项不足1/50外，其余各项所占比例均超过10%，相差并不大，这意味着社区建筑、社区艺术景观、社区居民文化活动、社区管理制度、社区文化设施在建设好社区文化的过程中应同时进行，缺一不可。

2. 社区居民选择天通苑、回龙观两个大型社区的原因

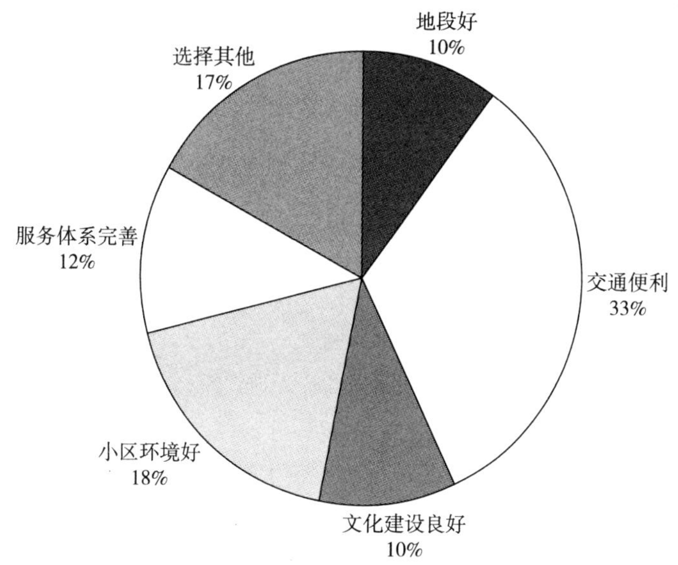

图6　居民选择所在社区的具体因素

有效问卷列出6项选择，其中包括5种具体因素选项和1种变动项，各个因素所占比例为：①地段好，离市中心近占10.36%；②交通便利占32.9%；③社区文化建设良好占10.04%；④小区环境好占18.45%；⑤社区服务体系完善占11.53%；⑥其他占16.71%。

根据数据显示，交通便利是社区居民选择所在社区的主要原因；超过

15%比例的选择原因还有小区环境好及其他，在其他这个选项中以老年人的随子女选择居住和中青年的房租（或房价）便宜居多。通过数据对比分析，年龄在20~50岁中青年选择社区以交通便利性为主要因素，20岁以下、50岁及以上的老年人则关注社区环境和社区服务体系、社区文化的建设；企业员工、公司职员与自由职业者对“社区文化建设良好”选择率最低，这说明他们对所在社区文化建设并不满意；文化程度越高、收入越高对社区文化建设的要求越迫切。

在课题组进行问卷调查的同时，对社区居民进行随机访谈，得知拥有大量空余时间的老年人与小孩（非上班族）是社区服务体系和社区文化设施的主要受众，完善社区服务体系、加强社区文化建设、维护社区环境、制定完善的社区管理制度是社区居民最迫切的需求。

3. 社区居民对所在社区的文化建设和文化活动的满意程度

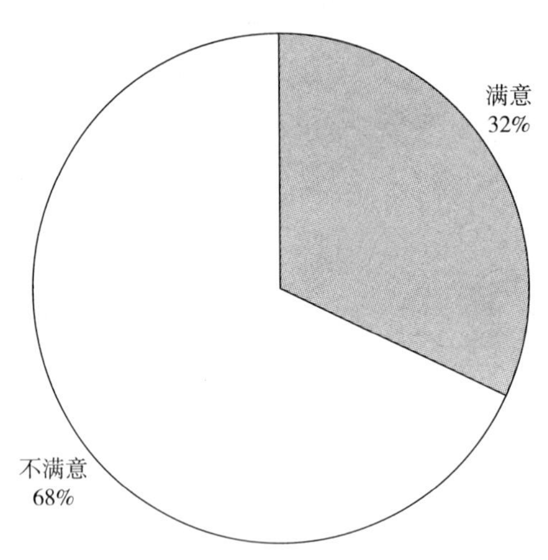

图7　社区居民对所在社区文化建设的满意程度

社区居民对所在社区的文化建设分为两种满意程度：①满意占32%；②不满意占68%。

满意情况以不满意为主，满意比例较低。学历越高满意程度越低，月收入5001~20000元人群的不满意程度高于其他收入人群，事业单位人员、公司职员与学生的不满意程度最高，下岗人员、离退休人员比其他职业的满意度略

高。因此，社区文化建设在社区居民满意度上应以提高居民满意程度为主，尽量做到社区居民最大范围的认可和满意质量的提升。

值得一提的是，通过对比天通苑与回龙观两个社区的满意度调查，回龙观的“不满意”程度低于天通苑 16%，却在“满意”这个选项高出天通苑 16%。天通苑在社区文化建设的满意度上逊于回龙观，在具体的文化建设方面，可根据自身情况，有所取舍的借鉴姊妹社区的发展经验。

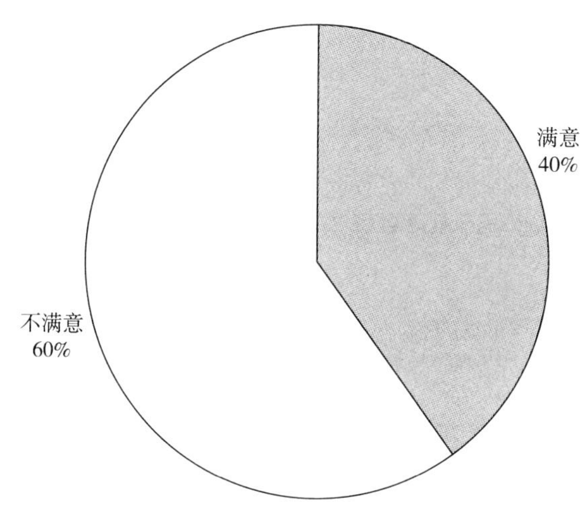

图 8　回龙观社区居民对所在社区文化建设的满意程度

4. 居民对所在社区文化建设现状的总体感觉

有效问卷列出 4 项选择，社区居民对所在社区文化建设总体感觉的各项选择所占比例为：①认为物质文明与精神文明并重的人占 28%；②认为重物质环境改造，轻精神文明建设的人占 16%；③认为物质文明有待加强，精神文明亦需改进的人占 41%；④认为重形式，轻内容；重表面，轻实质的人占 15%。

有效数据说明，社区居民对所在社区物质文明与精神文明建设现状并不满意，近 1/2 的人认为物质文明有待加强、精神文明仍需改进。

5. 社区居民对所在社区组织文化活动的参与意愿

居民对所在社区组织文化活动的参与意愿分为三种：①“是”占 49%；②“否”占 9%；③无所谓，视自己有无时间而定占 42%。

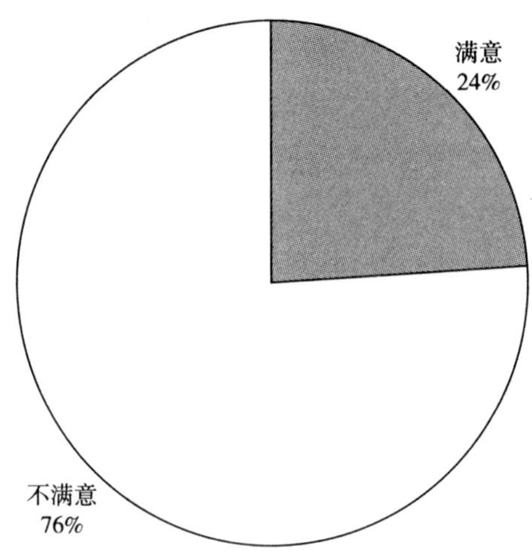

图 9　天通苑社区居民对所在社区文化建设的满意程度

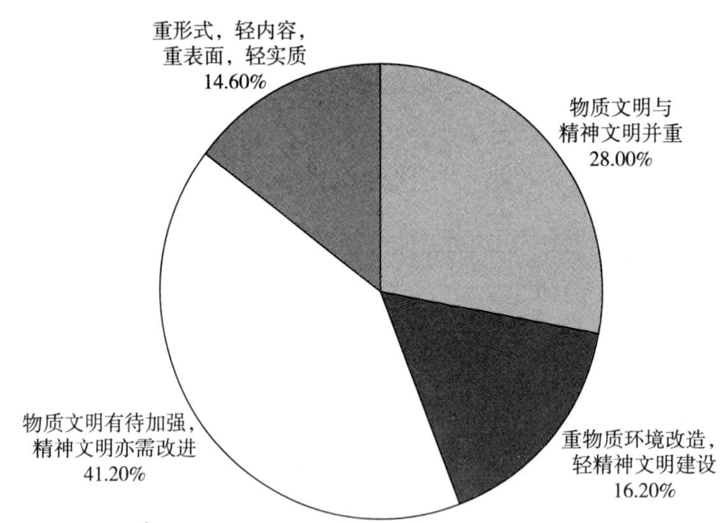

图 10　社区居民对所在社区文化建设现状的总体感觉

根据数据显示：①仅有 9% 的居民不愿意参加文化活动，社区居民对社区组织的文化活动参与积极性较高；②50 岁以上的老年人愿意参加文化活动的比例更是高达 69.2%，年龄越大，参加文化活动的积极性也越大；③教育程度越高，参加文化活动的积极性越低；④下岗人员、离退休人员，参加文化活动的积极

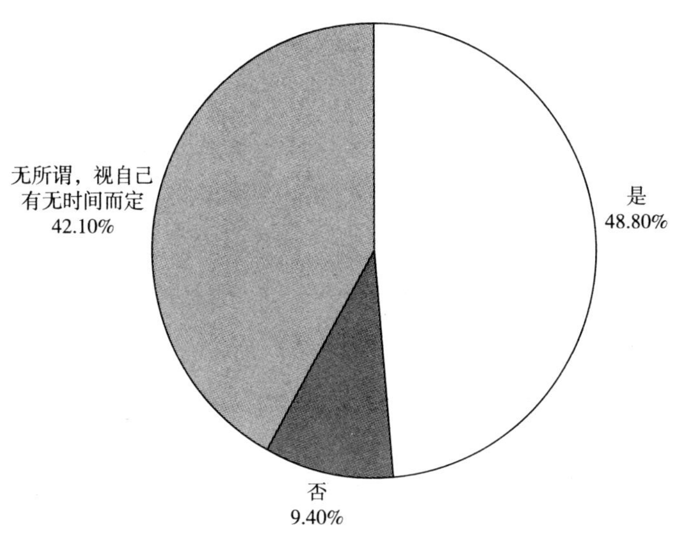

图11 社区居民对所在社区组织文化活动的参与意愿

性较高，学生、公务员和公司职员，积极性较低；⑤月收入2001~5000元的社区居民，参加文化活动的积极性较高，月收入10001元以上的社区居民，参加文化活动的积极性最低。社区文化活动应该最大限度满足高龄、低收入居民对文化活动日益增长的需求，同时也要注意合理安排文化活动举行的时间、水平和质量，吸引积极性较低居民的参与。

有意思的是，通过对比天通苑与回龙观社区群众参与文化活动的意愿，我们发现回龙观社区居民参与意愿高出天通苑14.3%，这说明在调动社区居民参与社区文化活动积极性方面，回龙观做得要更好一些。

6. 社区文化如何应满足居民的主要需求

有效问卷列出5项社区文化应该满足社区居民的需求选项，各个选项所占比例为：①增强社区认同感和身份感占17.59%；②提高社区形象占19.21%；③丰富日常生活占25.47%；④人际交往占17.59%；⑤闲暇娱乐占20.14%。

根据有效数据显示：①每一项需求均超过比例的15%，且每一项需求约占总比例的1/5，居民们认为这五项需求均应该被满足，其中丰富日常生活、闲暇娱乐是社区文化需求当中应被首要重视的；②值得注意的是，文化程度越

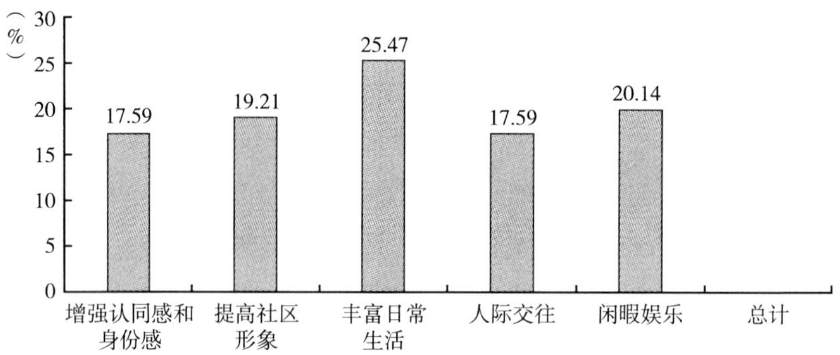

图 12　社区文化应满足社区居民哪些文化需求

高、月收入越高更关注提高社区形象和人际交往，例如，文化程度在研究生以上的居民，有 54.2% 的比例选择提高社区形象，其他学历程度均低于 50%，因此，在丰富居民日常生活、满足闲暇娱乐的基础上，要注重提升社区形象，加强社区内居民之间的人际交往，增强社区居民对所在社区文化的认同感及身份感。

7. 社区文化建设中存在的问题

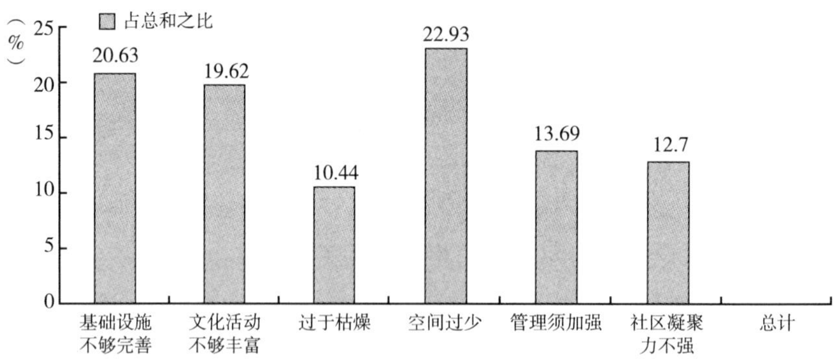

图 13　社区文化建设中存在的问题

有效问卷列出 6 项社区文化建设中可能存在的问题，各个选项所占比例为：①文化基础设施不够完善占 20.63%；②公共文化活动不够丰富占 19.62%；③文化活动过于枯燥占 10.44%；④文化活动空间过少占 22.93%；⑤社区文化管理须加强占 13.69%；⑥社区凝聚力不强，感觉很散乱占

12.7%。

根据有效数据显示：①文化基础设施不够完善、公共文化活动不够丰富和文化活动空间过少是目前社区文化建设过程中存在的需要首先解决的问题，在课题组进行的随机访谈中，文化基础设施的短缺、文化活动空间过小是影响社区居民从事文化活动的最大因素，近4/5的被访居民都认为所在小区在解决这两个问题上有不足之处；②除此之外，年龄低于20岁及高于50岁的青少年和老年人、教育程度在中专以下、收入低于5000元的人群较关注文化活动内容的丰富性和趣味性，21～50岁的中青年、教育程度在本科以上、收入高于5000元的人群较关注社区的管理能力和社区的凝聚力；③学生、离退休人员等对社区文化建设中活动的娱乐性、丰富性要求较多，公司职员、企业员工等上班族对社区管理能力等方面有所要求。

8. 丰富社区居民文化生活的可行性措施

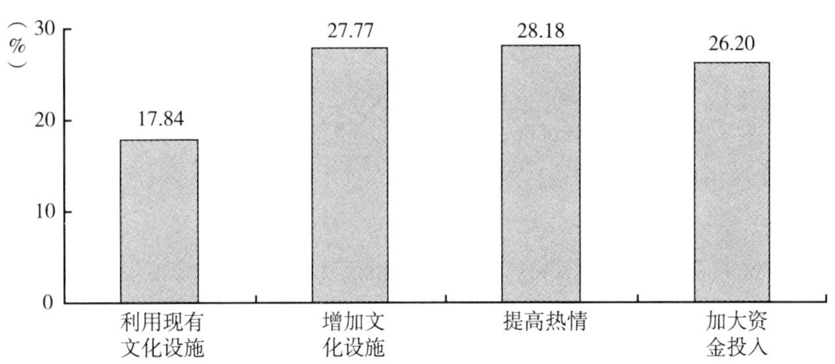

图14 丰富社区居民文化生活的可行性措施

有效问卷列出4项丰富社区居民文化生活的可行性措施，各个选项所占比例为：①充分利用现有的文化基础设施占17.84%；②继续加强文化基础设施建设占27.77%；③提高居民的参与热情，开展文化交流活动占28.18%；④加大资金投入，建设特色社区文化占26.21%。

根据有效数据显示：①居民选择所占比例超过25%的可行性措施有：继续加强文化基础设施建设，提高居民的参与热情、开展文化交流活动，加大资金投入、建设特色社区文化。因此，在未来的社区文化建设中，应该尽最大程度的努力践行该三项可行性措施，给社区居民提供良好的社区文化设施建设，营造社区文化氛围，增加居民对社区文化建设的积极性参与；②充分利用现有的文化基础设施所占比例尽管不大，但是17.84%的比例也说明居民并未完全充分利用现有的基础文化设施，因此如何合理地、有效地、最大限度地发挥现有基础文化设施的作用，也是社区文化建设规划当中不可缺少的部分。

9. 居民所在社区是否存在有特色的文化符号和文化景观

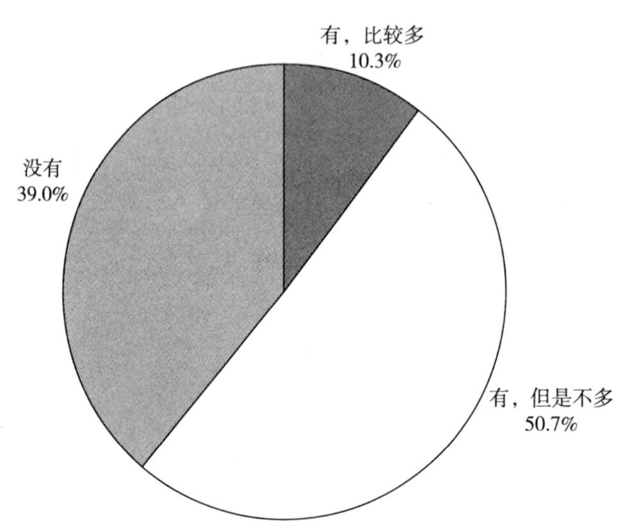

图15 社区居民对所在社区组织文化活动的参与意愿

课题组针对社区内是否存在有特色的文化符号和文化景观展开问卷调查，各选项在有效问卷中所占比例为：①有，比较多占10.3%；②有，但是不多占50.7%；③没有占39%。

根据有效数据显示：①居民认为所在社区存在有特色的文化符号和文化景观的占61%，但认为不多的也占总人数的50.7%，因此，社区内应增加有特色的文化符号和文化景观、营造社区文化氛围。②45%以上的离退休人员、个体工商业者认为本社区没有特色文化符号和文化景观。

10. 居民所在社区文化建设方面规章制度的执行状况

课题组针对两大社区文化建设方面规章制度的执行情况展开问卷调查，各选项在有效问卷中所占比例为：①有，执行的不错占17.2%；②有，但是没

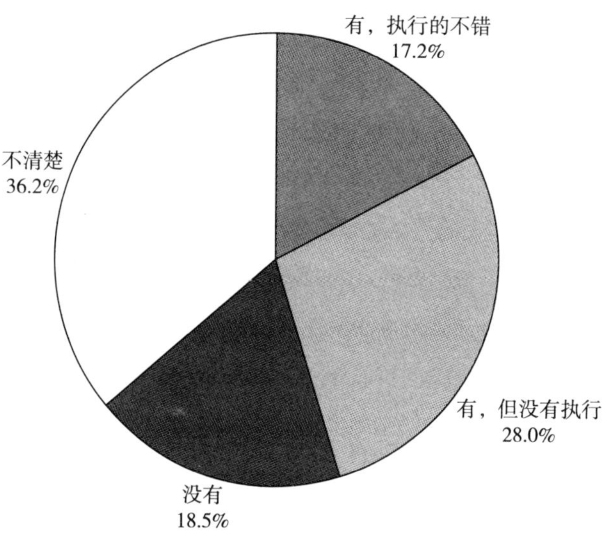

图 16　居民所在社区文化建设方面规章制度的执行状况

有执行占 28%；③没有占 18.5%；④不清楚占 36.2%。

根据有效数据显示：①社区内文化建设方面规章制度的定制情况良好，有 45% 的人认为社区内有文化建设方面的规章制度，但近 1/3 的人对社区内文化建设规章制度并不了解，社区居委会在宣传和执行规章制度方面有待加强；②执行情况略差，仅有 17% 的人认为执行得不错，因此，在文化建设规章制度方面要做到制定好、执行好，这需要文化建设方面的专门人才制定好可行性较高的规章制度，还需要文化建设的管理层面做到引导和践行的工作、将文件转化为执行力。

11. 社区文化制度建设方面所面临的最大障碍

课题组针对社区文化制度建设方面的最大障碍情况展开问卷调查，各选项在有效问卷中所占比例为：①社区物业管理不重视占 34.5%；②社区居委会不重视占 11.9%；③社区居住人员繁杂、不好组织占 31.5%；④缺乏文化建设的专门人才占 22.1%。

有效数据显示：①社区物业管理不重视，社区居住人员繁杂、不好组织是社区文化建设方面面临的两个最大障碍。首先，社区物业管理队伍的不规范、管理人才的缺乏以及管理制度的不严谨是社区物业管理不重视的结果，这将导

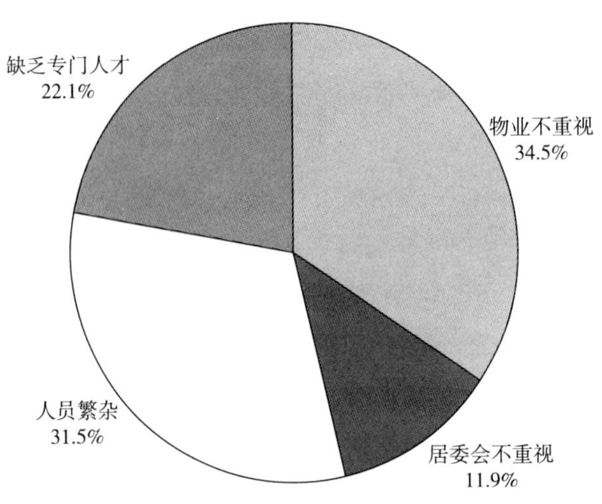

图 17　社区文化制度建设方面所面临的最大障碍

致社区在文化建设方面推行的力度和执行力的降低，社区物业只有充分重视社区文化建设的重要性，社区文化建设才能有所发展；其次，从基础信息的省份分析我们知道，天通苑与回龙观是两个外来人口密集的大型社区，拥有占总人口一半以上的外来人员，只有管理和组织好社区居住人员，才能有效地推进社区文化建设工作；②文化建设人才的缺失和社区居委会基层力量的发挥，也是社区文化制度建设进程当中不可忽视的障碍，实行文化建设人才培养计划是补充社区文化建设人才后备不足的有效方法，制定合理的人才选拔制度是选取优秀社区文化建设人才的最佳途径，只有文化建设人才队伍的壮大、文化建设制度的完善，才能更有效地加快社区文化建设进程。

12. 影响居民参与社区文化活动或减少的主要原因

有效问卷列出 4 个阻碍居民对社区文化活动参与的原因，各个原因所占比例为：①工作忙、生活负担重、没精力占 32. 05%；②社区没提供满意设施和活动占 28. 26%；③社区文化设施和文化活动档次太低占 13. 18%；④社区居民之间彼此陌生占 26. 50%。

阻碍社区居民参加社区文化活动的众多原因中，因工作忙、生活负担重、没精力的选项占所有原因的 32. 05%（以学生、企业员工、公司职员等为主）。超过 25% 的原因包括社区没有提供满意设施和活动、社区居民之间彼此陌生

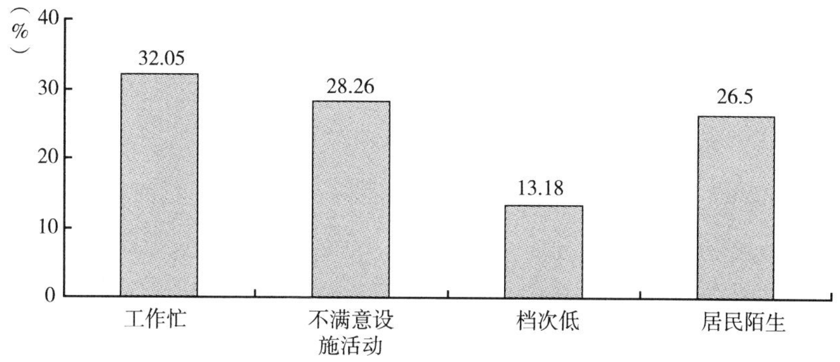

图 18　影响社区居民参与社区文化活动的主要原因

等，这些也是我们应该注意并且需要改进的地方。修建让社区居民满意的文化设施、组织能够吸引居民参与的文化活动，通过管理人员组织的优秀活动让小区居民增进彼此之间的了解，将更有利社区文化活动的展开。在“社区文化设施和文化活动档次太低”这项原因中，大多数是高学历（大学本科以上）、中高收入（月收入 2000 元以上）选择的，如何提高文化设施和文化活动的档次也应该是社区文化建设过程中需要思考和解决的问题。

13. 丰富社区居民文化生活的关键

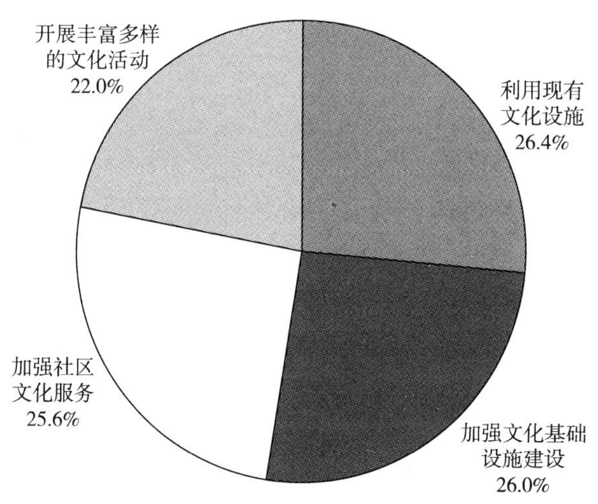

图 19　丰富社区居民文化生活的关键

有效问卷列出4个能够丰富社区居民文化生活的关键做法，各项做法所占比例为：①充分利用现有的文化基础设施占26.4%；②继续加强文化基础设施建设占26%；③加强社区文化服务，提高服务水平占25.6%；④开展丰富多样的文化活动占22%。

由数据分析得知：①丰富社区居民文化生活方式的比例超过25%的包括：充分利用现有文化基础设施、加强文化基础设施建设、加强社区文化服务。由此看出，社区居民对文化基础设施的需求仍然很大，不仅要求提高现有的文化基础设施的利用率，同时表达了增加文化基础设施的意愿，在此基础之上，对文化服务的质量也有所要求；②在关联数据分析中，文化程度越高、收入越高的人群对提高社区文化服务水平的要求也就越高，如公务员、企业员工、公司职员等；中专以下学历、月薪5000元以下的人群更多的是要求开展丰富多样的文化活动，其中离退休人员、自由职业者和下岗人员对此较为关注。因此，想要做到丰富社区居民文化生活，应该从多方面满足不同人群的文化需求。

14. 社区文化建设对居民日常生活的影响程度

表4　社区文化建设对居民日常生活的影响程度

社区文化对日常生活的影响程度	计数	列 N %
很大	257	19.5
大	259	19.7
一般	629	47.8
没有影响	171	13.0

社区文化对日常生活的影响分为4种程度：①很大占19.5%；②大占19.7%；③一般占47.8%；④没有影响占13%。

在影响程度数据中，有87%的人认为社区文化对日常生活有影响但程度不深，约1/2的人认为影响程度一般，因此，推动社区文化建设会对居民日常生活有所改变。课题组发现，认为影响程度“很大”和“大”的居民，从年龄层面来看是50岁以上的老年人，从文化程度来看是大学本科及以下学历，从月收入来看是5000元以下，从职业结构来看是离退休人员、个体工商业者和公务员。

社长致辞

我们是图书出版者，更是人文社会科学内容资源供应商；

我们背靠中国社会科学院，面向中国与世界人文社会科学界，坚持为人文社会科学的繁荣与发展服务；

我们精心打造权威信息资源整合平台，坚持为中国经济与社会的繁荣与发展提供决策咨询服务；

我们以读者定位自身，立志让爱书人读到好书，让求知者获得知识；

我们精心编辑、设计每一本好书以形成品牌张力，以优秀的品牌形象服务读者，开拓市场；

我们始终坚持"创社科经典，出传世文献"的经营理念，坚持"权威、前沿、原创"的产品特色；

我们"以人为本"，提倡阳光下创业，员工与企业共享发展之成果；

我们立足于现实，认真对待我们的优势、劣势，我们更着眼于未来，以不断的学习与创新适应不断变化的世界，以不断的努力提升自己的实力；

我们愿与社会各界友好合作，共享人文社会科学发展之成果，共同推动中国学术出版乃至内容产业的繁荣与发展。

社会科学文献出版社社长

中国社会学会秘书长

2013 年 1 月

“皮书”起源于十七、十八世纪的英国，主要指官方或社会组织正式发表的重要文件或报告，多以“白皮书”命名。在中国，“皮书”这一概念被社会广泛接受，并被成功运作、发展成为一种全新的出版形态，则源于中国社会科学院社会科学文献出版社。

皮书是对中国与世界发展状况和热点问题进行年度监测，以专家和学术的视角，针对某一领域或区域现状与发展态势展开分析和预测，具备权威性、前沿性、原创性、实证性、时效性等特点的连续性公开出版物，由一系列权威研究报告组成。皮书系列是社会科学文献出版社编辑出版的蓝皮书、绿皮书、黄皮书等的统称。

皮书系列的作者以中国社会科学院、著名高校、地方社会科学院的研究人员为主，多为国内一流研究机构的权威专家学者，他们的看法和观点代表了学界对中国与世界的现实和未来最高水平的解读与分析。

自 20 世纪 90 年代末推出以经济蓝皮书为开端的皮书系列以来，至今已出版皮书近 800 部，内容涵盖经济、社会、政法、文化传媒、行业、地方发展、国际形势等领域。皮书系列已成为社会科学文献出版社的著名图书品牌和中国社会科学院的知名学术品牌。

皮书系列在数字出版和国际出版方面成就斐然。皮书数据库被评为“2008~2009 年度数字出版知名品牌”；经济蓝皮书、社会蓝皮书等十几种皮书每年还由国外知名学术出版机构出版英文版、俄文版、韩文版和日文版，面向全球发行。

2011 年，皮书系列正式列入“十二五”国家重点出版规划项目，一年一度的皮书年会升格由中国社会科学院主办；2012 年，部分重点皮书列入中国社会科学院承担的国家哲学社会科学创新工程项目。

经 济 类

经济类皮书涵盖宏观经济、城市经济、大区域经济，
提供权威、前沿的分析与预测

经济蓝皮书

2013 年中国经济形势分析与预测（赠阅读卡）

陈佳贵　李　扬 / 主编　　2012 年 12 月出版　　估价 :59.00 元

◆　本书课题为“总理基金项目”，由著名经济学家陈佳贵、李扬领衔，联合数十家科研机构、国家部委和高等院校的专家共同撰写，其内容涉及宏观决策、财政金融、证券投资、工业调整、就业分配、对外贸易等一系列热点问题。本报告权威把脉中国经济 2012 年运行特征及 2013 年发展趋势。

世界经济黄皮书

2013 年世界经济形势分析与预测（赠阅读卡）

王洛林　张宇燕 / 主编　　2013 年 1 月出版　　估价 :59.00 元

◆　2012 年全球经济复苏步伐明显放缓，发达国家复苏动力不足，主权债务危机的升级以及长期的低利率也大大压缩了财政与货币政策调控的空间。本书围绕因此而来的国际金融市场震荡频发、国际贸易与投资增长乏力等经济问题对世界经济进行了分析展望。

国家竞争力蓝皮书

中国国家竞争力报告 No.2（赠阅读卡）

倪鹏飞 / 主编　　2013 年 4 月出版　　估价 :69.00 元

◆　本书运用有关竞争力的最新经济学理论，选取全球 100 个主要国家，在理论研究和计量分析的基础上，对全球国家竞争力进行了比较分析，并以这 100 个国家为参照系，指明了中国的位置和竞争环境，为研究中国的国家竞争力地位、制定全球竞争战略提供参考。

城市竞争力蓝皮书

中国城市竞争力报告 No.11（赠阅读卡）

倪鹏飞 / 主编　　2013 年 5 月出版　　估价 :69.00 元

◆　本书由中国社会科学院城市与竞争力中心主任倪鹏飞主持编写，汇集了众多研究城市经济问题的专家学者关于城市竞争力研究的最新成果。本报告构建了一套科学的城市竞争力评价指标体系，采用第一手数据材料，对国内重点城市年度竞争力格局变化进行客观分析和综合比较、排名，对研究城市经济及城市竞争力极具参考价值。

城市蓝皮书

中国城市发展报告 No.6（赠阅读卡）

潘家华　魏后凯 / 主编　　2013 年 8 月出版　　估价 :59.00 元

◆　本书由中国社会科学院城市发展与环境研究所主编，以聚焦新时期中国城市发展中的民生问题为主题，紧密联系现阶段中国城镇化发展的客观要求，回顾总结中国城镇化进程中城市民生改善的主要成效，并对城市发展中的各种民生问题进行全面剖析，在此基础上提出了民生优先的城市发展思路，以及改善城市民生的对策建议。

农村绿皮书

中国农村经济形势分析与预测 (2012~2013)（赠阅读卡）

中国社会科学院农村发展研究所　国家统计局农村社会经济调查司 / 著

2013 年 4 月出版　　估价 ：59.00 元

◆　本书对 2012 年中国农业和农村经济运行情况进行了系统的分析和评价，对 2013 年中国农业和农村经济发展趋势进行了预测，并提出相应的政策建议，专题部分将围绕某个重大的理论和现实问题进行多维、深入、细致的分析和探讨。

西部蓝皮书

中国西部经济发展报告 (2013)（赠阅读卡）

姚慧琴　徐璋勇 / 主编　　2013 年 7 月出版　　估价 :69.00 元

◆　本书由西北大学中国西部经济发展研究中心主编，汇集了源自西部本土以及国内研究西部问题的权威专家的第一手资料，对国家实施西部大开发战略进行年度动态跟踪，并对 2013 年西部经济、社会发展态势进行预测和展望。

宏观经济蓝皮书

中国经济增长报告(2012~2013)（赠阅读卡）

张　平　刘霞辉 / 主编　　2013 年 7 月出版　　估价 :69.00 元

◆　本书由中国社会科学院经济研究所组织编写，独创了中国各省（区、市）发展前景评价体系，通过产出效率、经济结构、经济稳定、产出消耗、增长潜力等近 60 个指标对中国各省（区、市）发展前景进行客观评价，并就“十二五”时期中国经济面临的主要问题进行全面分析。

经济蓝皮书春季号

中国经济前景分析——2013 年春季报告（赠阅读卡）

陈佳贵　李　扬 / 主编　　2013 年 5 月出版　　估价：59.00 元

◆　本书是经济蓝皮书的姊妹篇，是中国社会科学院“中国经济形势分析与预测”课题组推出的又一重磅作品，在模型模拟与实证分析的基础上，从我国面临的国内外环境入手，对 2013 年春季及全年经济全局及工业、农业、财政、金融、外贸、就业等热点问题进行多角度考察与研究，并提出政策建议，具有较强的实用性、科学性和前瞻性。

就业蓝皮书

2013 年中国大学生就业报告（赠阅读卡）

麦可思研究院 / 主编　王伯庆 / 主审　2013 年 6 月出版　估价 :98.00 元

◆　大学生就业是社会关注的热点和难点，本书是在麦可思研究院“中国 2010 届大学毕业生求职与工作能力调查”数据的基础上，由麦可思公司与西南财经大学共同完成的 2013 年度大学毕业生就业及重点产业人才分析报告。

国际城市蓝皮书

国际城市发展报告(2013)（赠阅读卡）

屠启宇 / 主编　　2013 年 1 月出版　　估价 :69.00 元

◆　国际城市蓝皮书是由上海社会科学院城市与区域研究中心主办、世界经济研究所国际政治经济学研究室协办的关于国际城市发展动态的年度报告，力求为中国城市发展的决策者、操作者、研究者和关注者把握与借鉴国际城市发展动态、规律和实践，提供及时、全面、权威的解读。

社会政法类

社会政法类皮书聚焦社会发展领域的热点、难点问题，提供权威、原创的资讯与视点

社会蓝皮书

2013年中国社会形势分析与预测（赠阅读卡）

汝 信 陆学艺 李培林 / 主编 2012年12月出版 估价：59.00元

◆ 本书为中国社会科学院核心学术品牌之一，荟萃中国社会科学院等众多学术单位的原创成果。本年度报告结合中共“十八大”会议精神，深入探讨中国迈向更加公平、公正的全面小康社会的路径。

法治蓝皮书

中国法治发展报告 No.11(2013)（赠阅读卡）

李 林 / 主编 2013年3月出版 估价 :85.00元

◆ 本书是中国社会科学院法学研究所精心打造的年度报告。在多篇法治国情调研报告中，着力分析中国在立法、依法行政、预防与惩治腐败等方面的进展，并提出原创性箴言。

教育蓝皮书

中国教育发展报告 (2013)（赠阅读卡）

杨东平 / 主编 2013年3月出版 估价：59.00元

◆ 本书由著名教育学家杨东平担任主编，直面当前教育改革中出现的教育公平、高校教育结构调整、义务教育均衡发展、学校布局调整与校车系统建设等热点、难点问题，提供极具价值的学者建言。

社会建设蓝皮书

2013年北京社会建设分析报告（赠阅读卡）

陆学艺　唐　军　张　荆 / 主编　2013 年 5 月出版　估价 :69.00 元

◆　本书由著名社会学家陆学艺领衔主编，依据社会学理论框架和分析方法，对北京市的人口、就业、分配、社会阶层以及城乡关系等社会学基本问题进行了广泛调研与分析，对广受社会关注的住房、教育、医疗、养老、交通等社会热点问题做了深刻了解与剖析，对日益显现的征地搬迁、外籍人口管理、群体性心理障碍等进行了有益探讨。

政治参与蓝皮书

中国政治参与报告(2013)（赠阅读卡）

房　宁 / 主编　2013 年 7 月出版　估价：58.00 元

◆　本书是国内第一本运用社会科学数据对"中国公民政策参考"进行持续研究的年度报告，依据全国性问卷调查数据，对中国公民的政策参与客观状况和政策参与主观状况作了总体说明，并对不同性别、不同年龄、不同学历、不同政治面貌、不同职业、不同区域、不同收入的公民群体的政策参与客观状况和主观状况作了具体说明。

社会心态蓝皮书

中国社会心态研究报告(2012~2013)（赠阅读卡）

王俊秀　杨宜音 / 主编　2012 年 12 月出版　估价 :59.00 元

◆　本书由中国社会科学院社会学研究所社会心理研究中心编撰，从社会感受、价值观念、行为倾向等方面对于生活压力感、社会支持感、经济变动感受、微博使用行为、心理危机干预等问题，用社会心理学、社会学、经济学、传播学等多种学科的方法角度进行了调查和研究，深入揭示了我国社会心态状况。

城乡统筹蓝皮书

中国城乡统筹发展报告(2013)（赠阅读卡）

程志强　潘晨光 / 主编　2013 年 3 月出版　估价 :59.00 元

◆　全书客观地总结了各地城乡统筹发展进程中的经验，详细论述了统筹城乡经济社会发展的理论基础，从多个角度对新时期加快我国城乡统筹发展进程进行了深入的研究与探讨。

环境绿皮书

中国环境发展报告(2013)（赠阅读卡）

杨东平 / 主编　　2013 年 4 月出版　　估价 :69.00 元

◆　本书由民间环保组织“自然之友”组织编写,由特别关注、生态保护、宜居城市、可持续消费以及政策与治理等版块构成，以公共利益的视角记录、审视和思考中国环境状况，呈现2013年中国环境与可持续发展领域的全局态势,用深刻的思考、科学的数据分析 2012 年的环境热点事件。

环境竞争力绿皮书

中国省域环境竞争力发展报告(2010～2012)（赠阅读卡）

李建平 李闽榕 王金南 / 主编　　2013 年 3 月出版　　估价 :148.00 元

◆　本报告融马克思主义经济学、环境科学、生态学、统计学、计量经济学和人文地理学等理论和方法为一体，充分运用数理分析、空间分析以及规范分析与实证分析相结合的方法，构建了比较科学完善、符合中国国情的环境竞争力指标评价体系，对中国内地 31 个省级区域的环境竞争力进行全面、深入的比较分析和评价。

反腐倡廉蓝皮书

中国反腐倡廉建设报告 No.3（赠阅读卡）

李秋芳 / 主编　　2013 年 8 月出版　　估价：59.00 元

◆　本书从“惩治与专项治理、多主体综合监督、公共权力规制、公共资金资源资产监管、公职人员诚信管理、社会廉洁文化建设”六个方面对全国反腐倡廉建设进程与效果进行了综述，结合实地调研和问卷调查，反映了社会公众关注的难点焦点问题，并从理念和举措上提出建议。

行业报告类

行业报告类皮书立足重点行业、新兴行业领域，
提供及时、前瞻的数据与信息

金融蓝皮书

中国金融发展报告(2013)（赠阅读卡）

李　扬　王国刚 / 主编　2012 年 12 月出版　估价：59.00 元

◆　本书由中国社会科学院金融研究所主编，对 2012 年中国金融业总体发展状况进行回顾和分析，聚焦国际及国内金融形势的新变化，解析中国货币政策、银行业、保险业和证券期货业的发展状况，预测中国金融发展的最新动态，包括投资基金、保险业发展和金融监管等。

房地产蓝皮书

中国房地产发展报告 No.10（赠阅读卡）

潘家华　李景国 / 主编　2013 年 5 月出版　估价 :69.00 元

◆　本书由中国社会科学院城市发展与环境研究所组织编写，秉承客观公正、科学中立的原则，深度解析 2012 年中国房地产发展的形势和存在的主要矛盾，并预测 2013 年中国房价走势及房地产市场发展大势。观点精辟，数据翔实，对关注房地产市场的各阶层人士极具参考价值。

住房绿皮书

中国住房发展报告(2012~2013)（赠阅读卡）

倪鹏飞 / 主编　2012 年 12 月出版　估价 :69.00 元

◆　本书从宏观背景、市场体系和公共政策等方面，对中国住房市场作全面系统的分析、预测与评价。在评述 2012 年住房市场走势的基础上，预测 2013 年中国住房市场的发展变化；通过构建中国住房指数体系，量化评估住房市场各关键领域的发展状况；剖析中国住房市场发展所面临的主要问题与挑战，并给出政策建议。

旅游绿皮书

2013年中国旅游发展分析与预测（赠阅读卡）

张广瑞　刘德谦　宋　瑞／主编　2013年5月出版　估价:69.00元

◆ 本书由中国社会科学院旅游研究中心组织编写，从2012年国内外发展环境入手，深度剖析20112年我国旅游业的跌宕起伏以及背后错综复杂的影响因素，聚焦旅游相关行业的运行特征以及相关政策实施，对旅游发展的热点问题给出颇具见地的分析，并提出促进我国旅游业发展的对策建议。

产业蓝皮书

中国产业竞争力报告(2013) No.3（赠阅读卡）

张其仔／主编　2013年12月出版　估价:79.00元

◆ 本书对中国产业竞争力的最新变化进行了系统分析，对2012年中国产业竞争力的走势进行了展望，对各省、56个地区和44个园区的产业国际竞争力进行了评估，是了解中国产业竞争力、各地产业竞争力最新变化的支撑平台。

能源蓝皮书

中国能源发展报告(2013)（赠阅读卡）

崔民选／主编　2013年7月出版　估价:79.00元

◆ 本书结合中国经济面临转型的新形势，着眼于构建安全稳定、经济清洁的现代能源产业体系，盘点2012年中国能源行业的运行和发展走势，对2012年我国能源产业和各行业的运行特征、热点问题进行了深度剖析，并提出了未来趋势预测和对策建议。

文化传媒类

文化传媒类皮书透视文化领域、文化产业，
探索文化大繁荣、大发展的路径

文化蓝皮书

中国文化产业发展报告(2012~2013)（赠阅读卡）

张晓明　胡惠林　章建刚 / 主编　2013 年 1 月出版　估价 :59.00 元

◆　本书是由中国社会科学院文化研究中心和文化部、上海交通大学共同编写的第 10 本中国文化产业年度报告。内容涵盖了我国文化产业分析及政策分析，既有对 2012 年文化产业发展形势的评估，又有对 2013 年发展趋势的预测；既有对全国文化产业宏观形势的评估，又有对文化产业内各行业的权威年度报告。

传媒蓝皮书

2013 年：中国传媒产业发展报告（赠阅读卡）

崔保国 / 主编　2013 年 4 月出版　估价 :69.00 元

◆　本书云集了清华大学、人民大学等众多权威机构的知名学者，对 2012 年中国传媒产业发展进行全面分析。剖析传统媒体转型过程中，中国传媒界的思索与实践；立足全球传媒产业发展现状，探索我国传媒产业向支柱产业发展面临的路径；并为提升国际传播能力提供前瞻性研究与观点。

新媒体蓝皮书

中国新媒体发展报告 No.4(2013)（赠阅读卡）

尹韵公 / 主编　2013 年 5 月出版　估价 :69.00 元

◆　本书由中国社会科学院新闻与传播研究所和上海大学合作编写，在构建新媒体发展研究基本框架的基础上，全面梳理 2012 年中国新媒体发展现状，发表最前沿的网络媒体深度调查数据和研究成果，并对新媒体发展的未来趋势做出预测。

国别与地区类

国别与地区类皮书关注全球重点国家与地区，
提供全面、独特的解读与研究

国际形势黄皮书

全球政治与安全报告(2013)(赠阅读卡)

李慎明　张宇燕 / 主编　　2012 年 12 月出版　　估价 :59.00 元

◆　本书是由中国社会科学院世界经济与政治研究所精心打造的又一品牌皮书，关注时下国际关系发展动向里隐藏的中长期趋势，剖析全球政治与安全格局下的国际形势最新动向以及国际关系发展的热点问题，并对 2013 年国际社会重大动态作出前瞻性的分析与预测。

美国蓝皮书

美国问题研究报告(2013)(赠阅读卡)

黄　平　倪　峰 / 主编　　2013 年 6 月出版　　估价 :69.00 元

◆　本书由中华美国学会和中国社会科学院美国研究所组织编写，从美国内政、外交、中美关系等角度系统论述 2013 年美国政治经济发展情况，既有对美国当今实力、地位的宏观分析，也有对美国近年来内政、外交政策的微观考察，对观察和研究美国及中美关系具有较强的参考作用。

欧洲蓝皮书

欧洲发展报告(2012~2013)(赠阅读卡)

周　弘 / 主编　　2013 年 3 月出版　　估价 :79.00 元

◆　欧洲长期积累的财政和债务问题，终于在世界金融危机的冲击下转变成主权债务危机。在采取紧急应对危机举措的同时，欧盟还提出一系列经济治理方案。正当欧盟内部为保卫欧元而苦苦奋战之时，欧盟却在对外战线上成功地完成对利比亚的一场战争。关注欧洲蓝皮书，关注欧盟局势。

地方发展类

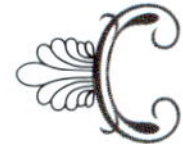

地方发展类皮书关注大陆各省份、经济区域，
提供科学、多元的预判与咨政信息

北京蓝皮书

北京经济发展报告 (2012~2013)（赠阅读卡）

赵　弘 / 主编　　2013 年 5 月出版　估价：59.00 元

◆　本书是北京蓝皮书系列之一种，研创团队北京市社会科学院紧紧围绕北京市年度经济社会发展的目标，突出对北京市经济社会发展中全局性、战略性、倾向性的重点、热点、难点问题进行分析和预测的综合研究成果。

北京蓝皮书

北京社会发展报告 (2012~2013)（赠阅读卡）

戴建中 / 主编　　2013 年 6 月出版　估价：59.00 元

◆　本书是北京蓝皮书系列之一种，研创团队以北京市社会科学院研究人员为主，同时邀请北京市党政机关和大学的专家学者参加。本书为北京市政策制定和执行提供了依据和思路，为了解中国首都的社会现状贡献了丰富的资料和解读，具有一定的影响力，因持续追踪社会热点问题而引起广泛的关注。

上海蓝皮书

上海经济发展报告 (2013)（赠阅读卡）

沈开艳 / 主编　　2013 年 1 月出版　　估价 :59.00 元

◆　本书是上海蓝皮书系列之一种，围绕上海如何实现经济转型问题展开，通过对复苏缓慢的国际经济大环境、趋于紧缩的国内宏观经济背景的深入分析，认为上海迫切需要解决而又密切相关的现实问题是“增长动力转型”与“产业发展转型”两大核心。

上海蓝皮书

上海社会发展报告（2013）（赠阅读卡）

卢汉龙　周海旺 / 主编　2013 年 1 月出版　估价：59.00 元

◆ 本书是上海蓝皮书系列之一种，围绕机制创新、社会政策、社会组织等方面，对上海近年来的社会热点问题进行了调研，在总结现有状况及成因的基础上，提出了一些建议与对策，关注了上海的主要社会问题，可为决策层制订相关政策提供借鉴。

河南蓝皮书

河南经济发展报告（2013）（赠阅读卡）

喻新安 / 主编　2013 年 1 月出版　估价：59.00 元

◆ 本书是河南蓝皮书系列之一种，由河南省社会科学院主持编撰，以中原经济区“三化”协调科学发展为主题，深入全面地分析了当前河南经济发展的主要特点以及 2012 年的走势，全方位、多角度研究和探讨了河南探索“三化”协调发展的举措及成效，并对河南积极构建中原经济区建设提出了对策建议。

甘肃蓝皮书

甘肃省经济发展分析与预测（2013）（赠阅读卡）

朱智文　罗　哲 / 主编　2012 年 12 月出版　估价：69.00 元

◆ 本书是甘肃蓝皮书系列之一种，近年来甘肃经济社会发展的年度综合性研究成果之一，是对不同时期甘肃省实现区域创新和改革开放的年度总结。全书以特有的方式将经济运行情况、预测分析、政策建议三者结合起来，在科学分析经济发展形势的基础上为甘肃未来经济发展做出了科学预测及提出政策建议。

经济类

城市竞争力蓝皮书
中国城市竞争力报告No.11
著(编)者:倪鹏飞　2013年5月出版 / 估价:69.00元

城市蓝皮书
中国城市发展报告NO.6
著(编)者:潘家华 魏后凯　2013年8月出版 / 估价:59.00元

城乡一体化蓝皮书
中国城乡一体化发展报告(2013)
著(编)者:汝　信　付崇兰　2013年8月出版 / 估价:59.00元

低碳发展蓝皮书
中国低碳发展报告(2012~2013)
著(编)者:齐　晔　2013年7月出版 / 估价:69.00元

低碳经济蓝皮书
中国低碳经济发展报告(2013)
著(编)者:薛进军　赵忠秀　2013年7月出版 / 估价:98.00元

东北蓝皮书
中国东北地区发展报告(2013)
著(编)者:张新颖　2013年8月出版 / 估价:79.00元

发展和改革蓝皮书
中国经济发展和体制改革报告No.6
著(编)者:邹东涛　2013年7月出版 / 估价:75.00元

国际城市蓝皮书
国际城市发展报告(2013)
著(编)者:屠启宇　2013年1月出版 / 估价:69.00元

国家竞争力蓝皮书
中国国家竞争力报告No.2
著(编)者:倪鹏飞　2013年4月出版 / 估价:69.00元

宏观经济蓝皮书
中国经济增长报告(2012~2013)
著(编)者:张　平　刘霞辉　2013年7月出版 / 估价:69.00元

减贫蓝皮书
中国减贫与社会发展报告
著(编)者:黄承伟　2013年7月出版 / 估价:59.00元

金融蓝皮书
中国金融发展报告(2013)
著(编)者:李　扬　王国刚　2012年12月出版 / 估价:59.00元

经济蓝皮书
2013年中国经济形势分析与预测
著(编)者:陈佳贵　李　扬　2012年12月出版 / 估价:59.00元

经济蓝皮书春季号
中国经济前景分析——2013年春季报告
著(编)者:陈佳贵　李　扬　2013年5月出版 / 估价:59.00元

经济信息绿皮书
中国与世界经济发展报告(2013)
著(编)者:王长胜　2012年12月出版 / 估价:69.00元

就业蓝皮书
2013年中国大学生就业报告
著(编)者:麦可思研究院　王伯庆　2013年6月出版 / 估价:98.00元

民营经济蓝皮书
中国民营经济发展报告No.10（2012~2013）
著(编)者:黄孟复　2013年9月出版 / 估价:69.00元

农村绿皮书
中国农村经济形势分析与预测(2012~2013)
著(编)者:中国社会科学院农村发展研究所
国家统计局农村社会经济调查司
2013年4月出版 / 估价:59.00元

企业公民蓝皮书
中国企业公民报告NO.3
著(编)者:邹东涛　2013年7月出版 / 估价:59.00元

企业社会责任蓝皮书
中国企业社会责任研究报告(2013)
著(编)者:陈佳贵　黄群慧　彭华岗　钟宏武
2012年11月出版 / 估价:59.00元

区域蓝皮书
中国区域经济发展报告(2012~2013)
著(编)者:戚本超　景体华　2013年4月出版 / 估价:69.00元

人口与劳动绿皮书
中国人口与劳动问题报告No.14
著(编)者:蔡　昉　2013年6月出版 / 估价:69.00元

生态城市绿皮书
中国生态城市建设发展报告(2013)
著(编)者:李景源　孙伟平　刘举科　2013年3月出版 / 估价:128.00元

西北蓝皮书
中国西北发展报告(2013)
著(编)者:杨尚勤 石　英 王建康　2013年3月出版 / 估价:65.00元

西部蓝皮书
中国西部发展报告(2013)
著(编)者:姚慧琴 徐璋勇　2013年7月出版 / 估价:69.00元

长三角蓝皮书
全球格局变化中的长三角
著(编)者:王　战　2013年6月出版 / 估价:69.00元

中部竞争力蓝皮书
中国中部经济社会竞争力报告(2013)
著(编)者:教育部人文社会科学重点研究基地
南昌大学中国中部经济社会发展研究中心
2013年10月出版 / 估价:59.00元

中部蓝皮书
中国中部地区发展报告（2013~2014）
著(编)者:喻新安　2013年10月出版 / 估价:59.00元

中国省域竞争力蓝皮书
中国省域经济综合竞争力发展报告(2012~2013)
著(编)者:李建平　李闽榕　高燕京
2013年3月出版 / 估价:198.00元

中小城市绿皮书
中国中小城市发展报告(2013)
著(编)者:中国城市经济学会中小城市经济发展委员会
《中国中小城市发展报告》编纂委员会
2013年8月出版 / 估价:98.00元

珠三角流通蓝皮书
珠三角流通业发展报告(2013)
著(编)者:王先庆 林至颖 2013年8月出版 / 估价:69.00元

社会政法类

殡葬绿皮书
中国殡葬事业发展报告(2013)
著(编)者:朱 勇 李伯森 2013年3月出版 / 估价: 59.00元

城市生活质量蓝皮书
中国城市生活质量指数报告(2013)
著(编)者:张 平 2013年7月出版 / 估价:59.00元

城乡统筹蓝皮书
中国城乡统筹发展报告(2013)
著(编)者:程志强、潘晨光 2013年3月出版 / 估价:59.00元

创新蓝皮书
创新型国家建设报告(2012~2013)
著(编)者:詹正茂 2013年7月出版 / 估价: 69.00元

慈善蓝皮书
中国慈善发展报告(2013)
著(编)者:杨 团 2013年7月出版 / 估价:69.00元

法治蓝皮书
中国法治发展报告No.11(2013)
著(编)者:李 林 2013年3月出版 / 估价:85.00元

反腐倡廉蓝皮书
中国反腐倡廉建设报告No.3
著(编)者:李秋芳 2013年8月出版 / 估价:59.00元

非传统安全蓝皮书
中国非传统安全研究报告(2012~2013)
著(编)者:余潇枫 2013年7月出版 / 估价:69.00元

妇女发展蓝皮书
福建省妇女发展报告(2013)
著(编)者:刘群英 2013年10月出版 / 估价:58.00元

妇女发展蓝皮书
中国妇女发展报告No.5
著(编)者:王金玲 高小贤 2013年5月出版 / 估价:65.00元

妇女教育蓝皮书
中国妇女教育发展报告No.3
著(编)者:张李玺 2013年10月出版 / 估价:69.00元

公共服务蓝皮书
中国城市基本公共服务力评价(2012~2013)
著(编)者:侯惠勤 辛向阳 易定宏 出版 / 估价:55.00元

公益蓝皮书
中国公益发展报告(2013)
著(编)者:朱健刚 2013年5月出版 / 估价:78.00元

国际人才蓝皮书
中国海归创业发展报告(2013)No.2
著(编)者:王辉耀 路江涌 2013年6月出版 / 估价:69.00元

国际人才蓝皮书
中国留学发展报告(2013) No.2
著(编)者:王辉耀 2013年8月出版 / 估价:59.00元

行政改革蓝皮书
中国行政体制改革报告(2013)No.3
著(编)者:魏礼群 2013年3月出版 / 估价:69.00元

华侨华人蓝皮书
华侨华人研究报告(2013)
著(编)者:丘 进 2013年5月出版 / 估价:128.00元

环境竞争力绿皮书
中国省域环境竞争力发展报告(2010~2012)
著(编)者:李建平 李闽榕 王金南
2013年3月出版 / 估价:148.00元

环境绿皮书
中国环境发展报告(2013)
著(编)者:杨东平 2013年4月出版 / 估价:69.00元

教师蓝皮书
中国中小学教师发展报告(2013)
著(编)者:曾晓东 2013年3月出版 / 估价:59.00元

教育蓝皮书
中国教育发展报告(2013)
著(编)者:杨东平 2013年2月出版 / 估价:59.00元

金融监管蓝皮书
中国金融监管报告2013
著(编)者:胡 滨 2013年5月出版 / 估价:59.00元

科普蓝皮书
中国科普基础设施发展报告(2013)
著(编)者:任福君 2013年4月出版 / 估价:79.00元

口腔健康蓝皮书
中国口腔健康发展报告(2013)
著(编)者:胡德渝 2013年12月出版 / 估价:59.00元

老龄蓝皮书
中国老龄事业发展报告(2013)
著(编)者:吴玉韶 2013年4月出版 / 估价:59.00元

民间组织蓝皮书
中国民间组织报告(2012~2013)
著(编)者:黄晓勇 2013年4月出版 / 估价:69.00元

民族蓝皮书
中国民族区域自治发展报告(2013)
著(编)者:郝时远 2013年7月出版 / 估价:98.00元

女性生活蓝皮书
中国女性生活状况报告No.7(2013)
著(编)者:韩湘景 2013年10月出版 / 估价:78.00元

气候变化绿皮书
应对气候变化报告(2013)
著(编)者:王伟光 郑国光 2013年11月出版 / 估价:59.00元

汽车社会蓝皮书
中国汽车社会发展报告(2013)
著(编)者:王俊秀 2013年6月出版 / 估价:59.00元

青少年蓝皮书
中国未成年人新媒体运用报告(2012~2013)
著(编)者:李文革 沈 杰 季为民
2013年7月出版 / 估价:69.00元

人才竞争力蓝皮书
中国区域人才竞争力报告(2013)
著(编)者:桂昭明 王辉耀 2013年2月出版 / 估价:69.00元

人才蓝皮书
中国人才发展报告(2013)
著(编)者:潘晨光 2013年8月出版 / 估价:79.00元

人权蓝皮书
中国人权事业发展报告No.3(2013)
著(编)者:李君如 2013年11月出版 / 估价:98.00元

社会保障绿皮书
中国社会保障发展报告(2013)No.6
著(编)者:王延中 2013年4月出版 / 估价:69.00元

社会工作蓝皮书
中国社会工作发展报告(2012~2013)
著(编)者:蒋昆生 戚学森 2013年7月出版 / 估价:59.00元

社会管理蓝皮书
中国社会管理创新报告No.2
著(编)者:连玉明 2013年9月出版 / 估价:79.00元

社会建设蓝皮书
2013年北京社会建设分析报告
著(编)者:陆学艺 唐 军 张 荆
2013年5月出版 / 估价:69.00元

社会科学蓝皮书
中国社会科学学术前沿(2012~2013)
著(编)者:高 翔 2013年9月出版 / 估价:69.00元

社会蓝皮书
2013年中国社会形势分析与预测
著(编)者:汝 信 陆学艺 李培林
2012年12月出版 / 估价:59.00元

社会心态蓝皮书
中国社会心态研究报告(2012~2013)
著(编)者:王俊秀 杨宜音 2012年12出版 / 估价:59.00元

生态文明绿皮书
中国省域生态文明建设评价报告(2013)
著(编)者:严 耕 2013年10月出版 / 估价:98.00元

食品药品蓝皮书
食品药品安全与监管政策研究报告(2013)
著(编)者:唐民皓 2013年6月出版 / 估价:69.00元

世界创新竞争力黄皮书
世界创新竞争力发展报告(2012~2013)
著(编)者:李建平 李闽榕 赵新力
2013年11月出版 / 估价:79.00元

世界社会主义黄皮书
世界社会主义跟踪研究报告(2012~2013)
著(编)者:李慎明 2013年3月出版 / 估价:99.00元

危机管理蓝皮书
中国危机管理报告(2013)
著(编)者:文学国 范正青 2013年12月出版 / 估价:79.00元

小康蓝皮书
中国全面建设小康社会监测报告(2013)
著(编)者:潘 璠 2013年11月出版 / 估价:59.00元

形象危机应对蓝皮书
形象危机应对研究报告(2013)
著(编)者:唐 钧 2013年9月出版 / 估价:118.00元

舆情蓝皮书
中国社会舆情与危机管理报告(2013)
著(编)者:谢耘耕 2013年8月出版 / 估价:78.00元

政治参与蓝皮书
中国政治参与报告(2013)
著(编)者:房 宁 2013年7月出版 / 估价:58.00元

宗教蓝皮书
中国宗教报告(2013)
著(编)者:金 泽 邱永辉 2013年7月出版 / 估价:59.00元

行业报告类

保健蓝皮书
中国保健服务产业发展报告No.2
著(编)者:中国保健协会　中共中央党校
2013年7月出版 / 估价:198.00元

保健蓝皮书
中国保健食品产业发展报告No.2
著(编)者:中国保健协会
中国社会科学院食品药品产业发展与监管研究中心
2013年3月出版 / 估价:198.00元

保健蓝皮书
中国保健用品产业发展报告No.2
著(编)者:中国保健协会　2013年3月出版 / 估价:198.00元

保险蓝皮书
中国保险业竞争力报告(2013)
著(编)者:罗忠敏　2013年7月出版 / 估价:89.00元

餐饮产业蓝皮书
中国餐饮产业发展报告(2013)
著(编)者:中国烹饪协会　中国社会科学院财经战略研究院
2013年5月出版 / 估价:60.00元

测绘地理信息蓝皮书
中国地理信息产业发展报告(2013)
著(编)者:徐德明　2013年12月出版 / 估价:98.00元

茶业蓝皮书
中国茶产业发展报告 (2013)
著(编)者:李闽榕　杨江帆　2013年11月出版 / 估价:79.00元

产权市场蓝皮书
中国产权市场发展报告(2012~2013)
著(编)者:曹和平　2013年12月出版 / 估价:69.00元

产业安全蓝皮书
中国保险产业安全报告(2013)
著(编)者:李孟刚　2013年10月出版 / 估价:59.00元

产业安全蓝皮书
中国产业外资控制报告(2012~2013)
著(编)者:李孟刚　2013年10月出版 / 估价:69.00元

产业安全蓝皮书
中国金融产业安全报告(2013)
著(编)者:李孟刚　2013年10月出版 / 估价:69.00元

产业安全蓝皮书
中国轻工业发展与安全报告(2013)
著(编)者:李孟刚　2013年10月出版 / 估价:69.00元

产业安全蓝皮书
中国私募股权产业安全与发展报告(2013)
著(编)者:李孟刚　2013年10月出版 / 估价:59.00元

产业安全蓝皮书
中国新能源产业发展与安全报告(2013)
著(编)者:北京交通大学中国产业安全研究中心
2013年3月出版 / 估价:69.00元

产业安全蓝皮书
中国能源产业安全报告(2013)
著(编)者:北京交通大学中国产业安全研究中心
2013年3月出版 / 估价:69.00元

产业安全蓝皮书
中国海洋产业安全报告(2012~2013)
著(编)者:北京交通大学中国产业安全研究中心
2013年3月出版 / 估价:59.00元

产业蓝皮书
中国产业竞争力报告(2013) NO.3
著(编)者:张其仔　2013年12月出版 / 估价:79.00元

电子商务蓝皮书
中国城市电子商务影响力报告(2013)
著(编)者:荆林波　2013年5月出版 / 估价:69.00元

电子政务蓝皮书
中国电子政务发展报告(2013)
著(编)者:洪　毅　王长胜　2013年9月出版 / 估价:59.00元

杜仲产业绿皮书
中国杜仲种植与产业发展报告(2013)
著(编)者:胡文臻　杜红岩　2013年8月出版 / 估价:78.00元

房地产蓝皮书
中国房地产发展报告No.10
著(编)者:魏后凯　李景国　2013年5月出版 / 估价:69.00元

服务外包蓝皮书
中国服务外包发展报告(2012~2013)
著(编)者:王　力　刘春生　黄育华
2013年9月出版 / 估价:89.00元

工业设计蓝皮书
中国工业设计发展报告(2013)
著(编)者:王晓红　2013年7月出版 / 估价: 69.00元

会展经济蓝皮书
中国会展经济发展报告(2013)
著(编)者:过聚荣　2013年4月出版 / 估价:65.00元

会展蓝皮书
中外会展业动态评估年度报告(2013)
著(编)者:张 敏 2013年8月出版 / 估价:68.00元

基金会蓝皮书
中国基金会发展报告(2013)
著(编)者:刘忠祥 2013年7月出版 / 估价:79.00元

基金会绿皮书
中国基金会发展独立研究报告(2013)
著(编)者:基金会中心网 2013年11月出版 / 估价:49.00元

交通运输蓝皮书
中国交通运输业发展报告(2013)
著(编)者:崔民选 王军生 2013年6月出版 / 估价:69.00元

金融蓝皮书
中国金融发展报告(2013)
著(编)者:李 扬 王国刚 2012年12月出版 / 估价:59.00元

金融蓝皮书
中国金融中心发展报告(2012~2013)
著(编)者:王 力 黄育华 2013年10出版 / 估价:59.00元

金融蓝皮书
中国商业银行竞争力报告(2013)
著(编)者:王松奇 2013年10月出版 / 估价:79.00元

金融监管蓝皮书
中国金融监管发展报告(2013)
著(编)者:胡 滨 2013年5月出版 / 估价:59.00元

科学传播蓝皮书
中国科学传播报告(2013)
著(编)者:詹正茂 2013年6月出版 / 估价:69.00元

口岸生态绿皮书
中国口岸地区生态文化发展报告No.1(2013)
著(编)者:胡文臻 刘 静 2013年8月出版 / 估价:78.00元

“老字号”蓝皮书
中国“老字号”企业发展报告No.3(2013)
著(编)者:张继焦 丁惠敏 黄忠彩
2013年10月出版 / 估价:69.00元

“两化”融合蓝皮书
中国“两化”融合发展报告(2013)
著(编)者:曹淑敏 工业和信息化部电信研究院
2013年8月出版 / 估价:98.00元

流通蓝皮书
湖南省商贸流通产业发展报告No.2
著(编)者:柳思维 2013年10月出版 / 估价:75.00元

流通蓝皮书
中国商业发展报告(2012~2013)
著(编)者:荆林波 2013年4月出版 / 估价:89.00元

旅游安全蓝皮书
中国旅游安全报告(2013)
著(编)者:郑向敏 谢朝武 2013年5月出版 / 估价:78.00元

旅游绿皮书
2013年中国旅游发展分析与预测
著(编)者:张广瑞 刘德谦 宋 瑞
2013年5月出版 / 估价:69.00元

贸易蓝皮书
中国贸易发展报告(2013)
著(编)者:荆林波 2013年5月出版 / 估价:49.00元

煤炭蓝皮书
中国煤炭工业发展报告No.5(2013)
著(编)者:岳福斌 2012年12月出版 / 估价:69.00元

煤炭市场蓝皮书
中国煤炭市场发展报告(2013)
著(编)者:曲剑午 2013年8月出版 / 估价:79.00元

民营医院蓝皮书
中国民营医院发展报告(2013)
著(编)者:陈绍福 王培舟 2013年9月出版 / 估价:89.00元

闽商蓝皮书
闽商发展报告(2013)
著(编)者:李闽榕 王日根 林 琛
2013年3月出版 / 估价:69.00元

能源蓝皮书
中国能源发展报告(2013)
著(编)者:崔民选 2013年7月出版 / 估价:79.00元

农产品流通蓝皮书
中国农产品流通产业发展报告(2013)
著(编)者:贾敬敦 王炳南 张玉玺 张鹏毅 陈丽华
2013年7月出版 / 估价:98.00元

期货蓝皮书
中国期货市场发展报告(2013)
著(编)者:荆林波 2013年7月出版 / 估价:69.00元

企业蓝皮书
中国企业竞争力报告(2013)
著(编)者:金 碚 2013年11月出版 / 估价:79.00元

汽车蓝皮书
中国汽车产业发展报告(2013)
著(编)者:国务院发展研究中心产业经济研究部
中国汽车工程学会 大众汽车集团（中国）
2013年7月出版 / 估价:79.00元

人力资源蓝皮书
中国人力资源发展报告(2012~2013)
著(编)者:吴 江 田小宝 2013年6月出版 / 估价:69.00元

软件和信息服务业蓝皮书
中国软件和信息服务业发展报告(2013)
著(编)者:洪京一 工业和信息化部电子科学技术情报研究所
2013年6月出版 / 估价:98.00元

商会蓝皮书
中国商会发展报告 No.5 (2013)
著(编)者:黄孟复 2013年8月出版 / 估价:59.00元

商品市场蓝皮书
中国商品市场发展报告(2013)
著(编)者:荆林波 2013年7月出版 / 估价:59.00元

私募市场蓝皮书
中国私募股权市场发展报告(2013)
著(编)者:曹和平 2013年10月出版 / 估价:69.00元

体育蓝皮书
中国体育产业发展报告(2012~2013)
著(编)者:江和平 张海潮 2013年5月出版 / 估价:69.00元

投资蓝皮书
中国投资发展报告(2013)
著(编)者:杨庆蔚 2013年3月出版 / 估价:79.00元

物联网蓝皮书
中国物联网发展报告(2013)
著(编)者:黄桂田 张全升 2013年10月出版 / 估价:80.00元

西部工业蓝皮书
中国西部工业发展报告(2013)
著(编)者:方行明 刘方健 姜 凌 等
2013年7月出版 / 估价:69.00元

西部金融蓝皮书
中国西部金融发展报告(2013)
著(编)者:李忠民 2013年10月出版 / 估价:69.00元

信息化蓝皮书
中国信息化形势分析与预测(2013)
著(编)者:周宏仁 2013年7月出版 / 估价:98.00元

休闲绿皮书
2013年中国休闲发展报告
著(编)者:刘德谦 唐 兵 宋 瑞
2013年5月出版 / 估价:59.00元

中国林业竞争力蓝皮书
中国省域林业竞争力发展报告No.3(2012~2013)(上下册
著(编)者:郑传芳 李闽榕 张春霞 张会儒
2013年8月出版 / 估价:139.00元

中国农业竞争力蓝皮书
中国省域农业竞争力发展报告No.2(2010~2012)(上下
著(编)者:郑传芳 宋洪远 李闽榕 张春霞
2013年7月出版 / 估价:128.00元

中国总部经济蓝皮书
中国总部经济发展报告(2013~2014)
著(编)者:赵 弘 2013年9月出版 / 估价:69.00元

住房绿皮书
中国住房发展报告(2012~2013)
著(编)者:倪鹏飞 2012年12月出版 / 估价:69.00元

资本市场蓝皮书
中国场外交易市场发展报告(2012~2013)
著(编)者:高 峦 2013年2月出版 / 估价:79.00元

文化传媒类

传媒蓝皮书
2013年：中国传媒产业发展报告
著(编)者:崔保国 2013年4月出版 / 估价:69.00元

创意城市蓝皮书
北京文化创意产业发展报告(2013)
著(编)者:张京成 王国华 2013年3月出版 / 估价:69.00元

创意城市蓝皮书
青岛文化创意产业发展报告(2013)
著(编)者:马 达 2013年5月出版 / 估价:69.00元

动漫蓝皮书
中国动漫产业发展报告(2013)
著(编)者:卢 斌 郑玉明 牛兴侦
2013年4月出版 / 估价:69.00元

广电蓝皮书
中国广播电影电视发展报告(2013)
著(编)者:庞井君 2013年6月出版 / 估价:88.00元

广告主蓝皮书
中国广告主营销传播趋势报告N0.8
著(编)者:中国传媒大学广告主研究所
中国广告主营销传播创新研究课题组
黄升民 杜国清 邵华冬
2013年11月出版 / 估价:98.00元

纪录片蓝皮书
中国纪录片发展报告(2013)
著(编)者:何苏六 2013年10月出版 / 估价:78.00元

两岸文化蓝皮书
两岸文化产业合作发展报告(2013)
著(编)者:胡惠林 肖夏勇 2013年7月出版 / 估价:59.00元

全球传媒蓝皮书
全球传媒产业发展报告(2013)
著(编)者:胡正荣 2013年1月出版 / 估价:79.00元

视听新媒体蓝皮书
中国视听新媒体发展报告(2013)
著(编)者:庞井君 2013年6月出版 / 估价:69.00元

文化创新蓝皮书
中国文化创新报告(2013)No.4
著(编)者:于 平 傅才武
2013年7月出版 / 估价:79.00元

文化蓝皮书
中国文化产业发展报告(2012~2013)
著(编)者:张晓明 胡惠林 章建刚
2013年1月出版 / 估价:59.00元

文化蓝皮书
中国城镇文化消费需求景气评价报告(2013)
著(编)者:王亚南 2013年5月出版 / 估价:79.00元

文化蓝皮书
中国公共文化服务发展报告(2013)
著(编)者:于 群 李国新 2013年10月出版 / 估价:98.00元

文化蓝皮书
中国文化消费需求景气评价报告(2013)
著(编)者:王亚南 2013年6月出版 / 估价:79.00元

文化蓝皮书
中国乡村文化消费需求景气评价报告(2013)
著(编)者:王亚南 2013年6月出版 / 估价:79.00元

文化蓝皮书
中国中心城市文化消费需求景气评价报告(2013)
著(编)者:王亚南 2013年5月出版 / 估价:79.00元

文化品牌蓝皮书
中国文化品牌发展报告(2013)
著(编)者:欧阳友权 2013年6月出版 / 估价:75.00元

文化软实力蓝皮书
中国文化软实力研究报告(2013)
著(编)者:张国祚 2013年7月出版 / 估价:79.00元

文化遗产蓝皮书
中国文化遗产事业发展报告(2013)
著(编)者:刘世锦 2013年9月出版 / 估价:79.00元

文学蓝皮书
中国文情报告(2012~2013)
著(编)者:白 烨 2013年1月出版 / 估价:59.00元

新媒体蓝皮书
中国新媒体发展报告No.4(2013)
著(编)者:尹韵公 2013年5月出版 / 估价:69.00元

移动互联网蓝皮书
中国移动互联网发展报告(2013)
著(编)者:官建文 2013年4月出版 / 估价:79.00元

国别与地区类

G20国家创新竞争力黄皮书
二十国集团（G20）国家创新竞争力发展报告(2013)
著(编)者:李建平 李闽榕 赵新力
2013年12月出版 / 估价:118.00元

澳门蓝皮书
澳门经济社会发展报告(2012~2013)
著(编)者:郝雨凡 吴志良 2013年4月出版 / 估价:69.00元

德国蓝皮书
德国发展报告(2013)
著(编)者:李乐曾 郑春荣 2013年5月出版 / 估价:69.00元

东南亚蓝皮书
东南亚地区发展报告(2013)
著(编)者:王 勤 2013年11月出版 / 估价:59.00元

东盟蓝皮书
东盟发展报告(2013)
著(编)者:黄兴球 庄国土 2013年11月出版 / 估价:59.00元

俄罗斯黄皮书
俄罗斯发展报告(2013)
著(编)者:李永全 2013年9月出版 / 估价:69.00元

非洲黄皮书
非洲发展报告No.15(2012~2013)
著(编)者:张宏明 2013年7月出版 / 估价:79.00元

港澳珠三角蓝皮书
粤港澳区域合作与发展报告(2012~2013)
著(编)者:梁庆寅 陈广汉 2013年8月出版 / 估价:59.00元

国际形势黄皮书
全球政治与安全报告(2013)
著(编)者:李慎明 张宇燕 2012年12月出版 / 估价:59.00元

韩国蓝皮书
韩国发展报告(2013)
著(编)者:牛林杰 刘宝全 2013年6月出版 / 估价:69.00元

拉美黄皮书
拉丁美洲和加勒比发展报告(2012~2013)
著(编)者:吴白乙　2013年5月出版 / 估价:79.00元

美国蓝皮书
美国问题研究报告(2013)
著(编)者:黄　平　倪　峰　2013年6月出版 / 估价:69.00元

欧亚大陆桥发展蓝皮书
欧亚大陆桥发展报告(2012~2013)
著(编)者:李忠民　2013年10月出版 / 估价:59.00元

欧洲蓝皮书
欧洲发展报告(2012~2013)
著(编)者:周　弘　2013年3月出版 / 估价:79.00元

日本经济蓝皮书
日本经济与中日经贸关系发展报告(2013)
著(编)者:王洛林　张季风　2013年5月出版 / 估价:79.00元

日本蓝皮书
日本发展报告(2013)
著(编)者:李　薇　2013年5月出版 / 估价:59.00元

上海合作组织黄皮书
上海合作组织发展报告(2013)
著(编)者:李进峰　吴宏伟　2013年7月出版 / 估价:79.00元

世界经济黄皮书
2013年世界经济形势分析与预测
著(编)者:王洛林　张宇燕　2013年1月出版 / 估价:59.00元

香港蓝皮书
香港发展报告(2013)
著(编)者:薛凤旋　2013年6月出版 / 估价:49.00元

新兴经济体蓝皮书
金砖国家发展报告(2013)——合作与崛起
著(编)者:林跃勤　周　文　2013年3月出版 / 估价:69.00元

亚太蓝皮书
亚太地区发展报告(2013)
著(编)者:李向阳　2013年1月出版 / 估价:59.00元

印度蓝皮书
印度国情报告(2012~2013)
著(编)者:吕昭义　2013年9月出版 / 估价:59.00元

越南蓝皮书
越南国情报告(2013)
著(编)者:吕余生　2013年7月出版 / 估价:65.00元

中亚黄皮书
中亚国家发展报告(2013)
著(编)者:孙　力　2013年6月出版 / 估价:79.00元

地方发展类

北部湾蓝皮书
泛北部湾合作发展报告(2013)
著(编)者:吕余生　2013年7月出版 / 估价:79.00元

北京蓝皮书
北京公共服务发展报告(2012~2013)
著(编)者:张耘　2013年3月出版 / 估价:65.00元

北京蓝皮书
北京经济发展报告(2012~2013)
著(编)者:赵弘　2013年5月出版 / 估价:59.00元

北京蓝皮书
北京社会发展报告(2012~2013)
著(编)者:戴建中　2013年6月出版 / 估价:59.00元

北京蓝皮书
北京文化发展报告(2012~2013)
著(编)者:李建盛　2013年4月出版 / 估价:69.00元

北京蓝皮书
中国社区发展报告(2013)
著(编)者:于燕燕　2013年6月出版 / 估价:59.00元

北京旅游绿皮书
北京旅游发展报告(2013)
著(编)者:鲁　勇 2013年10月出版 / 估价:98.00元

北京律师蓝皮书
北京律师发展报告NO.3(2013)
著(编)者:王隽 周塞军　2013年9月出版 / 估价:70.00元

北京人才蓝皮书
北京人才发展报告(2012~2013)
著(编)者:张志伟　2013年5月出版 / 估价:69.00元

城乡一体化蓝皮书
中国城乡一体化发展报告·北京卷(2012~2013)
著(编)者:张宝秀 黄序　2012年7月出版 / 估价:59.00元

大湄公河次区域蓝皮书
大湄公河次区域合作发展报告(2012~2013)
著(编)者:刘　稚　2013年4月出版 / 估价:69.00元

甘肃蓝皮书
甘肃省经济发展分析与预测(2013)
著(编)者:朱智文　罗　哲　2012年12月出版 / 估价:69.00元

甘肃蓝皮书
甘肃省社会发展分析与预测(2013)
著(编)者:安文华　包晓霞　2012年12月出版 / 估价:69.00元

甘肃蓝皮书
甘肃省舆情发展分析与预测(2013)
著(编)者:陈双梅　郝树声　2012年12月出版 / 估价:69.00元

甘肃蓝皮书
甘肃省县域社会发展分析与预测(2013)
著(编)者:魏胜文　柳　民　曲　玮
2012年12月出版 / 估价:69.00元

甘肃蓝皮书
甘肃省文化发展分析与预测(2013)
著(编)者:刘进军　周晓华　2012年12月出版 / 估价:69.00元

关中天水经济区蓝皮书
中国关中—天水经济区发展报告(2013)
著(编)者:李忠民　2013年7月出版 / 估价:59.00元

广东外经贸蓝皮书
广东对外经济贸易发展研究报告(2012~2013)
著(编)者:陈万灵　2013年3月出版 / 估价:65.00元

广西北部湾经济区蓝皮书
广西北部湾经济区开放开发报告(2013)
著(编)者:广西北部湾经济区规划建设管理委员会办公室
广西社会科学院 广西北部湾发展研究院
2013年7月出版 / 估价:69.00元

广州蓝皮书
2013年中国广州经济形势分析与预测
著(编)者:庾建设　郭志勇　沈　奎
2013年6月出版 / 估价:69.00元

广州蓝皮书
2013年中国广州社会形势分析与预测
著(编)者:易佐永　杨　秦　顾涧清
2013年7月出版 / 估价:69.00元

广州蓝皮书
广州城市国际化发展报告(2013)
著(编)者:朱名宏　2013年4月出版 / 估价:59.00元

广州蓝皮书
广州创新型城市发展报告(2013)
著(编)者:李江涛　2013年4月出版 / 估价:59.00元

广州蓝皮书
广州经济发展报告(2013)
著(编)者:李江涛　刘江华　2013年4月出版 / 估价:69.00元

广州蓝皮书
广州农村发展报告(2013)
著(编)者:李江涛　汤锦华　2013年4月出版 / 估价:59.00元

广州蓝皮书
广州汽车产业发展报告(2013)
著(编)者:李江涛　杨再高　2013年4月出版 / 估价:59.00元

广州蓝皮书
广州商贸业发展报告(2013)
著(编)者:陈家成　王旭东　荀振英
2013年4月出版 / 估价:69.00元

广州蓝皮书
广州文化创意产业发展报告(2013)
著(编)者:甘　新　2013年3月出版 / 估价:59.00元

广州蓝皮书
中国广州城市建设发展报告(2013)
著(编)者:董　皞　冼伟雄　李俊夫
2013年8月出版 / 估价:69.00元

广州蓝皮书
中国广州科技与信息化发展报告(2013)
著(编)者:庾建设　谢学宁　2013年8月出版 / 估价:59.00元

广州蓝皮书
中国广州文化创意产业发展报告(2013)
著(编)者:王晓玲　2013年8月出版 / 估价:59.00元

广州蓝皮书
中国广州文化发展报告(2013)
著(编)者:徐俊忠　汤应武　陆志强
2013年8月出版 / 估价:69.00元

贵州蓝皮书
贵州法治发展报告(2013)
著(编)者:吴大华　2013年4月出版 / 估价:69.00元

贵州蓝皮书
贵州社会发展报告(2013)
著(编)者:王兴骥　2013年4月出版 / 估价:59.00元

海峡经济区蓝皮书
海峡经济区发展报告(2013)
著(编)者:李闽榕　王秉安　谢明辉（台湾）
2013年10月出版 / 估价:78.00元

海峡西岸蓝皮书
海峡西岸经济区发展报告(2013)
著(编)者:福建省人民政府发展研究中心
2013年7月出版 / 估价:85.00元

杭州都市圈蓝皮书
杭州都市圈经济社会发展报告(2013)
著(编)者:辛　薇　2013年7月出版 / 估价:59.00元

河南经济蓝皮书
2013年河南经济形势分析与预测
著(编)者:刘永奇　2013年2月出版 / 估价:65.00元

河南蓝皮书
2013年河南社会形势分析与预测
著(编)者:刘道兴　牛苏林　2013年1月出版 / 估价:59.00元

河南蓝皮书
河南城市发展报告(2013)
著(编)者:谷建全　王建国　2013年1月出版 / 估价:69.00元

河南蓝皮书
河南经济发展报告(2013)
著(编)者:喻新安 2013年1月出版 / 估价:59.00元

河南蓝皮书
河南文化发展报告(2013)
著(编)者:谷建全 卫绍生 2013年3月出版 / 估价:69.00元

黑龙江产业蓝皮书
黑龙江产业发展报告(2013)
著(编)者:于 渤 2013年5月出版 / 估价:69.00元

黑龙江蓝皮书
黑龙江经济发展报告(2013)
著(编)者:曲 伟 2013年5月出版 / 估价:69.00元

黑龙江蓝皮书
黑龙江社会发展报告(2013)
著(编)者:艾书琴 2013年1月出版 / 估价:65.00元

湖南城市蓝皮书
城市社会管理
著(编)者:罗海藩 2013年5月出版 / 估价:59.00元

湖南蓝皮书
2013年湖南产业发展报告
著(编)者:梁志峰 2013年5月出版 / 估价:89.00元

湖南蓝皮书
2013年湖南法治发展报告
著(编)者:梁志峰 2013年5月出版 / 估价:79.00元

湖南蓝皮书
2013年湖南经济展望
著(编)者:梁志峰 2013年5月出版 / 估价:79.00元

湖南蓝皮书
2013年湖南两型社会发展报告
著(编)者:梁志峰 2013年5月出版 / 估价:79.00元

湖南县域绿皮书
湖南县域发展报告No.2
著(编)者:朱有志 袁 准 周小毛
2013年7月出版 / 估价:69.00元

江苏法治蓝皮书
江苏法治发展报告No.2(2013)
著(编)者:李 力 龚廷泰 严海良
2013年7月出版 / 估价:88.00元

京津冀蓝皮书
京津冀区域一体化发展报告(2013)
著(编)者:文 魁 祝尔娟 2013年3月出版 / 估价:89.00元

经济特区蓝皮书
中国经济特区发展报告(2013)
著(编)者:陶一桃 钟 坚 2013年3月出版 / 估价:89.00元

辽宁蓝皮书
2013年辽宁经济社会形势分析与预测
著(编)者:曹晓峰 张 晶 张卓民
2013年1月出版 / 估价:69.00元

内蒙古蓝皮书
内蒙古经济发展蓝皮书(2012~2013)
著(编)者:黄育华 2013年7月出版 / 估价:69.00元

浦东新区蓝皮书
上海浦东经济发展报告(2013)
著(编)者:左学金 陆沪根 2012年12月出版 / 估价:59.00元

青海蓝皮书
2013年青海经济社会形势分析与预测
著(编)者:赵宗福 2013年3月出版 / 估价:69.00元

人口与健康蓝皮书
深圳人口与健康发展报告(2013)
著(编)者:陆杰华 江捍平 2013年10月出版 / 估价:98.00元

山西蓝皮书
山西资源型经济转型发展报告(2013)
著(编)者:李志强 容和平 2013年3月出版 / 估价:79.00元

陕西蓝皮书
陕西经济发展报告(2013)
著(编)者:杨尚勤 石 英 裴成荣
2013年3月出版 / 估价:65.00元

陕西蓝皮书
陕西社会发展报告(2013)
著(编)者:杨尚勤 石 英 江 波
2013年3月出版 / 估价:65.00元

陕西蓝皮书
陕西文化发展报告(2013)
著(编)者:杨尚勤 石 英 王长寿
2013年3月出版 / 估价:59.00元

上海蓝皮书
上海传媒发展报告(2013)
著(编)者:强 荧 焦雨虹 2013年1月出版 / 估价:59.00元

上海蓝皮书
上海法治发展报告(2013)
著(编)者:潘世伟 叶 青 2012年12月出版 / 定价:69.00元

上海蓝皮书
上海经济发展报告(2013)
著(编)者:沈开艳 2013年1月出版 / 估价:59.00元

上海蓝皮书
上海社会发展报告(2013)
著(编)者:卢汉龙 周海旺 2013年1月出版 / 估价:59.00元

上海蓝皮书
上海文化发展报告(2013)
著(编)者:蒯大申 2013年1月出版 / 估价:59.00元

上海蓝皮书
上海文学发展报告(2013)
著(编)者:陈圣来 2013年1月出版 / 估价:59.00元

上海蓝皮书
上海资源环境发展报告(2013)
著(编)者:张仲礼 周冯琦 2013年1月出版 / 估价:59.00元

上海社会保障绿皮书
上海社会保障改革与发展报告(2012~2013)
著(编)者:汪 泓 2013年1月出版 / 估价:65.00元

深圳蓝皮书
深圳经济发展报告(2013)
著(编)者:吴 忠 2013年5月出版 / 估价:69.00元

深圳蓝皮书
深圳劳动关系发展报告(2013)
著(编)者:汤庭芬 2013年5月出版 / 估价:69.00元

深圳蓝皮书
深圳社会发展报告(2013)
著(编)者:吴 忠 余智晟 2013年11月出版 / 估价:69.00元

温州蓝皮书
2013年温州经济社会形势分析与预测
著(编)者:胡瑞怀 王春光 2013年1月出版 / 估价:69.00元

武汉城市圈蓝皮书
武汉城市圈经济社会发展报告(2012~2013)
著(编)者:肖安民 2013年5月出版 / 估价:59.00元

武汉蓝皮书
武汉经济社会发展报告(2013)
著(编)者:刘志辉 2013年5月出版 / 估价:59.00元

扬州蓝皮书
扬州经济社会发展报告(2013)
著(编)者:张爱军 2013年1月出版 / 估价:78.00元

长株潭城市群蓝皮书
长株潭城市群发展报告(2013)
著(编)者:张 萍 2013年6月出版 / 估价:69.00元

浙江蓝皮书
浙江金融业发展报告(2013)
著(编)者:刘仁伍 2013年4月出版 / 估价:69.00元

浙江蓝皮书
浙江民营经济发展报告(2013)
著(编)者:刘仁伍 2013年4月出版 / 估价:59.00元

浙江蓝皮书
浙江区域金融中心发展报告(2013)
著(编)者:刘仁伍 2013年4月出版 / 估价:79.00元

浙江蓝皮书
浙江市场经济发展报告(2013)
著(编)者:刘仁伍 2013年4月出版 / 估价:79.00元

郑州蓝皮书
2012~2013年郑州文化发展报告
著(编)者:王 哲 2013年5月出版 / 估价:69.00元

中国省会经济圈蓝皮书
合肥经济圈经济社会发展报告No.4(2012~2013)
著(编)者:王开玉 等 2013年7月出版 / 估价:79.00元

中原蓝皮书
中原经济区发展报告(2013)
著(编)者:刘怀廉 2013年3月出版 / 估价:68.00元

社会科学文献出版社
SOCIAL SCIENCES ACADEMIC PRESS (CHINA)

社会科学文献出版社成立于1985年，是直属于中国社会科学院的人文社会科学专业学术出版机构。

成立以来，特别是1998年实施第二次创业以来，依托于中国社会科学院丰厚的学术出版和专家学者两大资源，坚持“创社科经典，出传世文献”的出版理念和“权威、前沿、原创”的产品定位，走学术产品的系列化、规模化、数字化、国际化、市场化经营道路，社会科学文献出版社先后策划出版了著名的图书品牌和学术品牌“皮书”系列、《列国志》、“社科文献精品译库”、“全球化译丛”、“气候变化与人类发展译丛”、“近世中国”等一大批既有学术影响又有市场价值的图书。

在国内原创著作、国外名家经典著作大量出版的同时，社会科学文献出版社长期致力于中国学术出版走出去，先后与荷兰博睿出版社合作面向海外推出了《经济蓝皮书》、《社会蓝皮书》等十余种皮书的英文版；此外，《从苦行者社会到消费者社会》、《二十世纪中国史纲》、《中华人民共和国法制史》等11种著作入选新闻出版总署“经典中国国际出版工程”。

面对数字化浪潮的冲击，社会科学文献出版社力图从内容资源和数字平台两个方面实现传统出版的再造，并先后推出了皮书数据库、列国志数据库、中国田野调查数据库等一系列数字产品。

在新的发展时期，社会科学文献出版社结合社会的需求、自身的条件以及行业的发展，提出了新的创业目标：精心打造人文社会科学成果推广平台，发展成为一家集图书、期刊、声像电子和数字出版物为一体，面向海内外高端读者和客户，具备独特竞争力的人文社会科学内容资源经营商和海内外知名的专业学术出版机构。

中国皮书网

发布皮书研创资讯，传播皮书精彩内容
引领皮书出版潮流，打造皮书服务平台

栏目设置：

- □ 资讯：皮书动态、皮书观点、皮书数据、 皮书报道、皮书新书发布会、电子期刊
- □ 标准：皮书评价、皮书研究、皮书规范、皮书专家、编撰团队
- □ 服务：最新皮书、皮书书目、重点推荐、在线购书
- □ 链接：皮书数据库、皮书博客、皮书微博、出版社首页、在线书城
- □ 搜索：资讯、图书、研究动态
- □ 互动：皮书论坛

www.pishu.cn

中国皮书网依托皮书系列“权威、前沿、原创”的优质内容资源，通过文字、图片、音频、视频等多种元素，在皮书研创者、使用者之间搭建了一个成果展示、资源共享的互动平台。

自2005年12月正式上线以来，中国皮书网的IP访问量、PV浏览量与日俱增，受到海内外研究者、公务人员、商务人士以及专业读者的广泛关注。

2008年10月，中国皮书网获得“最具商业价值网站”称号。

2011年全国新闻出版网站年会上，中国皮书网被授予“2011最具商业价值网站”荣誉称号。

报告 | 图书

首页 | 数据库检索 | 学术资源群 | 我的文献库 | 皮书全动态 | 有奖调查 | 皮书报道 | 皮书研究 | 联系我们 | 读者荐购 | 搜索报告

权威报告　热点资讯　海量资源

当代中国与世界发展的高端智库平台

皮书数据库 www.pishu.com.cn

皮书数据库是专业的人文社会科学综合学术资源总库，以大型连续性图书——皮书系列为基础，整合国内外相关资讯构建而成。包含七大子库，涵盖两百多个主题，囊括了近十几年间中国与世界经济社会发展报告，覆盖经济、社会、政治、文化、教育、国际问题等多个领域。

皮书数据库以篇章为基本单位，方便用户对皮书内容的阅读需求。用户可进行全文检索，也可对文献题目、内容提要、作者名称、作者单位、关键字等基本信息进行检索，还可对检索到的篇章再作二次筛选，进行在线阅读或下载阅读。智能多维度导航，可使用户根据自己熟知的分类标准进行分类导航筛选，使查找和检索更高效、便捷。

权威的研究报告，独特的调研数据，前沿的热点资讯，皮书数据库已发展成为国内最具影响力的关于中国与世界现实问题研究的成果库和资讯库。

皮书俱乐部会员服务指南

1. 谁能成为皮书俱乐部会员？

- 皮书作者自动成为皮书俱乐部会员；
- 购买皮书产品（纸质图书、电子书、皮书数据库充值卡）的个人用户。

2. 会员可享受的增值服务：

- 免费获赠该纸质图书的电子书；
- 免费获赠皮书数据库100元充值卡；
- 免费定期获赠皮书电子期刊；
- 优先参与各类皮书学术活动；
- 优先享受皮书产品的最新优惠。

阅 读 卡

3. 如何享受皮书俱乐部会员服务？

（1）如何免费获得整本电子书？

购买纸质图书后，将购书信息特别是书后附赠的卡号和密码通过邮件形式发送到pishu@188.com，我们将验证您的信息，通过验证并成功注册后即可获得该本皮书的电子书。

（2）如何获赠皮书数据库100元充值卡？

第1步：刮开附赠卡的密码涂层（左下）；

第2步：登录皮书数据库网站（www.pishu.com.cn），注册成为皮书数据库用户，注册时请提供您的真实信息，以便您获得皮书俱乐部会员服务；

第3步：注册成功后登录，点击进入“会员中心”；

第4步：点击“在线充值”，输入正确的卡号和密码即可使用。

皮书俱乐部会员可享受社会科学文献出版社其他相关免费增值服务

您有任何疑问，均可拨打服务电话：010-59367227　QQ:1924151860

欢迎登录社会科学文献出版社官网(www.ssap.com.cn)和中国皮书网（www.pishu.cn）了解更多信息

15. 超大型社区文化建设中最重要的问题

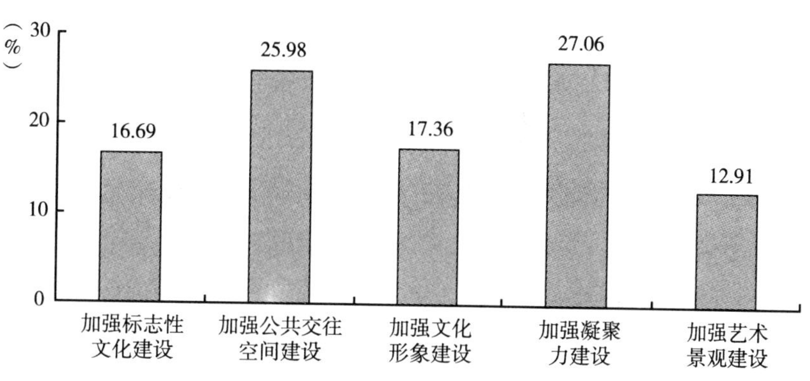

图 20 超大型社区文化建设中的重要问题

有效问卷列出 5 项社区文化建设中重要的问题，各项问题所占比例为：①加强社区标志性文化建设占 16.69%；②加强社区的公共交往空间建设占 25.98%；③加强社区文化形象建设占 17.36%；④加强社区的凝聚力建设占 27.06%；⑤加强社区的艺术景观建设占 12.91%。

根据有效数据显示：①加强社区的凝聚力建设和加强社区的公共交往空间是文化建设中最重要的两个问题，两项加起来超过总比例的 1/2；②社区文化形象建设、社区标志性文化建设与社区艺术景观建设也是社区文化建设重要问题，各项比例均超过 10%，并未出现严重失衡；③有意思的是，年龄在 50 岁以上的中老年人注重社区凝聚力的建设，而 50 岁以下的居民则对社区公共交往空间要求更多；从教育程度来看，大学本科及以上的居民更加注重社区文化形象、标志性文化建筑的建设；收入越高对社区凝聚力、社区文化形象要求越高，收入越低对社区公共交往空间要求越高；学生、教师、公司职员认为公共交往空间更重要，而其他职业人员则认为社区凝聚力更重要，对艺术景观建设最关注的职业是公务员、学生等。

16. 文化宜居社区的关键要素

有效问卷列出 6 个成为文化宜居社区的关键要素，各要素所占比例为：①社区形象标示占 13.06%；②社区文化氛围占 27.57%；③社区文化设施占 21.65%；④社区文化精神占 13.18%；⑤社区人文关怀占 14.32%；⑥社区人

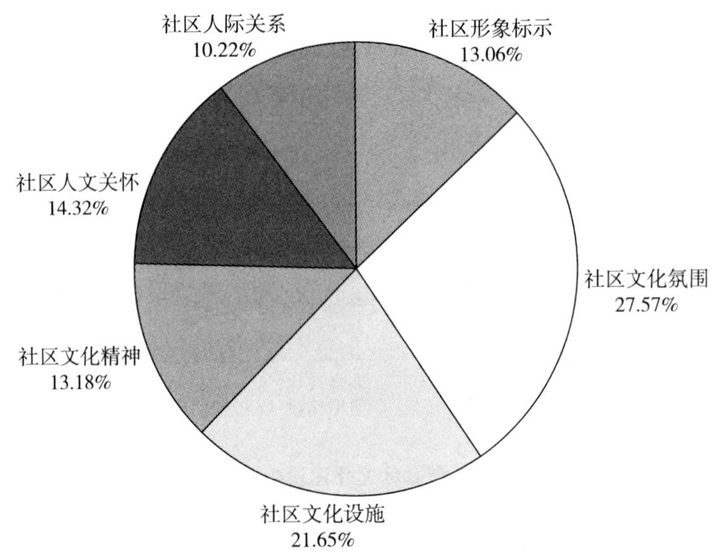

图 21　文化宜居社区的关键要素

际关系占 10.22%。

根据数据显示，社区文化氛围和社区文化设施是成为文化宜居社区的关键要素，这两项占到了总比例的近 1/2，因此，在打造文化宜居社区的过程中，应该注重从各方面出发营造社区文化氛围、积极拓展可供居民活动的基础文化设施；其他要素均超过 10%，这说明文化宜居社区在做好前两项关键要素之外，要全面发展，努力将其他要素容纳到文化宜居社区建设的规划当中。

17. 社区居民对所在社区的文化建设具体建议

这道题是变动项，约有 3.8% 的居民提出了具体建议：①约有 89% 希望加大资金投入、增加社区内的活动空间，如增设文化活动室、图书馆、集中的大型的文化活动广场，特别是供老年人、儿童活动的场所；②对社区环境的改造，营造丰富多彩的文化氛围；③利用文化活动增进居民的彼此信任，增强社区凝聚力；④利用社区文化人才，群策群力，搞好社区文化建设；⑤发动年轻人的力量，建造自己的网络文化平台，聚集共同爱好之人。

二　回龙观、天通苑大型社区文化建设满意度与需求度的问题分析

根据以上 17 个方面的数据分析、图表分析和内容分析，回龙观、天通苑超大型社区的文化建设需求度和满意度上存在如下几个主要问题。

（一）社区文化基础设施需要进一步增加

公共文化设施是公共文化服务体系的物质性基础，是满足人民群众公共文化需求的基础性要素。随着人们物质生活水平的提高，对公共文化的需求也不断增长，社区内的文化建设就显得尤为迫切。

根据问卷调查“社区文化建设和文化活动是否满意”当中，不满意比例约占68%，且高收入高学历人群不满意程度最高，尽管两个超大型社区天通苑和回龙观的发展日趋成熟、社区配套设施发展也较为完善，但是就其社区文化建设方面而言，远远不能满足社区居民多样化、多层次的文化需要；居民希望加大公共文化设施的建设，20.63%的调研对象认为文化基础设施不够完善，26.4%的调研对象提出应充分利用现有的文化基础设施，26%的调研对象希望进一步加强文化基础设施建设。居民对文化基础设施建设的关注占到了关键做法的1/2，在“社区文化建设最重要的问题”中有关文化基础设施建设的选项——加强社区标志性文化建设占16.69%、加强社区的公共交往空间建设占25.98%、加强社区的艺术景观建设占12.91%。上述数据表明，居民迫切希望改善社区内文化基础设施和公共文化空间。同时，在课题组进行的随机访谈中，近80%的调研对象认为所在小区文化基础设施短缺，文化活动空间过小，影响了文化活动和文化生活。因此，社区文化建设方面的问题突出表现在社区内可利用的文化基础设施过少，公共文化空间有限，设施内容不丰富。

调查显示，两个超大型社区之间还存在较大差距，回龙观社区居民对社区文化建设等方面的满意程度为40%，而天通苑仅为24%。随机访谈中天通苑居民对社区文化基础设施的要求比回龙观社区更为迫切，希望增多供给数量和加强网点分布，而回龙观社区居民则更希望文化设施的建设更具有多样性、内容更丰富、更具有独特的地方性和个性。总体上看，回龙观比天通苑做得稍好一些，但仍然存在文化设施的供给量不足、网点不够、形式单一，尤其是缺乏大型综合、功能齐全、品质较高的文化活动设施和文化公共空间。

（二）社区文化活动需要进一步丰富

公共文化活动是满足市民精神文化需求、丰富市民群众日常文化生活的公益性活动。基于以下几个原因，两大社区需要进一步丰富公共文化活动。首先，调查结果显示，社区居民对所在社区文化建设和活动满意的比例约占32%，下岗人员、离退休人员等居民的满意度略高。其次，49%的居民表达出了对社区组织文化活动的积极性，仅有9%的居民明确表达不愿意参加，其中老年人对社区组织文化活动期待值最高，50岁以上的老年人愿意参加文化活动的比例竟高达69.2%。在两个社区中，回龙观社区居民参与意愿高出天通苑14.3%，回龙观社区在文化活动举行的时间、水平和质量上，以及调动社区居民参与社区文化活动积极性方面要做得更好一些。再次，社区居民认为公共文化活动不够丰富的占19.62%、文化活动过于枯燥的占10.44%，青少年、中老年对文化活动内容的丰富性和趣味性需求更多。28.18%的调查对象认为应该提高居民的参与热情、开展文化交流活动，比例达到措施中单选比例最高。同时，28.26%的调查对象认为社区未能提供令人满意的设施和活动，13.18%的调查对象认为社区文化设施和文化活动档次不高，以高学历、高收入为主。

以上分析表明，尽管社区居委会和多方部门开展了社区文化活动，在一定程度上满足了居民的文化需求，其中，回龙观社区开展得比较好，天通苑社区则相对较弱；但是，就目前的社区公共文化活动来说，其主题性、多样性仍然不能满足居民的需要，相对于超大型人口数量和居民的多样性需求来说，还需要在质与量上进一步加大和丰富社区文化活动。

（三）社区文化服务需要进一步优化

社区文化服务体系的服务水平和质量，在很大程度上决定居民对社区文化建设的满意度。在本次问卷调查中，对于社区文化主要应满足居民的哪项需

求，每一项需求均超过比例的15%，且每一项需求约占总比例的1/5，尤其需要满足居民丰富多样的日常生活和闲暇娱乐。社区居民对所在社区文化需求的增多，说明社区文化服务尚不能满足社区居民日益增长的各项需求。同时，居民认为应当加强社区文化规章制度的完善、建设和宣传。尽管有45%的人认为社区内有文化建设方面的规章制度，但近1/3的人对社区内文化建设规章制度并不了解，说明社区居委会在宣传和执行规章制度方面，也就是社区文化服务方面并未做到位，并且，83%的社区居民对规章制度的执行并不满意，执行力不大也是社区文化服务需要改进的地方。另一项问题的数据也能说明社区文化服务存在问题，“丰富社区居民文化生活的关键做法”中希望加强社区文化服务、提高服务水平的比例占25.6%，在这25.6%的比例中以公务员、企业员工、公司职员等职业的高收入、高学历人群为主。在随机访谈中超过80%的该类人群提出，社区文化服务水平有待提高，高质量、高水平的社区服务水平是促使他们参与社区文化生活的关键。从“文化宜居社区的关键要素”的问卷中，同样能看出社区居民对文化内涵和文化价值的需求，选择社区文化氛围的居民占7.57%、选择社区文化精神的居民占13.18%、选择社区人文关怀的居民占14.32%、选择社区人际关系的居民占10.22%，这些选项代表了居民对“文化社区”中“文化”内涵的理解和诉求有着更高的要求。

从本次问卷调查和访谈的数据和内容分析可以看出，存在着这样一些问题：从社区文化服务的产品、设施、活动内容来看，无论在形式、数量、质量上都不足以满足群众的多样化、丰富性需求；从社区居民的文化需求度来看，文化内涵、文化价值是公共文化服务体系的关键因素，在调研访谈中，社区居民对所在社区文化建设现状基本满意，但是文化程度越高对文化服务的文化品质要求越高、对当前社区文化建设的满意度越低。由此，提高社区公共文化活动的文化内涵、文化品质、服务能力和服务水平，仍然是超大型社区公共文化服务建设的关键。

（四）社区文化人才需要进一步培养

两大社区公共文化服务人才的缺乏也非常明显。34%的居民认为社区物业管理不重视，12%的调查对象认为社区居委会不重视，22%的调查对象认为缺乏文化建设的专门人才，近1/4的居民认为文化建设专门人才缺乏，13.69%的居民认为社区文化管理须加强，说明文化人才队伍建设培养计划并不完善；文化活动的丰富性、娱乐性，文化管理的执行力等方面做得不足，都从侧面反映了目前现有的社区文化服务人员所做的工作并未达到居民对文化生活的要求，因此，在组织文化活动、调动居民积极性等方面都需要专门的、有执行力的文化建设人才的参与和调动；在居民对本社区文化建设的具体意见当中，有17%的人认为应该利用社区文化人才，搞好社区文化建设、发动年轻人展开网络意见交流等，这些建议都是在专门人才缺乏的基础之上提出的。

由此看来，超大型社区的文化服务人才、文化组织人才比较缺乏，在组织领导、业务管理、活动开展以及文化服务上，都缺乏足额的人员配置。根据超大型社区的空间布局、人口数量、文化活动来看，加强社区文化人才队伍建设和人员配置，是加强两个超大型社区公共文化服务的当务之急。此外，社区文化活动室等基层文化场所的工作人员，在工作态度、相关业务了解程度上有待进一步提高，相对而言，这方面回龙观要完善到位得多。同时，社区居委会、社区物业管理人员，应加强制定与所在社区文化建设相适应规章制度的能力，调动起组织社区居民从事丰富多彩的文化活动的积极性和主动性，努力为社区居民创造良好的文化氛围，体现大型社区应有的文化精神和人文关怀。

三　回龙观、天通苑超大型社区文化建设的对策建议

（一）制定两大社区文化建设的发展规划

社区文化建设同样需要规划和设计，尤其是像回龙观和天通苑这样的超大型社区，需要加强文化建设发展的规划。要明确打造什么样的社区、建设什么样的文化、达到什么样的效果，这需要整体性、长远性的规划设计。建议相关部门对两大社区的公共文化设施、公共文化活动、公共文化建设和公共文化服务的需求度和满意度进行调研，借鉴国内外大型社区文化建设的成功经验，紧密结合回龙观和天通苑的文化现状和文化需要，积极探索超大型社区文化建设的新模式、新途径、新措施。深入总结回龙观社区文化建设的成功经验，形成

回龙观社区文化建设模式，探索社区建设和社区文化建设的体制机制，树立超大型社区文化建设典型，发挥示范作用。站在超大型社区文化建设发挥首都全国文化中心示范作用的高度，加强超大型社区文化建设的顶层设计，进一步提升回龙观“宜居文化社区”水平和质量，尤其要大力加强天通苑社区的公共文化建设，提高天通苑社区的文化含量，树立超大型社区文化建设的典范，塑造超大型社区的文化形象，发挥社区文化建设的示范作用。

（二）切实加强两大社区的公共文化设施和公共文化空间建设

公共文化设施和公共文化空间，是公共文化活动得以开展的物质性基础条件。目前，回龙观和天通苑的基础公共文化设施严重不足，几乎没有开展公共文化活动的基础设施和公共空间场所，特别是较大规模及较高层次的图书馆、文化馆、体育馆。公共设施和公共空间基本空缺，难以满足社区居民的文化活动、文化交往、文化消费的需要，从而使社区很大程度上成为了“睡城”。这一状况在天通苑体现得特别明显，密集的高层楼群，狭窄的社区公共空间，匮乏的公共文化设施、文化活动场所和公共文化活动，导致了有楼群没有社区、有人群没有交往、有居住没有文化的状况。因此，加强超大型公共文化设施和公共文化空间建设的工作势在必行。

（三）积极开展丰富多彩的公共文化服务活动

丰富多样的社区文化活动是满足社区居民丰富多彩文化需求的基本内容，是满足社区居民的精神文化需求、增强社区精神凝聚力重要举措。在这方面，回龙观社区的公共文化活动开展得比较好，目前，全地区已建起了 50 支秧歌队，31 支合唱团，5 支民乐队，2 支时装表演队，480 人组成的民族舞表演队，以及腰鼓、太极剑、交谊舞等表演队，216 人参加的回龙观书画协会，培养了一支由 1600 人组成的文艺骨干队伍，基本形成了有组织、有主题、有品牌、有队伍的多种多样的公共文化活动，居民尤其是离退休居民的满意度较高。天通苑社区由于公共活动空间有限、组织协调力度不够、居民参与性不强，社区公共文化活动建设需要大力加强。两大社区尤其是天通苑社区，需要进一步加强文化活动主题策划、加强活动形式的创意设计，提高社区文化吸引力。尤其要发挥镇级文化中心的领导组织作用（这方面回龙观镇做得比较好），发掘和发挥社区各方面人才的创造性，充分调动社区居民的积极性。

（四）规划建设服务两个超大型社区的公共文化服务中心

鉴于目前两个超大型社区的物质性结构空间已经定型，在社区区域内建设大型公共文化服务中心的可能性不大，建议由区委区政府领导、相关部门组织协调，在回龙观与天通苑之间寻求大型公共文化服务中心建设用地，建设集文化、艺术、体育、教育、娱乐为一体的综合性多功能的社区文化服务中心，以增强超大型社区的公共文化设施场所和公共文化活动空间，发挥社区文化人才的积极性，开展多样性的文化活动，增强两个超大型社区的文化交往和文化互动。以文化建设提高文化凝聚力，增强文化认同感和居民家园感，塑造超大型社区文化形象和文化品牌。

（五）加强社区公共文化服务人才队伍建设

目前两大社区均存在公共文化服务人员严重短缺的状况，尤其是东小口镇。而两个超大型社区汇聚了大量的文化人才，甚至许多文化层次较高、文化能力较强的文化高端人才、文化创新人才、文化热心人士。进一步发挥镇级文化服务中心的组织领导作用，充分发掘社区各类优秀文化人才尤其是离退休杰出文化人才、文化热心人士的积极性、主动性和创造性，带动社区文化健康发展、繁荣发展、提升发展和品质发展。

（六）增强社区文化建设引导宣传力度

宣传活动在社区文化建设中发挥着重要的作用。目前，两大社区都组织了系列社区文化活动，尤其是回龙观社区的文化活动形式、主题多样，丰富多彩，但宣传力度不够。两大社区的人口结构比较复杂，非京籍人口比重超过50%，属于典型的“移民社区”，通过社区文化活动、社区文化宣传、社区文化塑造以增强社区居民认同感、自豪感和家园感极为重要。建议回龙观镇、东小口镇文化服务中心，充分利用各种社区活动、各种社区媒介和新媒体大力宣传社区文化建设的重要性、必要性和紧迫性，宣传社区举办的各项重大文化活

动，塑造和宣传社区主题活动和品牌活动，调动居民的主动性、积极性、参与性，让社区文化深入人心、温暖人心、凝聚人心；充分利用社区网站，加强社区网络文化和社区网络文明建设，发挥社区网站在社区文化和社区文明建设中的引导作用。

Beijing Super Large Communities: Report on Satisfaction and Demand Degree on Culture Construction and Countermeasures

Research Team

Abstract: This report on the culture development of districts (Tiantongyuan Community and Huilongguan Community) in Beijing, Taking investigation of the questionnaire of public cultural service system within these two communities. At last, puting forward countermeasures and suggestions on community culture construction in super large community.

Key Words: Super large community; Public culture services; Satisfaction and Demand degree

文化创意产业与文化经济

Culture Creative Industries and Culture Economy

B.10 北京文化创意产业"倍增"着力点的新思考

高宏存　于 正*

摘　要：

文化部《文化产业倍增计划》的出台，对北京文化创意产业的发展具有指导意义。在这一计划指导下，北京充分凭借有力的保障措施、能量的经济效益和完备的产业结构，可在转变政府职能、完善政策法规体系、协调文化产业生态、优化空间布局、促进产业融合等领域重点推进，实现北京文化创意产业的健康快速发展。

关键词：

《倍增计划》　文化创意产业　着力点

* 高宏存，博士、文化产业管理出站博士后，国家行政学院社会和文化部副教授，重点研究文化产业、文化政策和管理；于正，硕士，中共农业部党校教师。

2012年2月28日，文化部在发布的《“十二五”时期文化产业倍增计划》（以下简称《倍增计划》）中提出，我国文化产业增加值在“十二五”期间要实现翻一番的目标，努力推动文化产业成为国民经济的支柱性产业。如何引导北京文化创意产业步入更好更快的发展轨道、实现跨越发展，是北京文化创意产业发展着力点。

一　北京具备文化创意产业倍增的土壤

一个城市的文化产业要发展得好，一般须具备五方面条件：一是深厚的文化积淀；二是新技术应用，特别是数字技术得到普及应用；三是集聚了大量文化企业和创意阶层；四是知识产权保护、金融、保险、通信、技术服务、教育等现代服务业比较发达；五是经济发展水平较高，文化消费潜力大。北京具有的比较优势主要有：①丰富的历史文化资源；②发达的数字网络技术；③充沛的人力资源优势；④繁荣的文化传媒产业；⑤旺盛的文化消费需求。

北京逐步铺就提升文化创意产业的基石。目前，北京市文化创意产业成为仅次于金融业的第二大支柱产业，发展成果显著，结构布局日趋合理，为“十二五”时期北京市文化产业的提升打下坚实的基础。

（一）政策措施保障有力

迈入“十二五”，北京市在《北京市国民经济和社会发展第十一个五年规划纲要》的基础上，出台《北京市“十二五”时期文化创意产业发展规划》，提出文化创意产业发展目标要由占全市GDP的比重由“十一五”期间的12.3%提升至15%，并将全力打造世界出版创意之都、亚太演出中心，推进特色聚集区建设。为谋划“十二五”时期北京文化的更大发展，贯彻落实党的十七届六中全会精神和《决定》，中共北京市委颁布了《关于发挥文化中心作用加快建设中国特色社会主义先进文化之都的意见》，这标志着北京将在一个更高的起点上加快首都文化的发展、从全局发展的战略高度推动全国文化中心建设。

（二）经济效益逐步彰显

文化创意产业作为一种战略性新兴产业，在北京市的产业经济中经济效益明显，成为首都经济繁荣的亮点。同时，北京居民文化消费持续增长，截至2012 年 11 月，全市城镇居民人均文化娱乐服务支出 2332 元，同比增长约12%。① 旺盛的投资和高涨的文化消费需求，带来了可观的经济效益。“十一五”时期，北京市第三产业服务业在 GDP 中的比重已经超过 75%，达到发达国家水平；文化创意产业年均增速高达 20.3%。② 2012 年 1～8 月，北京文化创意产业规模以上企业总收入为 5203.5 亿元，同比增长 12.9%，展示出了良好的发展势头；文化创意产业从业人员 98.9 万人，同比增长 6.4%，均实现历史新高，文化创意产业经济效益和社会效益逐步彰显。③

（三）产业结构布局更趋合理

从经济效益上看，北京文化创意产业资源转化利用效果明显、潜力巨大。然而，仅仅数量上的增长是不够的，结构优化、布局合理才是北京市文化产业良性发展的关键。北京市文化创意产业快速发展的同时，文化内容产业呈现出结构化趋势。2012 年 1～8 月，北京市文化创意产业中的软件与计算机网络服务、设计服务、广告会展、艺术品交易四大行业规模以上企业的收入为3048.3 亿元，同比增长 14.9%；新闻出版、广播影视、文化艺术等三大行业规模以上企业的总收入为 957.8 亿元，同比增长 27.6%，呈现了良好的发展态势。④ 同时，北京市注重文化产业空间布局的整体规划，在《北京市文化创意产业集聚区认定和管理办法（试行）》的指导下，2006～2010 年，分四批审核认定了 30 处文化创意产业集聚区，特色鲜明，发展态势良好，并初步显现以下特点：以海淀、石景山为核心的城西地区，凭借科技资源形成了以动漫游戏等计算机软件及服务为主的科技创意区；以东城、西城为代表的

① 数据来源：北京市统计局。

② 《北京文化创意产业年均增速 20%》，《光明日报》2012 年 1 月 6 日。

③ 数据来源：北京市统计局。

④ 数据来源：北京市统计局。

城中心区，凭借其历史、人文资源形成了以古玩艺术品交易、旅游休闲为代表的传统文化区；以朝阳、通州为代表的城东地区，则得益于城市快速建设，形成了以传媒、设计创意为代表的门类繁多的新兴文化产业区；以房山、怀柔、延庆、密云、平谷等周边区县为代表的生态涵养区，凭借其独有旅游资源，形成了以文化旅游、影视制作和交易为主的远郊旅游休闲区。综合来看，全市30个市级文化创意产业集聚区实现了九大行业、十六个区县“双覆盖”。

二　北京文化创意产业倍增要把握的着力点

（一）进一步深化“大文化”理念、转变政府职能，发挥大部门协同作用

我国文化产业在文化部门、新闻出版部门、广播电视部门、信息产业部门等多部门下实行垂直管理。但这种管理模式不仅存在权责交叉、效率不高的缺点，而且在产业之间不断“越界”、融合的发展趋势下，不利于文化企业的经营和有序市场竞争的形成。

北京市在“十二五”时期的文化发展中，为建设世界城市、更好地发挥首都文化服务功能，首先就要更加自觉地落实大文化发展理念，协调文化、教育、科技等不同部门的作用。文化繁荣发展要与公民个人的创造力，个人的生活，城市文化环境，乃至于城市精神、城市形象和城市管理水平的提高等，紧紧联系起来，让北京的文化更有吸引力和竞争力。其次，文化管理部门要进一步融合，尽可能使文化管理部门实现大部门制，努力探索适合我国文化产业发展的行政管理模式。可以探索建立文化产业管理部门间的联动机制，如文化部（局）与工信部（司）的合作。随着网络技术的发展，文化传播的一些平台在工信部管理下，像三大电信运营商都在往传媒方向发展，其收入的大部分来自文化产业流量，包括广告、内容下载、内容传播等。建立文化产业管理部门间的信息交流平台，在更大层面上加强合作与联动，共同应对文化产业领域出现的新变化，因势利导助推文化产业大发展大繁荣。此外，还要推动文化事业与

文化创意产业发展之间的协调，更好地探索公共文化服务内容的供给与需求之间的矛盾和不协调问题，提高公共文化服务的满意度和社会效益。

（二）更加注重政策法规体系的完整性、系统性

完善的政策法规体系是文化产业大发展的有力保证。我国文化产业现行法律法规体系不完整、衔接不严密，缺乏统一的国家法律支撑。除《文物保护法》和《著作权法》两部法律明确涉及相关行业的文化产业外，其他规范主要依靠国务院发布的各类行政法规。在未形成系统文化产业法律体系的情况下，容易出现令出多门、交叉管理等“越位”“错位”和“缺位”的不良现象。

对北京市而言，虽然其文化产业具备了一定规模，但市场竞争中仍处弱势，要努力建立既符合国际规则，又适合我国国情、北京特点和社会主义文化发展需要的文化产业政策。同时，要高度重视政策体系的完整性、系统性，站在更高的视野上谋划北京市文化创意产业的未来发展，逐步建立完善文化产业法规，让北京市文化创意产业的发展有法可依。在国家有关法律基础上，根据北京市的特殊情况，建立健全和规范文化产业的地方性法规。当然，文化产业政策法规体系的建立完善是一个长期过程。尽管中央及各级政府都很重视，中央各个部委对文化产业也已有了比较清晰的认识，并表示要大力支持文化产业的发展，由于文化产业政策涉及面很广，其体系的建立完善需要一个过程。

（三）密切市场调节与政府宏观调控的协同效应

文化产业作为一种产业形态，需要充分发挥市场的调节机制，尊重文化企业作为独立的利益主体在市场竞争中的能动性。但政府文化产业政策所发挥的调控作用亦是文化产业发展过程中不可或缺的重要手段。政策对文化产业的调控以财政、价格、税收、利率为主要形式，但对市场管理和企业引导的同时，不应过多干预企业正常的经济活动，否则会破坏公平竞争的市场环境，并可能催生腐败行为，最终导致资源配置的低效乃至浪费。

对北京而言，文化创意产业作为符合首都城市功能定位、具有巨大发展潜力的新兴产业，已得到普遍认同和重视。但纯粹的市场机制并不能保证一个产

业的健康发展，尤其在巨大的外部竞争压力下，更需要政府的宏观调控和规划。因此，要强化政府与市场的协同效应，使文化产业的发展既有强大的内生动力，又有良好的外部环境。

（四）兼顾多元市场主体，构建协调文化产业生态

培育壮大文化市场主体，是活跃文化市场、推动文化产业发展的重要手段。为了提高文化产业的生产活力和市场竞争力，《倍增计划》提出了骨干文化企业和中小文化企业协调发展的格局，明确了具体措施。“抓大”的同时不“放小”，培育壮大多元市场主体，以符合我国文化产业的实际。我国文化产业发展尚处于初期，只有几大骨干文化企业无法形成大的文化市场，还需要中小文化企业的有效协同；但是，没有一批大型骨干文化企业做核心，市场又缺乏领航者、集成者，无法形成产业竞争力。因此，文化产业的健康发展需要有一个良性生态，既需要“文化航母”，也需要多姿多彩的“小舢板”。

（五）优化空间布局，培育特色集聚，实现结构调整

集群发展是当今产业发展的趋势之一，文化创意产业的集群发展趋势明显。在有限空间和市场需求下，集聚区不是越多越好，其数量和布局应符合规模经济要求。只有集聚区内的企业实现空间集聚和产业链完整，才能实现较好的经济效益，发挥集聚区的价值功能，充分释放文化创意产业集群的规模效应。

“十一五”时期，北京的市级集聚区、区级集聚区、自发形成的集聚区有200多个。北京市分4批先后认定了30个市级文化创意产业集聚区，覆盖16个区县。但北京目前的文化创意产业集聚区也存在大小不一、管理主体不一、同质化严重等问题。因此，北京应该继续完善文化创意产业集聚区的认定和管理政策，明确政府的职责，加强政府监督和引导；避免集聚区重复建设，防止资源浪费；同时还要对入驻集聚区的企业制定专项政策，以更好地吸引文化企业和人才，维系集聚区的健康发展。进一步完善文化创意产业园区发展的各项政策，扶持定位明确、主导产业明确、集聚效应集中、经济效益突出的文化创意产业园区发展，促进其做大做强。

（六）促进产业融合，鼓励“跨界”发展

产业融合是文化管理创新的核心要素之一。文化生产、文化元素正在深刻地渗透到国民经济的各行各业之中，渗透到人民生活的各个方面，包括信息服务业、装备制造业、电子制造业、终端制造业、包装业、建筑建材装饰、现代服务业等。文化与制造业有机融合的企业，对提升企业及产品品牌起到了极大的作用；同时，其他行业也在深刻地渗透进文化领域和文化生产，这也反映了时代的发展。

要促进文化创意、设计与制造业融合，建立新型产业链。一是发挥艺术创意和设计业的增加制造业附加值的功能，促进创意设计与制造业的融合。利用好“北京国际设计周”和设计基地的作用，服务于北京的高端制造业。二是鼓励制造业企业参与文化产品生产，促进产业融合。三是要探索文化与旅游等传统服务行业融合的途径和方式，丰富传统产业文化内涵，挖掘发展潜力。依托北京丰富的历史文化资源，完善旅游产品的类型和新形态，增加服务的内容，改变目前很多还停留在“观光游”浅层次的文化业态，把体验游、休闲游等特色旅游类型开发出来。除了旅游产品自身，还要包括各类旅游纪念品的设计开发。目前，旅游纪念品基本上还停留在传统的、低水平的阶段，“北京礼物”还不够丰富，复合消费难以形成。要鼓励创意和设计公司参与旅游产品设计，提升旅游产品时代内涵，拓展旅游产品市场空间。

另外还要增强科技与文化互动融合，提升文化品牌。科技与文化的互动融合、相互渗透已成为加快文化发展和推动文化创新的强大动力。科技与文化的融合互动，不仅为文化的建设发展提供了重要的发展动力和技术手段，而且创造了新的文化形态，为提高文化产品的科学含量、技术含量和文化表现形式提供了重要条件，有利于文化品牌的打造与提升。

北京作为中国的科技、教育中心，拥有丰富的创新人才资源和强大的文化创新优势。北京市需要积极寻求科技创新和文化创新的结合点，形成科技创新和文化创新双轮驱动、深度融合的发展格局。进而，在加强科技创新和文化创新融合发展的基础上，进一步提高文化产品科技含量和科技水平，不断提高文化产品内涵与品质，创造出既有科技含量又有内涵品位的文化产品，打造并提升文化创意产品的品牌效应。

New Thinking on Impetus of Beijing Cultural Creative Industries "Doubling Program"

Gao Hongcun　Yu Zheng

Abstract: The adoption of "Cultural Industry Doubling Program" by Ministry of Culture's , has played a guiding role in the development of cultural creative industries in Beijing. Under the guidance of this plan, Beijing makes full use of its advantage in powerful supporting measures, immense economic benefits and comprehensive industrial structure, meanwhile lays emphasis on transforming government functions, improving policy and regulatory system, coordinating the ecology of cultural industry, optimizing the spatial layout, and promoting industrial integration, which leads to the rapid healthy development of cultural creative industries in Beijing.

Key Words: "Cultural Industry Doubling Program"; Cultural creative industry; Impetus

B.11
北京市文化创意产业空间影响机制与政策建议

黄斌　孙莉*

摘　要：

本文在全面梳理北京市文化创意产业空间分布及其变化的基础上，选取了 14 个影响文化创意产业发展的因素，以北京市 16 区县为分析对象，结合文化创意产业典型地区的案例，探讨了北京市文化创意产业空间分布特点及其影响因素，并在此基础上提出北京文化创意产业发展的空间对策和建议。

关键词：

文化创意产业　空间演化　影响因素　政策建议

北京是我国文化创意产业发展最好的城市之一，文化创意产业空间发展特点鲜明，并对城市空间产生了重大影响。本文着重对文化创意产业的空间生成、演化进行研究，并提出相应的发展策略，以期对北京和我国其他城市文化创意产业空间政策的制定有所借鉴。

一　相关概念界定

各国的定义更侧重于产业分类口径的界定，我国则采用“文化产业”这

* 黄斌，国务院发展研究中心东方文化与城市发展研究所助理研究员，博士，主要研究方向为文化产业、城市规划；孙莉，北京市社会科学院经济所助理研究员，博士，主要研究方向为区域经济。

一概念，国家统计局于2012年修订了《文化及相关产业分类》；北京市采用文化创意产业这一概念，主要包含9个产业部门，根据产业的特性，本文将其概括为高科技类、文化传媒类和技术服务类三类。为了和我国国民经济分类标准相适应及研究的需要，本文对相关产业的归类详见表1。

表1　北京文化创意产业主要部门及2011年基本情况

细分行业	2011年产业增加值（亿元）	增加值占文化创意产业比（%）	同比增长（%）	排序	本文归类	（主要）部门所属产业大类
文化艺术	68.0	3.42	26.63	8	文艺传媒类文化创意产业	R文化、体育和娱乐业
新闻出版	191.9	9.64	11.70	2		
广播、电视、电影	154.0	7.74	11.11	4		
软件、网络及计算机服务	1042.2	52.37	23.03	1	高科技类文化创意产业	G信息传输、计算机服务和软件业
广告会展	159.0	7.99	24.80	3	技术服务类文化创意产业	L租赁与商务服务业
艺术品交易	56.4	2.83	31.16	9	文艺传媒类文化创意产业	H批发和零售业
设计服务	90.6	4.55	7.60	6	技术服务类文化创意产业	M科学研究、技术服务和地质勘查业
旅游、休闲娱乐	78.6	3.95	13.09	7	—	R文化、体育和娱乐业
其他辅助服务	149.2	7.50	-8.13	5	—	—

资料来源：《2012年北京市统计年鉴》《北京市文化创意产业分类标准》《北京市文化创意产业的范围与分类》等。

二　北京市文化创意产业的空间分布和政策引导

（一）总体分布特征

从全市范围看，城市功能拓展区占有65.5%的创意单位，其中海淀和朝阳分别占有了全市32%和24.1%的创意单位，是北京市文化创意发展最好的两个区县。

表2 北京市文化创意单位按功能区分布比重情况

单位：%

分 组	单位数比重	收入比重	利润比重
功能拓展区	65.5	72.0	75.0
功能核心区	18.5	19.7	16.3
城市发展新区	12.5	7.6	8.6
生态涵养区	3.5	0.7	0.1
合 计	100.0	100.0	100.0

资料来源：北京市第二次全国经济普查统计报告之七。

从就业分布地区来看，文化创意产业就业主要集中于五环内中心城地区，目前已形成以海淀区中关村为核心的，上地至金融街、羊坊店的北京核心文化创意产业带，在望京—酒仙桥、建外CBD、亦庄、花乡（丰台科技园区）等地形成了若干生产型中心。该地区的文化创意产业空间布局，与北京市中关村科技园区的分布有高度重合之处。

（二）政策空间引导

目前北京市文化创意产业集聚区主要集中于城市功能拓展区，以海淀和朝阳两区最多，且与中关村科技园重合度较高（见表3）。

政府在政策上对文化创意产业集聚区的支持主要体现在《北京市促进文化创意产业发展的若干政策》《北京市文化创意产业集聚区基础设施专项资金管理办法》等法规中。法规指出，“市政府设立文化创意产业集聚区基础设施专项资金，资金规模5亿元，分三年投入”，为集聚区基础设施建设、环境整治、重大项目等提供政策和资金的支持。

从文化创意产业集聚区对产业增长的贡献来看，本文以设立集聚区对所在街道的就业贡献列表分析如下（见表4）。

表3　北京市文化创意集聚区与功能区间关系简表

批次	集聚区名称	所属首都功能区	与重点产业功能区之间的关系
第一批	中关村创意产业先导基地	城市功能拓展区	属于中关村科技园区
	北京数字娱乐产业示范基地	城市功能拓展区	属于中关村科技园区
	国家新媒体产业基地	城市发展新区	
	中关村科技园区雍和园	首都功能核心区	属于中关村科技园区
	中国(怀柔)影视基地	生态涵养发展区	
	北京 798 艺术区	城市功能拓展区	属于中关村科技园区
	北京 DRC 工业设计创意产业基地	首都功能核心区	属于中关村科技园区
	北京潘家园古玩艺术品交易园区	城市功能拓展区	
	宋庄原创艺术与卡通产业集聚区	城市发展新区	通州新城的重要组成部分
	中关村软件园	城市功能拓展区	属于中关村科技园区
第二批	北京 CBD 国际传媒产业集聚区	城市功能拓展区	与商务中心区范围重合
	顺义国展产业园	城市发展新区	是临空经济区和顺义新城的重要功能组成部分
	琉璃厂历史文化创意产业园区	首都功能核心区	
	清华科技园	城市功能拓展区	属于中关村科技园区
	惠通时代广场	城市功能拓展区	
	北京时尚设计广场	城市功能拓展区	属于中关村科技园区
	前门传统文化产业集聚区	首都功能核心区	
	北京出版发行物流中心	城市发展新区	通州新城的重要组成部分
	北京欢乐谷生态文化园	城市功能拓展区	
	北京大红门服装服饰创意产业集聚区	城市功能拓展区	
	北京(房山)历史文化旅游集聚区	城市发展新区	
第三批	中国动漫游戏城	城市功能拓展区	
	北京奥林匹克公园	城市功能拓展区	与奥林匹克中心区重合
第四批	八达岭长城文化旅游产业集聚区	生态涵养发展区	
	北京古北口国际旅游休闲谷产业集聚区	生态涵养发展区	
	斋堂古村落古道文化旅游产业集聚区	生态涵养发展区	
	中国乐谷－首都音乐文化创意产业集聚区	生态涵养发展区	
	卢沟桥文化创意产业集聚区	城市功能拓展区	
	北京音乐创意产业园	城市功能拓展区	属于商务中心区范围内
	十三陵明文化创意产业集聚区	生态涵养保护区	

资料来源：北京经济网、北京文化创意产业网，经作者调研整理。

表4　文化创意产业集聚区对所在街道文化创意三主导产业的支撑作用

集聚区名称	所在街道	判定产业	就业增长度（08/04）	判定
中关村创意产业先导基地	中关村街道	信息传输、计算机服务和软件业	4.24	显著增长
		科学研究、技术服务和地质普查业	1.68	增长
		文化、体育和娱乐业	3.03	显著增长
北京数字娱乐产业示范基地	苹果园街道	信息传输、计算机服务和软件业	4.30	显著增长
		科学研究、技术服务和地质普查业	0.85	下降
		文化、体育和娱乐业	1.25	增长
国家新媒体产业基地	西红门地区	信息传输、计算机服务和软件业	17	显著增长
		科学研究、技术服务和地质普查业	2.16	增长
		文化、体育和娱乐业	1.42	增长
中关村科技园区雍和园	北新桥街道	信息传输、计算机服务和软件业	13.8	显著增长
		科学研究、技术服务和地质普查业	2.01	增长
		文化、体育和娱乐业	1.79	增长
中国（怀柔）影视基地	杨宋镇	信息传输、计算机服务和软件业	0.67	下降
		科学研究、技术服务和地质普查业	0.25	下降
		文化、体育和娱乐业	1.40	增长
北京798艺术区	酒仙桥街道	信息传输、计算机服务和软件业	1.62	下降
		科学研究、技术服务和地质普查业	1.52	增长
		文化、体育和娱乐业	1.07	下降
北京DRC工业设计创意产业基地	德胜门外街道	信息传输、计算机服务和软件业	1.83	增长
		科学研究、技术服务和地质普查业	1.11	下降
		文化、体育和娱乐业	1.23	增长
北京潘家园古玩艺术品交易园区	潘家园街道	信息传输、计算机服务和软件业	1.36	下降
		科学研究、技术服务和地质普查业	1.35	下降
		文化、体育和娱乐业	1.52	增长
宋庄原创艺术与卡通产业集聚区	宋庄镇	信息传输、计算机服务和软件业	从0增长至50人	增长
		科学研究、技术服务和地质普查业	2.62	增长
		文化、体育和娱乐业	0.33	下降
中关村软件园	上地街道	信息传输、计算机服务和软件业	2.35	增长
		科学研究、技术服务和地质普查业	3.22	显著增长
		文化、体育和娱乐业就业增长	1.80	增长

注：1. 由于第二、三、四批文化创意产业集聚区的批复时间分别是2008年、2010年和2010年，并不能反映文化创意产业集聚区对地区文化创意产业发展的促进作用，因此此处不考察这三批文化创意产业。

2. 对比的三主导产业，2008年总就业与2004年总就业的比值分别为，信息传输、计算机服务和软件业1.64，科学研究、技术服务和地质普查业1.45，文化、体育和娱乐业就业1.15，超过此数值才能认为是促进了就业增长，超过这一数值的一倍认为是显著增长。

资料来源：北京市文化创意产业网，2004年第一次全国经济普查，2008年第二次全国经济普查；经笔者整理。

结果显示，以高科技类文化创意产业和偏向于通过科技支撑的文化创意产业设立集聚区的促进作用较大。中关村创意产业先导基地，国家新媒体产业基地（科技支撑的数字出版、传媒等产业），中关村科技园区雍和园（科技支撑的数字出版、传媒等产业），中关村软件园等园区各相关产业的就业数量都有显著增长；而文艺类文化创意产业设立集聚区的效用则并不明显。

三　典型文化创意产业集聚空间案例研究

（一）旧城文化再生案例：南锣鼓巷

相关资料表明南锣鼓巷的文化创意产业发展历程与如下因素密切相关。

1. 文化基础设施

南锣鼓巷的文化创意产业发展的根本影响因素是中央戏剧学院和国家话剧院（2011 年搬迁至达官营）。南锣鼓巷早期的酒吧、餐饮的特色是“静吧”，在很大程度上是为中戏、国话等创意阶层的“闲坐”“交谈”“面试”而设的。

2. 高品质的建成区基础和初始阶段低廉的地价

南锣鼓巷是北京市乃至全国唯一格局保留完整的元代历史街区，这种特色随着旧城风貌的日益衰退而愈发珍贵，从而为实现和创造空间品牌提供了良好的基础。但在开发初期的成本却很低廉，“创可贴吧”在 2005 年创业时，包括付房租、装修、买 T 恤、雇店员在内的成本不到 5 万元，仅仅 3 个月就收回了成本。

3. 偶然性

现有较多的研究认为偶然性是文化创意产业发生的重要影响因素，南锣鼓巷文化创意产业的发展也得益于早期“创可贴吧”（plastered）、文宇奶酪店等特色小店的“偶然性”出现。

4. 政府的前期搬迁腾退工作和中期的环境整治与规划引导

政府前期的搬迁腾退工作有效缓解了南锣鼓巷的空间压力，为文化创意产业的发展提供了空间基础。而文化创意产业的初始发展又为其在 2008 年奥运会前争取成为北京市重点扶持的特色商业街提供了条件。北京市商业局为每条特色商业街提供了数千万资金以整改市政基础设施，带动了南锣鼓巷空间品质的提升，为新一轮旅游业的发展提供了物质基础。

5. 专家的全程介入

南锣鼓巷从 2006 年起，就邀请北京大学城市规划设计中心的专家全程介入，并由北京大学城市规划设计中心编制了《交道口街道社区发展规划》（2006～2020）和《南锣鼓巷保护与发展规划》（2006～2020），以及《南锣鼓巷景观优化整治工程设计方案》等一系列专项规划，实时跟踪、调整业态和环境，为南锣鼓巷的可持续再生提供了智力保障。但南锣鼓巷现在也面临着成本上升，创意产业外迁，游客增加而推动商业化的问题。

（二）高校周边科技园区：中关村创意产业先导区

中关村创意产业先导基地是由政府（建设方科技园公司是政府主导的国有企业）主导建设的文化创意产业集聚区。其发展于中关村科技园区 20 余年积累的雄厚基础上，拥有已经较为成熟的生产者网络，并有周边高校等教育、研发资源的支撑，使得产业起步较为顺畅，到目前为止，无论是就业、产值还是其他基础设施条件等硬性指标，中关村创意产业先导基地都是所有园区中的佼佼者。但中关村创意产业先导基地的发展路径也最为曲折。早期，园区着力于促进文化创意产业相关的中小企业，尤其是出版、动漫和新媒体的制作等，但受限于高昂的地价，园内很难进行新的文化创意产业创业。因此，近年来园区逐渐转向文化创意产业，尤其是知识产权的交易。可以说，优越的硬件条件和地理品牌既有助于园区吸引行业领军企业，同时也提高了地租门槛，不利于中小企业的创业。

（三）城市边缘废弃工厂：798 艺术区

在 798 艺术区的形成和演化过程中，下列因素是十分重要的。

（1）中央美院迁建是发生因素，填补了区内原本并无基础的文化基础设施和教育、艺术家资源，是文化创意产业萌发的初始偶然。

（2）关键人物的社会网络是文化创意产业发展的根本原因。洪晃、罗伯

特、黄锐、李象群等知名艺术家和社会活动家入住798是该地区文化创意产业壮大、在拆迁危机中得以存续和发展的重要原因，并带动798艺术区从艺术家集中区域转变为展览商、艺术策划人、收藏家的全面介入，在经济上也延续了艺术区的发展。

（3）七星集团周转期间低廉的租金条件是文化创意产业发生的外部条件。

（4）恰逢中国当代艺术产业化和国际接轨是时代背景。中国当代艺术起源于1980年代的思想解放（圆明园画家村等均形成于1980年代），但直到1990年代末期才开始形成产业化并开始国际化。798艺术区的成立恰逢这一时期，因此得以在草创初期就吸引不少国外高水平画展机构的介入，并带动北京当代艺术的聚集和发展。

（5）接近消费市场。朝阳区亮马桥附近的使馆区、外籍人士为798当代艺术在发展初期提供了消费支撑。而798艺术区距离北京首都机场仅有20分钟车程，也有助于其吸引全国的客户。

（6）政府作用。尽管在2006年后政府放弃拆迁转而支持文化创意产业的发展，但大量的硬件建设和投入也在短时间内推高了区域的地价和租金，对文化创意产业的发展反而起到了阻碍作用。

目前，798的原创艺术已经大为减少，大多转移至草场地和宋庄，798本身已经成为一个艺术品展示和交易的空间，并伴有大量的商业、餐饮、娱乐设施。

（四）远郊艺术聚落：宋庄

宋庄原创艺术与卡通产业集聚区得以发生发展，最重要的原因有以下三点。

1. 初始偶发性

宋庄的发展在很大程度上依赖于方立均等人的偶然迁入，而方立均作为中国当代艺术的旗手和最早获利并致富的画家（2000年前后画作拍卖额已过千万），对其他艺术家形成了巨大的吸引力，进而在宋庄形成集聚，集聚后则因为“宋庄画家村”的地理品牌和“同行评议”等原因得以延续至今。

2. 产业链的支撑

宋庄画家村形成的同时，798艺术区也开始发展，宋庄与798之间形成了良好的“生产—销售”的合作渠道，促进了双方的共同发展；随着宋庄的进一步发展完善，宋庄自身也形成了十余个品牌画廊。

3. 政府的保护与规划

在艺术家与村民的房屋产权纠纷中，政府更倾向于保护艺术家的利益；成为集聚区后，政府迅速制定了文化创意产业的产业链延伸计划，以拓展和快速实现原创艺术的赢利空间，可以预见的是，这一规划将会导致租金上涨、游客进入和大型企业入驻，区域将从原创艺术的集聚转为艺术品交易、传媒产业等高盈利性产业的集聚，艺术家将向周边甚至更远的地区扩散。

四　北京文化创意产业空间分布的影响机制

通过面板数据回归分析和典型案例研究，可以发现了以下几点。

（1）影响文化创意产业空间布局的主要因素都突出表现在文化设施的数量和使用效率指标上，说明这一因素也是文化创意产业发展的必要条件和共性条件，即文化创意产业的发展需要文化设施的支持，也需要交流及其产生的知识外溢；其他较有影响力的指标包括除文化创意产业外的第三产业增加值（ValSer）和人均非食品类消费支出（Cons）等，均为正向的促进作用，这说明文化创意产业的发展需要依靠其他第三产业的支撑。其中 R 尤其与常住人口密度（DenP）的相关性更高，这说明其更重视创意的交流和消费市场的规模。

（2）从本文较为关心的政策对文化创意产业空间选择和发展的影响作用来看，地方公共财政支出（Expe）和文化创意产业集聚区数量（CCP，滞后一年数据）在促进文化创意产业发展中的作用较为微弱，一些可以推动文化创意产业发展的政策措施目前尚不能明确。笔者认为，其一是文化创意产业集聚区基于政策均衡的考量，与北京市文化创意产业发展阶段不相吻合；其二则是文化创意产业集聚区目前主要将工作重点放在硬件设施的完善上，对于园内企业的支持较少，且这种硬件完善还导致了地价房价上升，甚至对小微文化创意产业企业和创意阶层产生了挤出效应。

（3）对于典型文化创意产业集聚区而言，偶然性是文化创意产业空间发生的重要原因，但偶然性发生后产业集群的迅速发展主要依靠核心人物和企业的社会网络。

（4）政府主导的文化创意产业集聚区对于高科技类文化创意产业、处于起步阶段（甚至尚未起步阶段）的地区有一定的促进作用，但对于艺术传媒类文化创意产业、已经发展较为成熟的区域则应有不同的应对策略。

（5）不同类型文化创意产业需要的资源也各不相同。艺术传媒类文化创意产业倾向于选择旧城、废弃工厂，不仅仅是因为其租金便宜、交通便利，还因为旧城的空间符号可以内化为文化资本进行投入（黄斌等，2012）；而高科技类文化创意产业对于研究性的、科技性的产业资源需求较大，因此，更倾向于在高校周边、交通便利的郊区等低价、租金便宜的区域发展。

五 北京文化创意产业空间政策建议

综合以上分析，本文建议近期北京市文创意产业的空间政策应从如下几个方面进行调整。

（1）从支持文化产业向支持文化事业转变。尤其是向文化基础设施加大投入，如图书馆、博物馆等，不仅要新建硬件设施以增加数量或扩大规模，也要重视其利用效率，通过减免消费等途径鼓励市民利用文化基础设施，这将从根本上推动知识和创意的产生、交流和发展。

（2）从促进落后地区发展向推动发达地区自增转变。目前，北京市文化创意产业还处于发展阶段，各产业在空间上均呈现出极强的自我集聚性，因此，从效率上来看，集中式的产业发展政策效果更好，应将主要投资集中于当前文化创意产业集中的区域。

（3）文化创意产业各产业间的差别较大，不能采用一刀切的管理政策。从空间发展上来看，应从科技类和文化传媒类两个角度区分文化创意产业。其中，科技类文化创意产业可通过设立集聚区予以政策支持和集中发展；文化传媒类集聚区则应减少束缚，鼓励其自由发展。

（4）产业政策应更加体现对创意阶层的人文关怀。目前的产业政策偏重于产业、空间和基础设施，而事实上，自发性文化创意产业集聚区的发展没有一个是因为硬件条件良好而生发出文化创意产业业态的，大多是偶然性发生后有核心人物的凝聚作用、榜样作用从而带动了区域文化创意产业生产者网络的形成。

（5）对于文化创意产业发展较为成熟甚至趋向于衰退的区域，政府可以选择通过一些政策手段如限租金等方式予以控制并延缓其衰退过程，但这并不能从本质上改变产业的发展态势，应在原区域内积极主动寻找新的文化创意产业和文化创意增值空间，并创造条件促进不能适应区城内发展的企业向外转。

参考文献

Florida R. The Rise of the Creative Class: and How it is Transforming Working, Leisure, Community and Everyday Life [M], New York: Basic Books, 2002.

Hartley J. The evolution of the creative industries-Creative clusters, creative citizens and social network markets [C]. Proceedings Creative Industries Conference, Asia-Pacific Weeks, Berlin, 2007.

Potts J, Cunningham S, Hartley J, Ormerod P. Social network markets: A new definition of the creative industries [J]. Journal of Cultural Economics, 2008, 32 (3).

Pratt A C. Urban Regeneration: From the Arts "Feel Good" Factor to the Cultural Economy: A Case Study of Hoxton, London [J]. Urban Studies, 2009, 46 (5&6).

雷宏振、潘龙梅、雷蕾：《中国文化产业空间集聚水平测度及影响因素研究——基于省际面板数据的分析》[J]，《经济问题探索》2012 年第 2 期。

黄斌、吕斌、胡垚：《文化创意产业对旧城空间生产的作用机制研究——以北京市南锣鼓巷旧城再生为例》[J]，《城市发展研究》2012 年第 6 期。

黄永兴、徐鹏：《经济地理、新经济地理、产业政策与文化产业集聚：基于省级空间面板模型的分析》[J]，《经济经纬》2011 年第 6 期。

The Mechanism of the Space of Cultural & Creative Industries and the Policy Recommendations in Beijing

Huang Bin Sun Li

Abstract: After reviewing the space of Cultural &Creative Industries in Beijing,

the paper selects 14 factors affecting the development of cultural and creative industries, takes 16 districts and counties of Beijing as analyzing object, uses the panel data of 2007 -2011 to make a regression analysis, and it combines the case studies of typical cultural and creative industries areas to the influencing factors of the spatial selection of cultural and creative industries and its development, and then the paper briefly suggested the adjusting direction and further research direction of Beijing cultural and creative industries.

Key Words: Cultural&Creative Industries; Spatial Evolution; Influencing Factors; Policy Recommendations

B.12
文化上市企业发展情况分析：以北京市文化上市企业为例

傅 琰*

摘 要：

本文主要对我国文化企业上市后的情况进行分析，认为文化企业上市后总体发展情况与上市前相比取得了明显成绩；但是与行业发展情况、沪深股市其他板块发展情况相比，优势并不突出。我国文化企业上市后发展不理想的主要原因是现行文化管理体制的滞后、采编经营两分开的上市模式、缺乏激励机制等。本文认为，要激发文化上市企业的发展活力、实现其上市的根本目的，必须进一步深化文化体制改革，尤其应在文化企业的市场化发展程度上做出进一步探索。

关键词：

文化产业 文化企业 文化上市企业

文化产业的快速发展是实现文化强国的重要基础，而文化产业的快速发展又离不开文化企业的做大做强，借助资本市场则是文化企业做大做强的必由之路。近年来，尤其是2009年以来，文化企业掀起了上市热潮，在聚集了大量资本增强实力的同时，文化企业也遇到了发展中的瓶颈，从体制、机制到管理政策，文化企业需要激发活力。

一 文化企业上市的必要性

首先，推动文化企业上市是做强做大文化产业的需要。2010年10月，

---

* 傅琰，新华社主任编辑，清华大学新闻传播学院博士。

《中共中央关于制定国民经济和社会发展第十二个五年规划的建议》第一次明确提出“推动文化产业成为国民经济支柱性产业”，2011 年 10 月召开的十七届六中全会则提出，到 2016 年，我国文化产业的增加值占国内生产总值的比重要达到 5%，按照这个目标估算，未来 5 年文化产业年均增速应为 23% 左右。要实现这一宏伟目标，必须打造一批实力雄厚、具有较强竞争力的大型文化企业，带动整个文化产业的快速发展。而文化企业上市融资，通过资本运作手段尽快实现企业跨区域、跨行业共创兼并重组，是国际大型文化集团发展的必经之路，也是我国做大文化产业的必经之路。

其次，推动文化企业上市是加强国际文化竞争力的必要。随着全球化浪潮的不断推进，思想文化交流、交融、交锋趋势更加明显，一些西方发达国家通过做强文化产业，借助文化产品输出其价值观和生活方式，而我国在文化影响力和文化传播能力方面与西方国家尚有较大差距。以新闻传播为例，目前世界各地的新闻，90% 以上来自西方七大国。美国控制了全球 75% 的电视节目和 60% 的广播节目生产制作，许多第三世界国家的电视节目有 60% ~80% 的栏目内容均来自美国。在互联网领域，由西方国家控制的英文信息占绝大多数，中文信息不到总量的万分之一。[①]以电影市场为例，美国的大片占据世界 2/3 的票房。2012 年上半年，我国电影票房为 80.7 亿元，其中进口片为 52.66 亿元，国产片为 28 亿元，国产票房仅占 1/3。[②] 再以版权输出为例，近年来，虽然我国版权输出有了大幅提高，但是与引进版权相比，仍然有一定差距。2011 年，全国引进版权 16639 种，较 2010 年增长 0.2%；输出版权 7783 种，较 2010 年增长 36.8%；版权输出品种与引进品种比例由 2010 年的 1∶2.9 提高到 1∶2.1。[③]

我国文化产业国际竞争力不强，还表现在目前我国尚未形成有国际影响力的大型文化集团，而西方文化集团普遍为融合广播、报纸、出版、影视等业务多元化发展的巨型文化集团。以新闻传媒企业为例，美国新闻集团拥有 400 多家子公司，直接或间接控制《泰晤士报》《华尔街日报》等 170 家平面媒体，

---

① 薛巧珍：《我国广电产业的战略转型与实现路径》，《中国广播电视学刊》2012 年第 1 期。

② 《2012 上半年内地电影票房 80.7 亿》，2012 年 7 月 14 日《北京日报》。

③ 数据来源：国家新闻出版署发布的《2011 年新闻出版产业分析报告》。

拥有近40家卫星和有线电视频道，具备覆盖全球2/3人口的能力。[①] 据《2010年新闻集团年报》的统计，新闻集团2010年收入为327.78亿美元，超过我国同期广播电视行业的实际收入。《迪斯尼集团2010年财务报告》显示，美国迪斯尼集团2010年收入为380.63亿美元，与我国同期广播影视的总收入相当。[②] 在经济全球化的过程中，全球传媒集团的国际并购与国际合作更加频繁，而这些大型传媒文化集团也觊觎我国市场，使我国的文化安全面临挑战。

要想在激烈的国际竞争中赢得主动、扭转文化贸易逆差、维护国家文化安全，就必须加快发展文化产业，增强我国文化的整体实力和国际影响力，而这需要打造一批具有国际竞争力的文化企业、创造出具有全球影响力的文化产品。

二 文化企业上市后的发展情况

自1994年东方明珠在上海股票交易所挂牌上市后，随着我国经济快速发展、文化体制改革不断深入，大批文化企业纷纷上市。截至2012年7月，根据证监会统计，我国A股市场共有文化企业上市公司35家，其中注册地在北京的有9家，分别是歌华有线、华谊兄弟、华谊嘉信、乐视网、光线传媒、华录百纳、人民网、掌趣科技、ST传媒。[③]

（一）近年来文化企业上市的发展状况

2006年1月，中共中央、国务院颁发的《关于深化文化体制改革的若干意见》（以下简称《意见》）中明确提出，要规范国有文化事业单位的转制、加快产权制度改革，积极推动股份制改造、实现投资主体多元化发展，完善法人治理结构，鼓励符合上市条件的单位上市。2009年，国务院公布的《文化产业振兴规划》明确提出，加大对有条件进入主板、创业板上市融资的文化

① 刘芳：《如何加强我国媒体国际传播能力建设》，《传媒》2011年第10期。

② 薛巧珍：《我国广电产业的战略转型与实现路径》，《中国广播电视学刊》2012年第1期。

③ 数据来源：笔者对证监会访谈资料。

企业的扶持力度，鼓励已上市企业通过公开增发、定向增发等再融资方式对企业进行并购或重组；2011 年 4 月，“十二五”《规划》出台，鼓励跨媒体、跨行业、跨地区、跨国界和跨所有制的并购重组；2011 年 10 月，十七届六中全会召开，提出加快发展文化产业、推动文化产业成为国民经济支柱性产业。这些政策的出台进一步推动了文化企业的上市热情。

在一系列政策的推动下，大批文化企业上市。2006 年，新华传媒借壳华联超市上市；2007 年，新华文轩 H 股 IPO 上市，粤传媒与出版传媒 A 股 IPO 上市；2008 年，天威视讯 A 股 IPO 上市，时代出版 A 股借壳上市；2009 年，华谊兄弟、奥飞动漫在创业板 IPO 上市；2010 年，皖新传媒与中南传媒在 A 股 IPO 上市，华策影视在创业板 IPO 上市，中文传媒借壳上市；2011 年，凤凰传媒、光线传媒 IPO 上市，大地传媒、浙报传媒借壳上市；2012 年，长江出版借壳上市，吉视传媒、人民网、掌趣科技、新文化、百视通等 IPO 上市；等等。据证监会统计，十七届六中全会之后，截至 2012 年 7 月，已经有 19 家企业向证监会提交了首发申请文件。

（二）文化企业上市方式

文化企业上市方式主要包括 IPO 上市和借壳上市两种方式。所谓的 IPO 上市也就是指首发上市；借壳上市是指一些非上市公司通过收购一些业绩较差、筹资能力弱化的上市公司，剥离被购公司资产，注入自己的资产，从而实现间接上市的目的。

很大一部分文化企业是通过借壳实现上市的目的，这主要是因为很难满足证监会首发上市的要求。证监会规定，改制设立的主体必须满足三年经营期限和一定的经营业绩，而我国不少国有传媒企业改制时间较晚，达不到证监会要求。此外，由于多数国有传媒企业改制前属于事业编制，企业员工不愿意放弃事业身份，人员改制存在较大困难，存在员工尚未转换身份、相关员工社保费用漏缴或少缴、劳动合同签订不规范等问题。

文化企业上市与一般的企业上市不同，必须经过中宣部和行业行政主管部门的前置审批。上市最突出特点就是实行采编和经营两分开的上市模式，这主要是为了确保意识形态安全。文化类企业的编辑业务主要指报纸新闻采编、图书编辑、电视新闻、综合类内容制作等；经营业务包括媒体广告业务、发行印刷业务、有线网络服务、影视节目制作等内容。编辑业务由于与意识形态的联系较为紧密，所以不允许上市，经营业务则可剥离出来，以成立单独子公司的形式申请上市（如图1所示）。

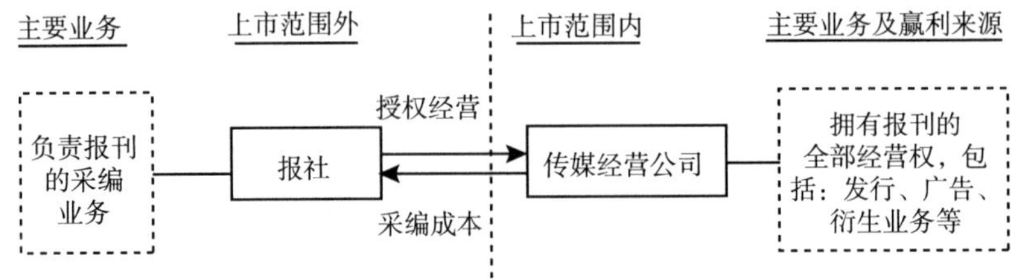

图1　文化企业采编、经营两分开的上市模式

出版企业则已经实现编辑业务上市的突破。2007 年 12 月 21 日，辽宁出版传媒成功登录沪市，率先实现出版编辑业务的上市。

（三）文化企业上市后业绩分析

截至 2012 年 8 月 31 日，我国股市共有文化企业上市公司 35 家，总市值 2466.09 亿元，占 A 股市值比例为 1.17%。国有控股上市公司是文化上市公司的主体。文化上市公司比上市前的经营业绩有较大飞跃，但整体从传媒文化板块与沪深股市相比，优势并不明显。

1. 与上市前相比显示出较强的发展优势

一是文化类企业上市后变为公众公司，建立起比较规范的经营管理机制，包括股东大会、董事会、监事会为特征的公司组织机构体系，建立了完善的公司治理结构，不断提高运行质量，提升公司管理水平。如华谊兄弟的董事会就很有特点，聚集了一批顶尖的管理精英，董事会成员包括阿里巴巴集团主席和首席执行官马云、UT 斯达康创始人吴鹰等一批知名企业家，这些企业家对华谊兄弟公司的发展战略有很大帮助。视频网站最火的时候，公司曾经纠结于是否要“上马”，后来董事会否决了这项决议。马云等董事会成员还帮助华谊兄弟引进了腾讯公司做机构股东，腾讯目前占 4.6% 的股份，极大地提升了公司

形象和实力。①

二是上市后通过资产重组、募集资金，不断拓展新业务，改变单一的赢利模式。随着传媒竞争加剧，传统媒体转型压力升级。为尽快转型、赢得主动，文化企业需要持续加大资金投入，通过上市融资，可以获得投资者的直接投资，大大降低企业融资成本。以华谊兄弟为例，华谊兄弟上市后获得了发展需要的大量资金，目前，市值已经达到100多亿。华谊兄弟的业务也从影视作品和艺人经纪等内容生产，拓展到渠道和品牌衍生品。

光线传媒上市后，产业链布局逐渐完善，娱乐内容制作能力规模化，赢利模式较为稳定（如图2所示）。

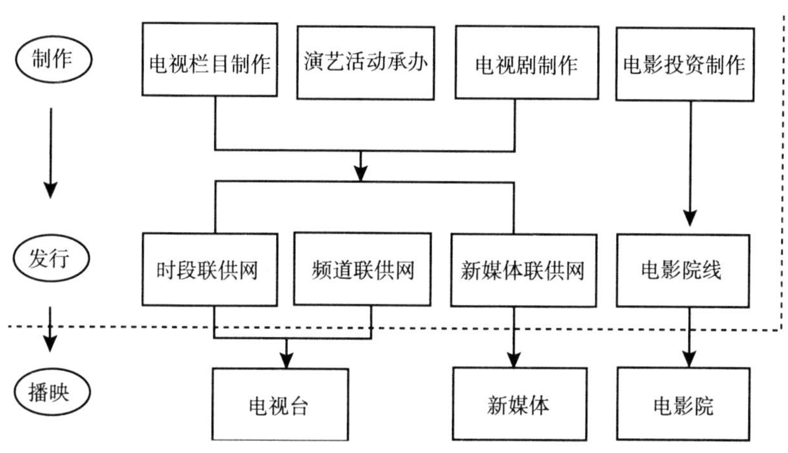

图2　光线传媒上市后产业链布局

三是提高集团的影响力，提升品牌形象。文化类企业在发行上市过程中，通过市场推介活动向资本市场以及广大投资者展现自身综合实力，挂牌交易及持续的信息披露也可以源源不断地展示企业形象、提高公司的市场地位和影响力，有助于公司树立产品品牌形象、扩大公司的知名度，有利于发挥公司品牌效应、提高产品市场占有率。

2. 就传播文化板块在股市的整体表现来看，优势不突出

纵向的从整个传媒板块在沪深股市表现来看，传媒板块表现不尽如人意，

① 资料来源：笔者对华谊兄弟副总裁、董事会秘书胡明的访谈。

从2006年到2011年的数据分析对比来看，6年时间里，有3年传媒板块跑输了大盘（如表1所示），其成长性和赢利能力并不被资本市场特别看好。

表1 传媒板块季度涨跌幅（2006～2012年）

2006年	第一季度	第二季度	第三季度	第四季度	全年
传媒板块	6.0	43.4	-1.0	23.0	84.9
沪深300	14.9	32.0	0.6	45.4	121.0
相对收益	-8.9	11.4	-1.6	-22.4	-36.1
2007年	第一季度	第二季度	第三季度	第四季度	全年
传媒板块	31.9	10.0	34.5	-5.1	85.3
沪深300	36.3	35.3	48.3	-4.3	161.5
相对收益	-4.4	-25.3	-13.7	-0.8	-76.2
2008年	第一季度	第二季度	第三季度	第四季度	全年
传媒板块	-29.6	-29.0	-16.0	-5.3	-59.3
沪深300	-29.0	-28.7	-20.3	-19.0	-65.9
相对收益	-0.6	-0.3	4.4	13.7	6.6
2009年	第一季度	第二季度	第三季度	第四季度	全年
传媒板块	27.8	17.5	-6.1	23.2	73.0
沪深300	38.0	27.4	-5.5	20.3	96.7
相对收益	-10.2	-9.9	-0.6	2.9	-23.7
2010年	第一季度	第二季度	第三季度	第四季度	全年
传媒板块	17.4	-24.1	14.1	0.8	3.7
沪深300	-6.4	-23.9	13.3	8.8	-12.5
相对收益	23.9	-0.2	0.8	-8.0	16.2
2011年	第一季度	第二季度	第三季度	第四季度	全年
传媒板块	-6.5	-11.5	-3.0	5.2	-16.9
沪深300	3.0	-6.5	-14.0	-9.4	-25.0
相对收益	-9.5	-5.0	11.0	14.6	8.1
2012年	第一季度	第二季度	第三季度	第四季度	全年
传媒板块	1.4	-0.9			
沪深300	4.7	0.1			
相对收益	-3.2	-1.0			

资料来源：wind资讯。

但是，在个别年度里发展较好，其中政策起到巨大的推动作用。如2011年由于十七届六中全会的推动，文化上市企业表现出较强的活力。据统计，文化上市公司在2011年实现营业总收入525亿元，比2010年增长26%，高于国内资本市场上市公司平均13%的增长度。①

三　影响文化上市公司发展业绩原因分析

（一）产业链完整性对文化上市公司经营的影响

采编经营两分开的上市模式主要是针对改制国有文化企业而言，目前图书出版行业已经实现整体上市，报业和广电业实行采编经营两分开上市模式。这一模式导致如下两个问题的产生。

一是降低了上市公司在资本市场的吸引力。作为轻资产公司，报业股在财务报表里可体现的无非就是以广告为主的经营性收入，有形资产可能就是一些印刷厂、车间、办公大楼。而报业的广告收入与其内容好坏、发行量、用户基数息息相关，但内容的采编终审权被剥离在上市主体之外，而按照国际上的报表会计制度，报业拥有的权利是不会写进财务报表的，所以发行量等不会体现，由于缺乏足够公开的数据，不容易取信于股民。

二是导致关联交易产生。关联交易是指上市公司或其控股子公司与上市公司关联方之间发生的转移资源或义务的事项。经营性业务的开展需要内容平台的支撑，但改制企业本身并不包含这些核心功能，使得上市公司的发展受到母公司的制约，上市公司与母公司之间复杂的关联交易严重困扰国有文化上市公司的独立发展。

三是造成同业竞争。同业竞争指上市公司控股股东或实际控制人所从事业务同上市公司构成或可能构成的竞争关系。以报业为例，报业改制上市，要避免同业竞争，首先要确定拟上市资产和业务的边界。具体而言，就是要按照政策要求，通过内部重组，将报业集团及其控制企业与上市公司经营业务性质相

① 资料来源：证监会。

同的经营性资产全部注入上市公司中，使集团与上市公司之间不再存在竞争关系，但随着报业集团规模扩大和实力提升，再次出现同业竞争的可能性依然很大。①

四是大股东侵占上市公司利益的问题。报业、广电业只允许经营性资产上市，上市后的利润仅允许通过采编费、广告代理费等比例分成的形式返还给大股东。此外，大股东要想获取股市发展的红利，就只有通过分红的形式。如果上市公司发展较好的话，一定程度上会引起大股东的不平衡，从而通过各种方式侵占上市公司的利益。

（二）现行文化管理体制的影响

1. 难以跨地区、跨行业发展

当前，我国文化产业发展中一个突出现象就是散、滥、差，产业规模小，产业集中度低，重复建设，市场分散，严重影响了综合竞争力。而鼓励和支持文化企业上市，本意也是通过这些企业的兼并、重组、托管、收购等，增强企业核心竞争力和创新能力，提高企业市场占有率，实现规模经济和范围经济，促进产业结构转型升级，带动全行业实现规模化、信息化、国际化发展。但是，长期以来受现行文化管理体制的影响，跨地区、跨行业发展的经营很难进行，也使一些实力雄厚的媒介无法向外扩张。

我国现行文化管理体制的特点是条块分割，强调以国家行政系统组织为秩序的“归口管理”和以各级地方党委、政府属地为主的“块”状化管理，形成了森严的行政壁垒和区域市场分割，文化资源无法通过市场实现优化配置。

近年来，国家出台的政策都对新闻出版和广电集团跨地区、跨行业发展有所表述。2009 年 4 月出台的《关于进一步推进新闻出版体制改革的指导意见》明确提出，要鼓励和支持多层面、多角度、跨地区、跨部门的文化资源整合，在三到五年内，培育出六七家资产雄厚、销售业绩突出、国际知名的大型出版传媒企业。2009 年 7 月通过的《文化产业振兴规划》明确提出，要推动出版

① 《报业上市若干难点问题及突破》，《中国报业》2008 年第 9 期。

业产业结构调整和升级，开展出版物发行业跨地区、跨行业、跨所有制经营，培育若干大型发行集团，提高整体实力和竞争力。2011 年 3 月通过的《中华人民共和国国民经济和社会发展第十二个五年规划纲要》明确提出，鼓励文化企业跨地域、跨行业、跨所有制的经营和重组，全面提高文化产业规模化、集约化、专业化水平。但是目前看来，跨地区、跨行业发展禁锢较多，落实得并不好。以歌华有线公司为例，上市 12 年来，仅发生了 2 起收购案例（如表 2 所示），也未尝试进入其他行业进行经营。

表 2　歌华有线上市以来的收购案例

公司	公告时间	收购资产类别	收购比例(％)	收购价格(百万元)
歌华有线	2002 年 2 月	北京远郊有线网络资产	100	165
	2004 年 9 月	涿州有线网络	95	12

资料来源：各公司公告。

2. 募集资金使用情况不佳

“属地化管理”政策以及多个管理部门的分割化管理，导致传媒业的区域化分割和行业化分割，严重制约了优势企业的快速扩张和发展，也致使文化企业尤其是国有文化企业在上市后很难有可持续发展的投资发展项目。

一是不少国有文化上市公司募集资金闲置。北青传媒早在 2004 年底就在香港上市，成为中国“报业海外第一股”，融资 9.5 亿港元，一时风光无限。但由于现有传媒管理体制的弊端和政策限制较多，上市募集的资金现在还有绝大部分尚未动用。

二是募集资金项目赢利空间有限。大多数广电网络上市公司募集资金主要用来进行技术改造项目，没有太大的赢利想象空间。歌华有线公司自上市以来至 2011 年底共募集资金 39.801 亿元，一共募集过三次资金。第一次募集资金项目包括：北京有线广播电视光缆网络工程、宽带社区网络一期工程、北京有线广播电视数字视频点播（VOD）传输系统一期工程、北京歌华有线电视网络技术研究中心、北京有线广播电视网电视会议系统、北京歌华有线电视网络股份有限公司客户服务中心、双向数字微波数据网、数字有线电视传输平台一期工程、宽带社区网络二期工程。第二次募集资金使用项目包括：北京市各城区有线数字电视

传输系统、北京歌华有线数字电视媒体中心、北京歌华有线数字电视用户信息中心。第三次募集资金使用项目为高清交互数字电视基础应用工程项目。

3. 股权激励等手段运用得并不普遍

股权激励属于一种中长期的激励方法，通过分配公司的股权给高级管理层，从而形成高管层与公司的所有者利益取向相同，与股东一起承担企业发展中的风险，分享企业成长过程中所获得的利润。目前，股权激励在我国不少国有企业已经采用，但是在国有文化上市公司中还是凤毛麟角。未上市的传媒企业多数仍是“工资 + 奖金”的形式，即“固定工资 + 绩效工资”模式，而且绩效工资普遍占小头（多为 30% 左右）。已经上市的传媒企业多数也是采用年薪制，实施股权激励的公司不多。①

在文化行业，人才的突出作用毋庸置疑，由于没有体制机制束缚，不少民营文化上市公司反而能够无所顾虑地实施股权激励，聚集和吸引了大批优秀人才，在资本市场显示了强劲的发展潜力。例如，文化上市企业中有中青宝、蓝色光标、乐视网、华策影视、华谊兄弟等推出了股权激励计划，激励对象包括了高管人员，高管人员获授股权占股权激励授予股份总数的 4% ~25% 。其中，华谊兄弟于 2012 年 10 月 26 日召开股东大会，公布股权激励计划，123 人被授予 1043 万份股票期权，约占激励计划签署时公司股本总额 60480 万股的 1.72% 。② 一些证券公司对华谊兄弟进行股权激励的事情给予高度评价，认为这有利于进一步完善华谊兄弟传媒股份有限公司的法人治理结构，促进公司建立健全激励约束机制，充分调动公司高层管理人员及核心骨干员工的积极性，使各方共同关注公司的长远发展。

四　推进文化企业上市公司快速发展的建议

一是进一步深化文化体制改革，在保证舆论宣传导向的前提下，可先行试点，尝试在股市塑造完全的国有文化市场主体。目前，国有文化上市公司主要集

---

① 刘明：《中国传媒上市实践与探索》，中国人民大学出版社，2011，第 341 页。

② 公司公告。

中在广播电视和党报党刊等媒体领域，它们既是党和政府的喉舌，又是文化产业发展占比较大的子产业。目前，我们把媒体定为事业单位企业化经营，实行采编和经营分离、台网和制播分离的改革，目的是把能够经营的部分引入市场机制、进入市场运作，实现产业化发展，同时保证舆论导向不被经济利益所左右。但从报业、广电行业等实际情况来看，采编经营或者制作、播出、覆盖不仅构成了完整的传播流程，也构成了完整的产业链条，不论是传播内容的有效实施还是产业的正常发展，都很难把其中的一部分作为事业、把另一部分作为产业。因此，未来可从文化体制改革深入推进和文化迅速发展的实际出发，面向所有文化主体进行全方位的整体设计，把文化企业划分为一般企业和特殊企业，一般企业即适用于《公司法》规范的一般营利性文化企业；特殊企业即分布于新闻出版等国家战略行业的营利性文化机构，实行“国有独资”“国有控股”等组织形式。为了保证舆论的导向性，可先行试点，在已有的经营性资产的上市公司如报业上市公司中，尝试将采编资产整体注入，若试点成功，再逐渐推行。

二是进一步理清政府在文化发展中的责任，实现“管办分离”。政府在文化发展中的主要任务是，保障战略性、标志性、稀缺性、基本型的文化供给，有力扶持市场竞争不充分的文化服务。政府与文化企业的关系，应按照政企分开、政事分开、政资分开的原则，减少直接的行政干预，而主要通过法律法规、政策等手段调控市场、实行监管，为文化企业发展创造良好的市场环境。就文化上市企业而言，应鼓励企业通过并购重组进行跨区域、跨行业拓展，形成优胜劣汰的机制。

三是鼓励文化上市公司通过股权激励等方式，建立健全激励约束机制。目前，创业板公司股权平均备案周期是100天，最长一家公司达9个月，一些公司经历“漫长”的备案周期后，股票价格远远高于在二级市场直接购买的价格，导致股权激励价格倒挂。因此，部分公司就可能放弃股权激励。此外，根据相关规定，行权的缴税比例为45%，以行权日当天收盘价格为计税基数。行权后，高管层的股票6个月不能交易，6个月后只能卖25%。而股价涨跌幅度较大，财富容易大幅缩水。① 因此，主管部门可适当缩短股权激励备案周

① 资料来源：对深圳交易所相关人士进行访谈。

期；同时，宜出台一些弹性措施，可将股票出售后的实际所得作为计税基数，而不是行权时股价交税，这样企业高管层和核心员工的权益能得到更多有效保障，积极性可以得到更大调动。

Analysis of the Development of Listed Cultural Enterprises: A Case Study on Listed Cultural Enterprises in Beijing

Fu Yan

Abstract: This paper mainly analyzes the situation of cultural enterprises after listed and holds the point that the overall development of listed cultural enterprises scored remarkable achievements compared to that of unlisted. However, when compared with the development of industries and other plates of Shanghai and Shenzhen stock markets, their advantage is not prominent. The main reasons why cultural enterprises in China performed poorly after listed are the lagging of current cultural management system, separate listing modes of gathering and editing and operation, as well as lack of incentive mechanism etc. In order to stimulate vitality of listed cultural enterprises and achieve the fundamental purpose of their listing, reform of the cultural system has to be further deepened; especially the development of marketization of cultural enterprises should be made further exploration.

Key Words: Cultural industries; Cultural enterprises; Listed cultural enterprises

B.13

2012年北京市电影产业投融资状况分析

何 群 卜晓菲*

摘 要：

2012年的北京电影产业投融资状况，呈现出政策支持力度持续加强、投融资规模不断扩大、投融资方式不断成熟、资本运作的国际化趋势持续加强和投融资机制不断健全的基本特点。但由于电影产业投融资在北京乃至全国都是一个新生事物，诸多不足的存在仍然显而易见。今后北京应加大解决中小成本电影及中小影视企业融资难问题的力度，加快影视公司的上市步伐，提高电影产业资本运作的质量，进一步完善电影产业投融资机制。

关键词：

电影产业 投融资 投融资机制

近年来中国电影的生产数量、票房收入等平均每年以30%的速度快速增长，影院、银幕数量也得到较快增长，这与大量资本的助推有着紧密的关系。北京市作为全国影视制作资源最为集中的地区，在电影企业和金融机构的共同探索和政府各种政策措施的大力推动下，2012年的北京电影产业投融资局面取得了新的进展。

一 北京电影产业投融资现状及基本特点

2012年北京电影产业的投融资状况，大体上表现出政策支持力度持续加

---

* 何群，博士，中央财经大学文化与传媒学院教授、硕士生导师，研究方向为文化产业；卜晓菲，中央财经大学文化与传媒学院研究生。

强、投融资规模不断扩大、投融资方式不断成熟、资本运作的国际化趋势持续加强和投融资机制不断健全等基本特点。

（一）政策支持力度持续加强

北京市政府一直高度重视文化创意产业的发展，2012 年，继续加强相关政策对文化创意产业投融资的引导和支持，带动了包括电影产业在内的北京文化创意产业的发展。

2012 年 4 月，中国人民银行营业管理部和北京市文化局、北京市广播电影电视局、北京市文化创意产业促进中心等政府部门，联合启动了“文化金融服务年”活动，旨在全面提升北京市银行文化金融服务的效率和质量，推动文化创意产业贷款规模持续扩大、文化金融创新产品数量较快增长、文化金融专营机构做实做强，服务北京建设社会主义先进文化之都。

2012 年 7 月，北京市金融工作局、市委宣传部又推出了《关于金融促进首都文化创意产业发展的意见》，提出要从加快完善文化创意产业信贷支持体系、直接融资体系、股权投资体系、保险创新体系、公共服务体系，以及积极发展文化要素市场、加强组织领导和协调保障等方面，大力促进首都文化资源与金融资源的全面对接，尽快形成覆盖文化创意企业和文化产品全生命周期、文化创意产业全链条、文化市场全交易环节的金融创新体系。并且提出完善现有财政资金的投资方式，建立北京文化创新发展专项资金，将在 2012～2015 年的四年中，每年统筹资金 100 亿元，用于支持首都文化发展。这些政策是对此前北京市颁布的《北京市促进文化创意产业发展的若干政策》《北京市关于支持影视动画产业发展的实施办法（试行）》《北京市文化创意产业担保资金管理办法（试行）》《北京市文化创意产业贷款贴息管理办法（试行）》等政策的进一步深化和系统化。北京市政府推出的上述政策和措施，无疑为 2012 年以及今后北京电影产业投融资的迅速发展起到了积极的推动作用。

（二）投融资规模不断扩大

2012 年，北京电影产业投资主体多元化的趋势进一步加强，投资规模也

越来越大。首先，北京市政府加大了对包括电影产业在内的文化创意产业的投入。除了此前北京市建立的每年 5 亿元文化创意产业专项资金外，2012 年，市政府又统筹安排了 100 亿元文化创新发展专项资金，以支持公共文化服务体系建设、促进文化产品创作生产等。其次，银行也加大了对北京电影产业的支持力度。根据中国人民银行的统计，2012 年，北京市中资银行累计发放文创类贷款 421.1 亿人民币，同比增长 46.7%。① 其中北京银行的表现最为突出，截至 11 月末，北京银行已累计发放文化产业各类贷款 3000 余笔，总额达 500 亿元，在北京市场的份额中达到 50%，② 支持了包括万达院线、北京国棉文化创意发展有限公司、华谊兄弟、光线传媒、小马奔腾在内的 700 多家文化创意企业，在北京文化产业金融服务的市场份额中位居第一位。再次，从其他资金来源渠道投入到北京电影产业中的资金同样可观。2011 年 3 月，小马奔腾公司完成私募融资 7.5 亿元，创下当时中国影视产业有史以来最大私募融资交易记录；但这个记录被海润影视打破，2012 年，海润影视公司进行了两轮私募融资，总金额达 10 亿元。

（三）投融资方式不断成熟

2012 年，北京电影产业的各种投融资方式日趋成熟。这不仅表现在资金来源渠道越来越多，还表现在电影企业上市已成为常态、电影信贷融资的基本模式形成，以及更加专业化的影视或文化产业投资基金的出现。

首先，电影企业上市已成为常态。2012 年 2 月 9 日，北京华录百纳影视股份有限公司股票在深交所创业板上市，成为北京第 6 家上市影视公司。与此同时，据媒体透露，国内正在积极筹备上市的影视类公司还有中国电影集团公司、万达院线、小马奔腾、大唐辉煌等 10 家公司，到 2013 年，中国上市的影视企业将超过 20 家。影视公司纷纷上市融资，不仅能够扩大企业规模，还能够加快产业的市场规范和资源重组，形成优胜劣汰的格局，对于北京的电影产业来说具有积极的促进作用。

---

① 《中资行文创贷款累计发放 421.1 亿》，《北京日报》2012 年 12 月 17 日。

② 《金融创新助力文化产业发展》，《金融时报》2012 年 11 月 17 日。

表 1　北京上市影视公司概况

上市公司	华谊兄弟	橙天嘉禾	博纳影业	光线传媒	华录百纳	星美国际
成立时间	1994	1970(原嘉禾娱乐集团)	1999	1998	2002	原"东方魅力",2003 年被收购后易名
上市情况	2009A 股上市	2009 借壳上市	2010 美股纳斯达克上市	2011A 股上市	2012A 股上市	收购完成后成为星美传媒旗下香港上市子公司
交易代码	300027	01132	BONA	300251	300291	00198
主营业务	影视剧制作、发行等	影院、影视剧制作等	影视剧发行、制作等	电视节目、电影、广告等	影视剧投资、制作、发行及衍生业务	影院影视剧制作等

其次，电影信贷融资的基本模式已经形成。自从 2008 年北京银行以版权质押方式为华谊兄弟提供 1 亿元打包贷款，开创了国内首家以"版权质押 + 打包贷款 + 个人无限连带责任"影视剧贷款方式的经典案例以来，经过不断的尝试和探索，如今，这种方式已经成为不少银行服务影视制作公司的基本模式。2012 年，北京银行与博纳影业签订金额为 5 亿元的意向合作书，以版权质押和影视剧打包贷款相结合的方式，为博纳影业拍摄 3D 版《林海雪原》《白发魔女传》《冰雪十一天》等 10 部影片提供资金贷款，创下中国民营电影企业获得的最大单笔授信额度。

表 2　近年来北京部分影视公司获得银行贷款情况

时间	公司	来源	授信额度及用途	担保及质押
2010	新画面影业	民生银行	1.5 亿元贷款用于《金陵十三钗》的拍摄	版权质押
2010	博纳影业	北京银行	1 亿元打包贷款用于《龙门飞甲》等 4 部电影和《十月围城》电视剧的拍摄	版权质押，第三方保证，个人无限连带责任
2011	华录百纳	国开行北京分行	3000 万元用于支持多部作品的拍摄	版权质押，应收账款质押
2011	完美影视	交通银行北京分行	9000 万元贷款，用于影视剧项目的拍摄、制作和发行	信用与版权质押相结合

续表

时间	公司	来源	授信额度及用途	担保及质押
2012	博纳影业	北京银行	5 亿元意向性综合授信，用于支持博纳影业拍摄 3D 版《林海雪原》《白发魔女传》《冰雪十一天》等 10 部影片。	版权质押

注：2012 年博纳影业的相关内容，参考《北京银行向博纳影业授信 5 亿元》（《证券时报》2012 年 5 月 21 日）的相关内容进行整理。其他内容根据《银行为何钟爱投资影视剧》（《联合早报》2011 年 12 月 28 日）中的相关内容进行整理。

最后，专业化影视或文化产业投资基金的出现。在我国电影企业或项目刚开始融资的早期，进行投资的大多是国营或私营公司，国内首只以影视文化产业为主要投资方向的投资基金——壹影视文化股权投资基金成立于 2009 年。2012 年 7 月，北京首只影视文化基金——乐视星云影视文化基金成立，填补了北京专业化影视或文化产业投资基金的空白。由于北京是国内电影产业集聚程度最高的城市，大量的电影产业投资事件都在这里发生，所以这里也是电影产业投资基金最活跃的地方。与其他投融资方式不同，影视或文化产业等投资基金进入电影企业或项目，往往不仅仅是单纯的投资行为，还会提供特有的专业化管理，即把投资公司一整套严格的风险控制机制、利益和责任约束机制，以及严谨的风险投资操作程序和规范沿用到电影产业领域中来。这种专业化管理具体表现在如下方面：一是对于经营管理还比较粗放的电影企业，投资方会派专人对所投资公司或项目的财务进行监督、管理；二是投资方在对电影制作项目投资前，会严格审查项目的可行性，并始终追踪项目与目标消费市场的对应性；三是投资方有时还能够从组织架构、主营业务、团队建设等方面规范公司的管理，帮助公司建立高效的组织结构，找到清晰的赢利模式，并输入高级管理人才。虽然投资方提供专业化管理最主要的目的是为了降低投资风险，但在客观上对于北京电影公司建立现代企业制度、增强核心竞争力、推动北京电影产业规范化发展，无疑会产生明显的促进作用。因此，影视或文化产业投资基金应该是最适合电影产业的专业性投资方式。

（四）资本运作的国际化趋势持续加强

2012 年，中国影视领域发生了多起引人注目的并购事件，成为了中国电影产业有史以来资本运作最为活跃的时期。在北京，除了华谊兄弟、博纳影业等上市公司布局产业链所进行的各种国内外公司的并购行为之外，还有多起国际性并购事件。在2012年4月举行的第二届北京国际电影节上，小马奔腾与好莱坞著名特效公司数字王国签约，双方确定在北京合资设立影视特效基地，并设立中国第一家影视特效摄影棚，双方的合作已经从单部影片合拍进入到战略合作的领域。2012年5月，美国新闻集团完成了对博纳影业19.9%股权的购买，这一参股对于加强博纳影业和好莱坞之间的联系会起到积极的促进作用。2012年5月22日，万达集团斥资26亿美元收购北美第二大院线AMC公司，一跃成为世界上最大的影院运营商。随后，北京万达文化产业集团成立，业务涉及电影放映制作、大型舞台演艺、电影科技娱乐、连锁文化娱乐、报刊传媒、中国字画收藏等6个行业，至此，中国最大的文化企业诞生。2012年，这些国内外顶尖级文化企业在北京的“进出”，显示出北京乃至全国的电影产业正在逐步融入国际格局，进入国际电影循环系统。只是这种“进出”的双方目前无论在数量还是在实力上都还远远达不到平衡。中国正在崛起的巨大电影消费市场吸引了大量的国际知名企业进入，但我们能够“走出去”驰骋世界电影市场的企业还屈指可数。北京和我国的电影产业国际化进程才刚刚开始，任重而道远。

（五）投融资机制不断健全

近年来，北京市为了促进电影产业的发展，在投融资机制建设方面做出了很大努力，取得了明显的进展，具体表现在以下几个方面。

第一，打造电影产业与金融资本的对接平台，为投资方与融资方的结缘创造机会。北京早在2010年就由北京产权交易所、北京东方信达资产经营总公司、北京东方雍和国际版权交易中心有限公司，联合北京银行、国家开发银行、北京中关村科技担保有限公司等十余家金融机构，发起成立了“北京文化金融中介服务平台”，为中小影视企业通过银行进行贷款融资提供配套服务。北京还在每一届的文博会上设立北京文化创意产业投融资项目推介会。2012年第七届文博会上仅签署银行授信文化产业项目的金额就达662亿元人民币，整个文博会上签署的文化创意产业项目协议和原创文化内容产品及艺术

品交易总金额达 1089.53 亿元人民币，比上届增长 38.5%。[①]

2011 年以来，北京市更是专门为电影产业打造了一个专属的交易和金融服务平台，即北京国际电影节（首届名为北京国际电影季）。北京国际电影节没有设立竞赛单元，而是开展了创投项目洽谈、电影产业项目路演、电影投资沙龙、中外合拍论坛、签约仪式等活动，致力于为各方搭建一个洽谈磋商的平台。2012 年第二届北京国际电影节的签约金额更是高达 52.73 亿元，与 2011 年首届相比增加 88.7%，创下国内节展交易签约金额的数量之最。[②] 这说明，北京国际电影节作为北京乃至全国电影产业最重要投融资平台和交易平台的作用已经显现出来。

第二，建立电影版权的评估环节。随着版权质押成为银行等金融机构进行电影企业和项目贷款的重要抵押方式，版权的价值评估就成为电影产业投融资中不可或缺的中间环节。只有电影版权的价值得到明确的量化评估，版权质押才有可能真正成为电影投融资中最有价值的砝码。然而，电影作为一个内容产品，电影企业作为一个轻资产公司，其精神性价值和市场化潜力很难用固定资产的数字化评估体系来衡量，因此，相关的评估、抵押一直都是影视公司获得银行贷款的关键瓶颈。为此，北京的各相关机构一直在为解决这个问题而努力。

2012 年伊始，艾亿新融资本联合中影集团推出了国内首个基于电影票房预测的估值与定价分析系统——BRP 系统。该系统能分析预测不同种类电影的票房价值，是电影产业投融资的重要参考工具，同时，对电影产品定价及衍生产品开发都具有较强的指导作用。2012 年 5 月，中国人民大学国家版权贸易基地版权评估中心为北京某影视剧制作公司的 10 部电视剧做了版权评估，估价 1.7 亿元。[③] 以此作为质押，公司从北京银行获取近亿元贷款。2012 年 11 月，北京国际版权交易中心版权评估委员会成立，首推影视版权评估。这些举动虽然都是刚起步，但显然会对北京电影版权评估体系的最终建立产生积极的推动作用。

---

① 《北京文博会签约总额破千亿元》，《京华时报》2012 年 12 月 24 日。

② 《第二届北京国际电影节签约 52.73 亿元》，《北京日报》2012 年 4 月 27 日。

③ 《版权评估：为金融与文化架桥》，《人民日报》2012 年 5 月 8 日。

综上所述，从政策支持到不断拓展融资模式，从打造电影与资本的对接平台到不断完善其中间环节，北京电影产业投融资机制的大致轮廓已基本呈现出来。

二　北京电影产业投融资存在的问题

（一）中小成本电影及中小影视企业融资仍然较难

近几年，虽然北京电影产业涌入了大量的资本，但银行青睐的对象往往是有稳定还款能力的大影视公司，投资机构基本倾向于投资业内排名靠前的公司，即使是风险投资基金、私募股权基金等风险偏好型投资者也往往聚焦于极少数有上市潜力的公司。而大量的中小成本电影以及中小型影视企业，资金的饥渴度依然没有得到大的缓解。目前，北京东方雍和国际版权交易中心已首创版权信托融资模式，即版权方把作品版权信托给版权交易中心，版权交易中心再以这部分信托资产做抵押物，协助版权方申请贷款，来帮助更多的中小文化创意企业或项目获得资金支持。在政府方面，北京市文化创意产业促进中心早已于2009年就委托北京首创投资担保有限责任公司、北京中关村科技担保有限公司等对文化创意企业进行融资担保合作，并给予企业以贷款贴息。但从目前披露的信息来看，能够获得信托或担保的影视企业很少，且大都是实力雄厚的电影项目和像光线传媒这样比较成熟的企业。显然，目前的政策与举措还是无法从根本上解决中小成本电影及中小影视企业融资难问题。

（二）影视公司的上市步伐较慢

北京现有的上市影视公司有6家，数量在全国处于领先地位，但与几十家影视公司上市的需求相比步伐还比较慢。同时，与国内的出版业、报业等其他文化行业的国有企业风起云涌的上市景象相比，电影企业中的“国家队”上市的序幕还未真正开启。对于影视公司来说，上市融资具有融资成本低、融资效率高、融资规模大等诸多优点，公司上市融来的雄厚的资金，可以用来加大对影视作品的资金投入，积极开拓周边产品和下游产业，延长产业链，在对同

类企业进行并购或重组的同时，实现电影企业的集团化、规模化、专业化发展和升级换代。这对于处在不断开放的国际环境下的北京乃至全国的电影企业和电影产业发展来说，显然都是十分重要的。这也正是北京需要进一步加快影视公司上市步伐的重要原因。

（三）电影产业资本运作还处于初级阶段

虽然 2012 年电影产业的资本运作领域出现了像万达集团并购美国 AMC 院线的大手笔，国际化趋势较为明显。但不可否认，北京乃至全国的电影产业资本运作还处于初级阶段。首先，一些上市影视公司利用其雄厚的资本实力，不断扩张、并购，进行产业链布局，但迄今为止还处于“布点”阶段，整个产业链的贯通整合能力还未显现出来。例如，华谊兄弟公司自上市以来，其募集资金除了用来扩大其主营业务影视剧制作和艺人经纪之外，加大了资本的投入，截至 2012 年 9 月，华谊投入 1.3 亿元开设电影院、投入 6365 万元收购音乐公司股权、投入 7000 万元控股巨人信息公司、投入 1.1 亿用于投资和经营文化旅游行业、投入 2092 万美元购买数字放映解决方案提供商 GDC Technology Limited 9% 的股权，[①] 其布点广泛，但“点”与“点”之间的紧密联系还未建立起来，更谈不上资源整合。而且，华谊兄弟所做的布局大都是一些长期性投资，需要较长时间才能有明显的赢利贡献。

（四）电影产业投融资服务体系才刚起步

从美国的经验来看，电影产业的投融资机制是一个非常复杂的系统。它不仅具有种类繁多的电影与资本对接的平台，完善多元的投资组合方式，还应拥有最完备的、以完片担保体制为核心的投融资服务体系。这套体系能够使融资方最大限度地获得资金，也能够使投资方的风险降到最低，因而是促进二者结合的最重要条件。在北京的电影产业中，这套体系的建设才刚刚起步，还远远没有建立起来。例如，北京虽然已经有了一两家电影版权价值评估机构，但还缺乏权威、统一的量化评估标准；虽然已经有相关公司开始涉足融资担保，但

---

① 张力：《华谊变“重”“冯氏依赖症”死穴难解》，《环球企业家》2012 年第 24 期。

北京还基本没有电影完工担保机构及其相关的电影保险业务的开展。一些既有的版权交易平台，在版权资产变现、流通市场等方面还不规范、完善，而一些影视投资基金的专业化水平及其相关的第三方机构都未真正成长起来。

三　促进北京电影产业投融资发展的对策建议

（一）加大解决中小成本电影及中小影视企业融资难问题的力度

从一些电影产业发达国家的经验来看，为了帮助中小独立制片公司融资，非常有必要区分开大电影公司与中小独立制片公司的融资路径。在美国，好莱坞六大公司往往通过旗下分支电影机构设立的专项基金在美国证券市场上融资，而非直接上市，如 Legendary Pictures 直接为华纳兄弟投资 5 亿美金用于拍摄电影。而独立制片公司则通常将电影的发行权预售给海外发行公司，再以这些发行合同作为抵押向金融机构贷款。与此同时，美国进出口银行、美国小企业管理局都推出了支持计划帮助独立电影融资，其中美国进出口银行推出了电影制作担保计划，为独立电影项目向银行贷款提供担保，额度可达贷款额的 60% ~90%。由此可见，不同规模的电影企业和不同成本的电影项目，其融资模式各不相同。北京市也应该尝试建立这种差异化的融资路径，让不同类型的公司在投融资中遵循不同的规则，以避免“赢者通吃”、破坏整个市场竞争格局的状况出现。

差异化的融资路径或许能够较为有力地保证中小电影企业的融资，但真正能够对中小影视公司的融资起到实质性推动作用的方法，恐怕还是让更多的中小成本影片有市场，即要有中小成本影片的放映渠道（如“艺术院线”等）和相应的消费需求（如加强观众培育等）。销售的问题解决了，通过市场调节，自然会有更多的资本跟进。

（二）加快影视公司的上市步伐

北京市已经将“到‘十二五’末新增文化创意上市公司 50 家，形成‘北京文化’板块”作为发展的重要目标之一。在 2012 年发布的《关于金融促进

首都文化创意产业发展的意见》中，北京市为达成这一目标将要采取的措施有“建立上市企业储备库，加强券商与文化企业对接，对入库企业实施定期培训辅导，建立企业上市协调机制”，“重点推动市属国有文化创意企业上市”等。北京市电影产业相关机构应该抓住这个机遇，一方面直接推动更多的影视企业上市融资，充分利用资本的力量来推动企业自身和北京市电影产业的发展，另一方面还应充分考虑影视公司自身项目化程度高、市场风险控制较弱等特点，采用分类指导、全面支持的方针，使其不仅能够以优秀的经营业绩上市，还能够在上市之后做到可持续发展。

（三）提高电影产业资本运作的质量

雄厚的资金，是电影公司可以以长远的眼光对企业进行布局的必要条件，为此，大量的并购和投资就成为资本积累过程中必不可少的环节。但这同时也带来了短期内消耗大量资金、财务费用快速增长、利润率降低等负面效应。华谊兄弟在未来一段时期内，应该努力探索在公司的短期经营和长期布局之间找到平衡的方式，尽快让资本整合呈现出整体效力。这其中不仅需要花费更多的人力、财力、物力进行探索，还要考验经营者的智慧。同样，万达集团与小马奔腾海外并购的成功，也意味着市场对经营管理者的能力提出了挑战。尤其是当我们的影视企业正处于“嵌链”阶段，即主动嵌入国内乃至全球电影产业链之际，应当努力把握好国际惯例与本土文化之间的关系，逐步跃入世界级企业行列。北京的电影产业应当充分利用众多影视企业渴望“走出去”的契机，带动北京乃至全国电影产业的转型升级，步入一个更高的发展阶段。

（四）进一步完善电影产业投融资机制

完善的投融资机制，是北京电影产业得以持续快速发展的保障。在机制的建设上，一方面，政府还应继续出台新的引导性措施来加以推动。例如，建立政府的信用担保和融资担保机构与制度体系，鼓励电影完成险等电影保险制度的建立，并予以相应的政策支持；采取政策指引、种子资金引导等多种方式，建立类似韩国电影振兴公社推出的“电影专门投资组合”，形成社会资金的引导机制。另一方面，版权交易平台、行业组织、金融机构、高校及研究部门等相关机构应该联合起来，共同致力于电影版权价值评估体系的建立。因为评估体系要衡量的是一个内容产品的市场价值，其无形与有形资产相互纠结的复杂性远非一般产品所能比拟，所以这样一个体系的建设远不是一两个学者或一个金融机构单方面就能支撑起来的，它往往需要政界、学界、业界、金融机构、观众等多方人员的智力支持。

Analysis of 2012 Beijing Film's Investing and Financing

He Qun　Bu Xiaofei

Abstract: Investment and financing in Beijing film industry in 2012, reflect the enhancement of government support, the increase in investment, the improvement of investing modes, the international-orientation of capital operation and the growing soundness of investment mechanism. But investment and financing in film industry is still new in Beijing and even in China, as a result, there are a lot of problems at present. So Beijing should attach more importance to diminish difficulty in capital raising face with by small and middle-sized film companies, speed up listing of those companies, optimize the quality of capital operation in film industry and improve the investment and financing mechanism.

Key Words: Film industry; Investment and financing; Investment and financing mechanism

B.14
2012年北京旅游产业发展现状及趋势分析

荆艳峰　陆跃祥　闫至明*

摘　要：

本文分析2012年北京旅游三大市场的发展现状，总结2012年北京旅游发展成果，预测未来产业发展走向，提出北京旅游发展建议。

关键词：

北京　文化旅游　发展　趋势

2012年，北京市成为“国家旅游综合改革试点城市”。与“中国特色世界城市”的发展战略紧密结合，北京市旅游业不断深化市场创新和管理创新，逐渐成为推动北京经济发展、提升城市功能、构建和谐社会、促进国际交往的重要引擎。

一　2012年北京旅游三大市场发展状况

2012年，虽然受国际金融危机持续、世界经济增长速度减缓、人民币不断升值、城市资源环境与人口交通的巨大压力等诸多因素影响，北京旅游业仍然保持了稳步的增长。据北京市统计局、国家统计局北京调查总队发布的数据，2012年旅游业发展总体态势平稳，呈现“两高一低”的发展格局：国内旅游保持较快发展，出境旅游保持快速增长，入境旅游自5月以来连续走低。2012年1~3季度，北京市接待旅游总人数17158.4万人次，同比增长9.1%；

* 荆艳峰，北京联合大学旅游学院副教授，北京师范大学经济与工商管理学院博士，主要研究方向为旅游经济、市场营销；陆跃祥，北京师范大学经济与工商管理学院教授，博士生导师，主要研究方向为中国经济改革与发展；闫至明，加拿大约克大学硕士，主要研究方向为市场营销。

旅游总收入 2633.6 亿元，同比增长 11.3%①。1~11 月，旅游价格同比下降 3.7%②。旅游业的综合带动作用较为明显，在扩大消费、促进就业、繁荣市场等方面呈现出较高的贡献率。三大板块的发展状况如下所述。

（一）入境和出境旅游发展状况

1. 入境旅游人数和收入均有下降

受欧美经济体增长乏力，中日关系、中菲关系恶化以及人民币升值等综合因素影响，入境旅游市场增长面临较大制约。2012 年 1~11 月，来京的入境旅游者人数共 468.4 万人次，同比降低 3.2%。1~3 季度，北京市旅游外汇收入 39.7 亿美元，同比降低 0.8%。主要客源国美国、日本、韩国、德国、俄罗斯来京旅游人数均有下降。客源国来京游客数量下降最大的几个国家和地区分别为菲律宾（-21.7%）、韩国（-17%）、大洋洲国家（-13.5%）、中国香港（-13.7%）及日本（-12%）③。

2. 出境市场发展迅速

与此同时，由于受到旅游目的地国家数量增多、境外旅游目的地市场推广力度加大、人民币汇率升值等因素的影响，北京市 2012 年前三季度旅行社组织出境旅游人数 201 万人，同比增长 58.6%。最大的 3 个目的地国家和地区为泰国、中国香港和韩国。未来，出境旅游还具有较大的发展空间。

（二）国内来京旅游发展状况

2012 年前三季度，北京市共接待国内旅游者 16776.6 万人次，同比增长 9.3%；实现国内旅游收入 2375.4 亿元，同比增长 12.8%④；实现接待游客数

---

① 北京市旅游发展委员会：《2012 年 1~3 季度北京市旅游人数及收入情况》，http://www.bjstatus.gov.cn/sjjd/201212/t20121211_235890.htm。

② 北京市统计局：《2012 年 11 月北京市居民消费价格主要数据》，http://www.bjstatus.gov.cn/sjjd/201212/t20121211_239897.htm。

③ 北京市统计局：《2012 年 1~11 月我市入境旅游人数小幅下降》，http://www.bjstatus.gov.cn/sjjd/201212/t20121211_239863.htm。

④ 北京市统计局：《2012 年前三季度我市旅游市场总体运行平稳》，http://www.bjstats.gov.cn/sjjd/jjxs/201210/t20121023_236302.htm。

量和旅游总收入双增长，人均花费 1416 元。

仅以国庆期间看，北京市接待外省市来京旅游者 293.3 万人次，同比增长 23.2%；旅游消费 71.58 亿元，同比增长 31%；人均旅游花费 2440 元，同比增长 6.4%[①]。来京游客数量的稳定增长，促进了星级饭店出租率高企。北京星级饭店的平均房价自 2008 年“冲高回落”后，经过 3 年攀升，重新升至历史同期最高点。

（三）市民在京旅游发展状况

根据北京市统计信息咨询中心国内旅游消费的抽样调查及近年旅游统计年鉴资料显示，北京市接待国内旅游收入中，大部分是依靠城镇居民在京旅游消费的。仅端午节 3 天假期，就有 118 万余名市民走进京郊乡村休闲度假。据中国人民大学休闲经济研究中心《2011 年北京居民市内旅游活动情况抽样调查报告》显示，北京市 58% 的居民参与市内旅游。在京游促进了乡村旅游的快速发展，全市 1256 个农业观光园吸纳 13782 户民俗户，解决农业就业人口 3.6 万人。在重视旅游公共服务的基础上，2012 年，北京市旅游基础设施得到全面改善，各种旅游产品更加丰富，乡村旅游、汽车野营、会议奖励旅游和度假旅游等新业态迅速发展，北京居民出游规模大幅增长。

1. 总体状况

近几年，受国民经济持续增长、人均收入水平不断上升等因素的影响，城镇居民在本市的都市休闲游活动比较活跃；再加上京内旅游具有地缘优势，并且交通便利，十分适合城镇居民自驾车周末度假，因此，在京旅游逐渐呈现出常态化的特征，已经成为北京市城镇居民的消费热点。2011 年，本市居民在京旅游人数 8066 万人次，同比增长 31.8%；旅游消费 245.4 亿元，同比增长 33.6%；人均花费 304 元[②]。2012 年国庆黄金周期间，北京居民自驾游比例提升 32%。8 天假期共计 595.4 万人次参加京内都市休闲旅游，比上年假期增长

---

① 北京市旅游发展委员会：《2012 年“十一”假期旅游接待综合情况》，http：//www.bita.gov.cn/xwzx/xwyl/354022.htm。

② 首都旅游协调与区域合作处：《2011 年北京旅游业概况》，http：//www.bjta.gov.cn/xxgk/tjxx/347708.htm。

18.6%；旅游消费12.09亿元，比上年假期增长19.8%①。

规模和效益的高增长，使得研究北京市城镇居民旅游消费意愿及影响因素显得格外重要。为得到关于北京城镇居民旅游消费的第一手资料，本报告进行了实证调查。

2. 实证调研过程

（1）实证方法

本调查选取适用于分析北京市城镇居民国内旅游消费的相关要素，设计调查问卷，问卷除个人信息外共设计25题，采用五级评分尺度，用以衡量游客对各种说法的认同程度。对有京内旅游经历的北京城镇居民进行抽样问卷调查，共发放并收回问卷105份（样本特征见表1），使用SPSS软件分析调查数据及评价相关结果，并通过实证研究方法对此进行验证。

表1 样本概况

在京旅游受访者抽样样本		人数	所占比例(%)
性别	男	57	54.3
	女	48	45.7
年龄	24岁以下	18	17.1
	25～30岁	45	42.9
	31～45岁	29	27.6
	46～60岁	9	8.6
	61岁以上	4	3.8
个人月收入	1000元以下	10	9.5
	1000～2999元	8	7.6
	3000～6999元	43	40.9
	7000～9999元	33	31.5
	10000元以上	11	10.5
受教育程度	初中及初中以下	0	0
	高中/中专	8	7.6
	大专	18	17.2
	本科及以上	79	75.2

① 北京市旅游发展委员会：《2012年“十一”假期旅游接待综合情况》，http：//www.bita.gov.cn/xwzx/xwyl/354022.htm。

续表

在京旅游受访者抽样样本		人数	所占比例(%)
职　业	公务员	2	1.9
	企事业管理人员	19	18.1
	专业/科教技术人员	5	4.8
	服务商贸销售人员	22	21.0
	军人	2	1.9
	工人	4	3.8
	学生	12	11.4
	其他职业者	34	32.4
	离退休人员	5	4.8

（2）问卷检验

对问卷进行信度和效度检验，得出克朗巴哈（Alpha）信度系数为0.783（见表2），大于0.6的可接受水平，表明问卷是比较可靠的。同时，通过KMO和Bartlett的球形检验（见表3）判断变量之间的相关性，KMO统计量数值为0.693，Bartlett球形检验的卡方统计值显著性概率为0.000，小于0.05，说明数据具有相关性，适合做主成分因子分析。

表2　信度检验

Cronbach's Alpha	项数
0.783	19

表3　效度检验

取样足够度的 Kaiser-Meyer-Olkin 度量。		0.693
Bartlett 的球形度检验	近似卡方	692.046
	df	190
	Sig.	0.000

（3）主成分分析

通过主成分萃取法对20项影响北京市城镇居民旅游消费的指标提取公因子，使用最大方差法正交旋转对提取的公因子进行旋转，以使公因子有较满意的解释。根据特征根大于1的标准，提取6个公因子，得出第一次方差解释率为64.913%，“旅游交通的便捷性”1项指标无法进行有效归类，为了提高因子分析的效用，去除这1项指标。

对剩余19项指标再次进行因子分析，此次得到的KMO统计量为0.697，说明剔除不符合因子后进行的因子分析效果较好。根据特征根大于1的标准，提取6个公因子，得到方差解释率为66.404%，说明6个因子能够较好地概括19个指标的含义（见表4）。

表4 主成分分析

	成分					
	优惠政策	休假政策	旅游偏好	旅游决策	消费水平	产品满意度
旅游优惠券可以方便领到	0.858					
政府结合节假日或某地区发放的旅游优惠券	0.857					
旅游消费券与现金按比例使用	0.823					
带薪休假制度的完善		0.792				
闲暇时间		0.708				
周末按时放假		0.653				
新假日制度的实施		0.648				
景区的特色			0.778			
旅游意愿			0.757			
旅游动机			0.686			
合适的游伴			0.493			
身体健康状况				0.813		
旅游安全程度				0.696		
特殊事件（如世博、奥运）				0.528		
旅游产品以外的其他产品和服务价格					0.801	
旅游产品价格					0.779	
当前可自由支配收入					0.516	
景区服务质量						0.868
旅行社的服务						0.823

提取方法：主成分分析法。

旋转法：具有Kaiser标准化的正交旋转法。

a. 旋转在7次迭代后收敛。

3. 实证结论

通过表 3 的成分旋转矩阵，可以分析出影响北京市城镇居民国内旅游消费的因素总共有六个方面，归结为政策行为、消费行为、经济环境和行业素质四大因素。其中，政策因素中，政府对旅游的优惠政策和对休假制度的改革对旅游消费影响最为显著；在城镇居民京内旅游的决策中，旅游偏好和行为动机是重要影响因素；经济方面，城镇居民的收入状况和产品价格是影响城镇居民京内旅游的出发点；在行业素质方面，良好的旅游产品和服务质量是旅游重复消费的前提和保障。

二　2012 年北京市旅游产业发展成果

（一）旅游产业综合效益好，支柱地位加强

1. 旅游综合效益提升

北京市旅游业“十二五”时期开局良好，旅游总收入、旅游业增加值占 GDP 的比重大幅提高，旅游业在提升北京城市形象、城市文化软实力等方面的作用较为突出，旅游综合效益在全国各大城市中居于领先地位。2012 年，全市旅游业增加值占地方生产总值的 7.5%，新增增加值 1336.2 亿元；旅游购物与餐饮消费占社会消费品零售额比重达到 24.4%；旅游特征产业投资占当年全市固定资产投资额比重为 10.5%；旅游业直接从业人员约 38.2 万人。

2. 旅游带动作用明显

2012 年，北京市旅游消费、投资、出口对全市经济的带动作用明显。旅游购物和餐饮消费在全社会消费品零售额的增长贡献率超过 10%。旅游投资同比增长超过 20%，占全社会固定资产投资额的 10% 左右，投资主要集中在基础设施、住宿设施、游览景区管理等领域。全年北京在建和筹建的旅游产业项目近 800 个，投资金额约 3000 亿元。旅游业在促进经济结构调整、促进发展方式转变、提升城市功能方面作用明显，已经成为北京市重要的支柱产业。

（二）旅游产业结构不断优化

1. 旅游消费结构摆脱单一化

从旅游消费结构来看，2011 年，北京市旅游购物收入实现 1031.7 亿元，占旅游消费总额的 29.4%。旅游购物逐渐成为重要的旅游要素和消费热点。2012 年 1～3 季度，北京实现旅游购物收入 775 亿元。“北京礼物”秉承“品牌提升、特许经营”模式，实体专营店达到 27 家，官方网站正式上线，在售商品达 800 余款，从商品开发、市场营销阶段过渡到了品牌管理和产权保护阶段，成为文化创意产业的新亮点。

但应该看到，与旅游发达国家和地区相比，北京旅游业还有很大的提升空间。未来，旅游业与商业应进一步融合，着力优化产品结构和经营主体，提升旅游商品市场化运作水平，拓展和提高旅游商品新科技和新业态含量，提升行业专业化、品牌化水平，带动产业融合，促进旅游业转型升级。

2. 业态结构逐渐丰满

从旅游业态结构来看，高端旅游市场业态在不断丰富，服务经营行为建立规范管理机制。目前，鼓励开发北京高端旅游资源的《指导意见》和《实施细则》已经颁布实施，这标志着北京已经加速开拓商务会展、专题旅游、休闲度假、特种旅游等高端旅游产业。

会奖旅游发展取得进展。据国际大会与会议协会（ICCA）发布的数据，在 2011 年接待国际会议数量的全球城市排名中，北京跃升为第 10 位，跻身国际会议旅游之都行列。近一年来，北京先后成立了高端旅游与会议产业联盟，发展会员 157 家，挖掘整合会奖旅游资源，执行会奖旅游奖励政策，并进行了税制改革影响和建立会议产业统计体系等方面的研究。同时，北京加入国内 11 座城市组成的中国会奖旅游联盟，进行资源整合和联合营销。

旅游演艺推陈出新。国粹“京”典之旅高端旅游品牌荟萃，16 个饱含传统“京味儿”的旅游驻场演出剧目已经推向社会，京剧、昆曲、相声、杂技等北京传统文化演艺形式丰富了北京夜间高端旅游产品。是继“京城印象”会所之旅、“尚宴北京”系列美食之旅、“别样风情”北京精品酒店之旅后，又一个高端旅游品牌。

乡村旅游保持大幅增长，收益良好。2012 年，加大了对乡村酒店等 8 种新型乡村旅游业态的评选、管理和宣传力度，继续推进“一村一品”市级民俗旅游村创意项目落地，为市民提供了更多的出游选择。仅从黄金周旅游接待来看，国庆期间，北京市乡村旅游共接待游客 423.4 万人次，同比增长 28.7%；乡村旅游收入达 3.75 亿元，比上年假期增长 31%，平谷、密云和怀柔乡村旅游收入分别增长 35.3%、30.65% 和 24.4%。

此外，中医药旅游、教育旅游、北京传统演艺旅游、房车露营、工业旅游等高端项目正在有序培育。12 家中医文化旅游示范基地、21 家北京特色旅游民居项目——“北京人家”和一批北京旅游特色街巷也在打造之中。

3. 节假日市场依然火爆

假日旅游市场再创新高。2012 年清明节小长假实现旅游总收入 9.89 亿元，同比增长 10.1%。黄金周假日较往年多 1 天，北京市旅游共接待旅游者 1312 万人次，比上年“十一”假期增长 22.7%；旅游总收入 87.95 亿元，比上年假期增长 29.4%①。

（三）北京向国际化旅游城市迈进

1. 世界旅游城市联合会成立

世界旅游城市联合会由北京倡导，联合众多国际旅游城市共同发起，是由世界各国、各地区的旅游城市、与旅游有关的机构自愿结成的非营利性国际非政府组织。联合会于 2012 年 9 月成立，是全球第一个以城市为主体的国际旅游组织，以“旅游让城市生活更美好”为主旨，以推动会员城市间的交流合作、共享旅游业发展经验、探讨城市旅游发展问题、加强旅游市场合作开发、提升旅游业发展水平、促进世界旅游城市经济社会协调发展为努力方向。目前，会员总数已经达到 62 个，包括伦敦、雅典、威尔士、爱丁堡等世界著名的旅游城市和 11 个非城市机构。

2. SITE 年会在京召开

在我国 2011 年的旅游外汇收入中，商务会奖旅游占 29.7%，会奖旅游人

① 北京市旅游发展委员会：《2012 年“十一”假期旅游接待综合情况》，http://www.bjta.gov.cn/xwzx/xwyl/354022.htm。

数占入境总人数的 21.8%，且会奖旅游是旅游中的白金市场，份额与增势不可小视。9 月 15 日，国际奖励旅游管理者协会（SITE）全球年会在北京召开，通过国际交流，探讨国际会奖旅游发展趋势，搜集国际会奖旅游市场信息，学习借鉴国际会奖旅游的行政管理和服务理念。

3. 过境免签政策开放

“北京口岸对部分外国人实行 72 小时过境免签政策”于 2012 年 4 月 25 日经国务院批准，于 2013 年 1 月 1 日起实行，为游客提供了更为优质和便利的接待和出入境通关服务。宽松的签证政策将刺激入境旅游消费，促进旅游业发展，带动交通、餐饮、购物、住宿、休闲、商务会奖等市场的消费，扩大对外交流合作，加快世界城市建设步伐。

（四）旅游公共服务建设分步推进

2012 年以来，北京市以国家旅游局“十二五”旅游公共服务规划和北京市政府 28 号文件为依据，进行旅游集散体系和智慧旅游建设。

1. 旅游集散体系建设取得实质性进展

旅游集散体系规划完成，集散网络分步建设，区县实体性旅游集散中心开始逐步建设启用。目前，房山长沟镇首都西南旅游集散中心已启用，大兴京南旅游集散中心建设正在积极筹备进行中，提供旅游咨询、景区门票销售、租车包车、住宿、购物、娱乐、机票和火车票预订等综合性服务；根据北京市旅游集散体系建设规划，“十二五”末将在全市形成以公共交通为基础，以旅游集散中心和集散地为节点，通达各旅游景区的便捷的散客及京郊出游集散服务体系和旅游集散中心站、旅游集散站、停靠站点为辐射网点的三级旅游集散体系。提升旅游形象，完善基础设施建设，提升旅游配套服务设施水平。

2. 智慧旅游建设启动

北京市旅游发展委员会、北京市经济和信息化发展委员会、中关村科技园区管理委员会共同签署了“北京智慧旅游‘五个一’战略合作协议书”，制定相应的产业政策，促成智慧旅游产业对接，引导企业和政府创新旅游信息管理模式，引导社会资金投入智慧旅游建设，初步实现旅游行政服务职能智能运

行、旅游者智慧旅游、旅游企业网络运营等统合局面，促进信息管理和旅游产业的有效融合。同时，成立了智慧旅游相应的研究基地，信息化建设有了新的突破，为北京旅游业管理的高效化奠定了基础。首都旅游产业运行监测调度中心投入运行，通过与电视台、北京旅游网、北京旅游官方微博及北京手机报等平台搭建，发布监控数据，引导提示市民安全、有序出行。

3. 旅游咨询服务体系发展壮大

通过集中培训和硬件建设，北京旅游咨询已成为展示首都旅游服务品质的窗口。2012年，旅游咨询接待量突破千万人次。1~10月，累计接待旅游咨询者1087万人次，达到旅游咨询中心成立11年来的最高历史纪录。

（五）区域合作再添新动力

1. 高铁旅游联盟的合作展开

随着京沪高铁开通，北京、上海、天津、济南、南京五城市在开展沿线城市合作、环渤海与长三角区域合作方面进行联合营销。京广高铁开通后，北京至广州的旅行时间将缩短至8小时左右，沿线城市旅游合作将进一步扩展加深。

2. 区域旅游合作深化

围绕2012年主题，北京市先后与多个省市联合开展了“中俄文化旅游年”的相关活动。同时，通过旅博会以及上海、台湾、香港等旅游交易会等平台进行了目的地宣传及市场开拓。

三 旅游发展的制约性因素

（一）重大事件和突发事件的掣肘作用

国际金融危机持续效应的影响，世界经济增长速度减缓，欧美经济体复苏困难，加上人民币不断升值，导致了入境旅游市场拓展艰难；同时，受双边政治关系的影响，亚洲地区主要客源国游客数量减少，旅游外汇收入降低，旅游业的政治敏锐性表现明显；此外，受“7.21”重大自然灾害和冬季的雪灾影响，道路封堵，乡村旅游接待设施毁损严重，城镇居民出游信心受到一定程度的打击，致使受灾地区一定时间内旅游业无法开展，旅游市场修复和旅游信心重树需要时间。

（二）旅游资源与生态压力较大

北京市作为首都城市和政治、文化中心城市，在人口、资源、环境与交通方面承受巨大的压力；由于众多著名的传统景点和新兴的创意景点未考虑环境容量问题，导致节假日和旅游旺季人满为患，游客对旅游产品和服务的品质体验感下降。

未来，应建立旅游业与资源保护利用并重的协调发展机制，加快推进首都生态文明建设。按照各个景区的资源环境承载力，进行适度的旅游接待。

（三）旅游城市在高端客源方面的竞争加剧

高端客源市场的替代城市实力增加。由于上述原因，为提升高端客户的品质体验要求，一些城市通过加大城市营销力度争夺客源市场，会奖和商务旅游人群被其他旅游城市和会议城市分流，高端旅游市场竞争加大。北京旅游应对竞争的能力受到挑战。

（四）古都与民居风貌保护与建设关系需协调

城市发展与古都风貌保护在某些区域、某些层次上形成矛盾。可以通过发展旅游业促进历史文化名城建设和古都风貌保护；同时，应在乡村旅游开发中，注意引导公共服务设施建设与古村落民居风貌保护相吻合，鼓励符合条件的传统民居从事旅游接待和住宿活动。

（五）乡村旅游需要先进理念和技术指导

在生态涵养发展区，大量的采石、煤矿、工业关停后，出现产业真空、劳动力闲置等情况，发展旅游业和生态农业是解决村民就业问题的重要渠道。目前，以镇政府、村委会牵头促进的旅游景区景点建设、民俗旅游接待等项目正在展开，规模不大的集体经济、私营经济成为旅游业开发主体，受

行业跨界、理念视野、专业技术、营销技能等多方面的影响，新兴的旅游项目经营主题和特色雷同，民俗文化内涵挖掘不够，建设重点均集中在硬件设施和公共服务环节，对业态创新和特色主题等“软实力”建设较为陌生，有的地区缺乏资金、技术和生产要素，急需政府和行业组织做好旅游要素和旅游创意的媒介撮合工作。旅游项目参观访问、人才教育和人员培训等方面也有待进一步增强。

四　未来发展趋势、重点及建议

2012 年 12 月 12 日，中国政府网刊载了国务院发布的《服务业发展“十二五”规划》，明确了乡村旅游、旅游精品建设、红色旅游等作为“十二五”期间的发展重点。未来，北京旅游业将深入贯彻落实党的十八大精神，紧紧围绕“五位一体”总体布局，通过推动旅游综合配套改革，发挥旅游业对经济、政治、社会、文化、生态文明建设的促进功能，促进和保障中国特色世界城市建设。

（一）入境旅游的政策与促销力度需进一步推进

扩大入境游客接待量和入境旅游收入，对推动北京服务贸易快速发展意义重大。促进入境旅游市场发展目前面临很多困境，需要政府在战略上予以重视，在政策制定方面，加快对过境签证、通关、购物免税、航权等方面的积极政策的出台，制造较为宽松和友好的入境条件；在市场推广方面，积极促进与世界著名银行企业、运输集团、分销网站的合作，开展联合营销，积极推进北京市作为旅游目的地的推广宣传活动；在旅游产品和服务方面，拓展更多具有地方特色和传统文化旅游高端项目，丰富旅游经营业态，增加文化体验价值，注重品质提升。增加对国际高端商务旅游项目如会奖旅游、商务旅游等方面的推广和奖励扶持，增加企业拓展国际市场的积极性。

随着北京市旅游发展委员会与北京 Visa 公司签署战略合作备忘录，联合向入境市场推广营销北京的特色旅游活动及旅游商品，旅游支付环境将逐步改善，入境市场的结构也将升级。

（二）旅游综合试验区改革需要进一步深化

1. 完善旅游区块发展规划

2012年，北京市旅游委特别推进了旅游实体经济崛起。在统筹规划调研的基础上，北京确立了重点加快前门—大栅栏老北京商业旅游体验区、什刹海—南锣鼓巷老北京休闲旅游体验区、中轴路老北京文化旅游体验区、通州文化旅游区、房山旅游经济试验区、丰台宛平城文化旅游区、昌平旅游休闲购物综合体、海淀科教旅游体验区、朝阳商务旅游体验区、怀柔雁栖湖生态旅游体验区等10个重点旅游功能区和长城产业带、永定河产业带，以及石景山、门头沟、海淀西部等多个旅游综合区规划开发布局。旅游发展应摆脱单点式发展的思路，鼓励不同主体、不同要素、不同区域的组合捆绑发展模式。

2. 促进城市旅游综合体建设

未来，北京旅游发展应突破景区景点建设的概念，注重城市整体的旅游功能化改造，鼓励更多的社会资源及教育资源向旅游市场开放，按照城市常住人口及常态旅游人数相结合的基础指标确定城市公共服务设施规划的改革试点工作。

3. 以重大项目带动旅游元素聚集

目前，延庆县正在构建“花卉种植与加工、旅游景观、民俗旅游”相融合的三大产业链条，石景山区研究制定《石景山数字动漫娱乐区总体策划与项目实施方案》，希望经由群明湖国际灯光艺术广场、云蒙山度假项目、山地旅游整体培育等大型旅游项目，保持旅游特征产业投资规模，增加旅游消费需求的释放，推动旅游产业与第一产业、第二产业和其他第三产业的不断融合。

（三）智慧旅游体系泛在、集约、智能、可持续发展

根据北京市《智慧北京行动纲要》，北京市旅游发展委员会从智慧城市建设及旅游企业、旅游者实际需要出发，以完善对旅游者的公共服务功能、提升旅游企业面向国际国内市场的服务能力、提高旅游行政管理部门对旅游的行政服务水平为需求，确保“智慧旅游”建设项目的有效开展，提出了以宽带泛在的基础设施、智能融合的信息技术应用和创新持续的便利旅游服务为内容的

"智慧北京便利旅游"的发展目标。

到 2015 年，将在全市初步建立"智慧旅游"政务管理、"智慧旅游"公共信息服务、旅游业态"智慧旅游"服务三大体系，推动九个"智慧旅游"系统建设，形成六十个"智慧旅游"建设项目；基本建成泛在、集约、智能、可持续发展的支撑体系，初步实现旅游行政服务职能智能运行、旅游者"智慧旅游"、旅游企业网络运营等高度融合的发展态势，形成"智慧旅游"引领旅游发展的格局。

（四）乡村旅游借力旅游公共服务品质提升计划

新出台的《服务业发展"十二五"规划》要求推进全国特色名镇（村）的建设，鼓励旅游公共服务主体多元化，鼓励推进实施实施《全国乡村旅游业发展纲要》，加快乡村旅游基础设施建设，建设一批乡村旅游及休闲农业示范村和示范县。乡村旅游发展应借力于《"十二五"全国旅游基础设施建设规划》及市旅游委对公共服务设施建设的奖励和扶持基金，与项目规划、经营特色和营销促进一起推进，营造具有独特文化的"一村一品"旅游元素，增加释放旅游消费的接待能力。通过发展旅游业，促进对荒山、荒坡和废旧工矿的生态修复，促进各类企业与农村集体经济组织的合作发展；通过京郊特色旅游小城镇建设，全面提升京郊旅游发展水平，提升农民收入水平，促进北京城乡一体化发展。

（五）积极促进旅游商品和装备业发展

1. 推进旅游商品的精品化营销

旅游商品注重品牌内涵和文化内涵的挖掘，提高科技含量、创新成分和知识产权含量，提高市场化运作水平，整合旅游商品创意、旅游商品研发、旅游商品制造、旅游商品品牌、旅游商品分销、旅游商品消费等要素链条，注重从文化创意产业中寻找新的融合路径和契机。提升专业化水平，成为促进旅游产业结构转型的新途径。

2. 重视旅游装备业的带动作用

旅游装备的发展应从新业态培育的角度出发，积极培植山地旅游装备、户外装备、登山滑雪（草）装备、房车露营旅游装备、越野竞技装备等产业链条的开发与市场推广。做到以新技术带动新产业，以新业态带动新经济，以新项目带动广就业。做好旅游装备制造业前期的产业孵化和整体开发，以产业融合带动新的产业爆发点。

Analyses on the Current Situation and Trends of Beijing Tourism Industry in 2012

Jing Yanfeng　Lu Yuexiang　Yan Zhiming

Abstract: The paper analyses the Current Situation of Beijing Tourism Industry in 2012. Conclude the development results, Forecast the trends of the further development, and give some suggestions on it.

Key Words: Beijing; Cultural Tourism; Development; Trend

B.15 北京对外文化贸易形势分析与展望

张 丽*

摘 要：

2012年，北京市对外文化贸易发展呈现良好势头，原创文化产品出口增强，境外直接投资增加，展会经济发展迅猛，对外文化交流成为对外文化贸易发展的直接推动力。这为今后的对外贸易发展开拓了新的空间，未来一段时期，文化产品的出口、国际文化市场推销、境外直接投资以及文学作品翻译等领域将出现空前发展空间，存在对大量高级人才的需求。

关键词：

原创文化产品出口 境外直接投资 展会经济

北京市对外文化贸易的发展是北京文化“走出去”的重要组成部分，是北京扩大在世界影响力的重要渠道。北京对外文化贸易日新月异发展的同时，也存在巨大的发展空间。本文采用调查研究方法，主要依据最近两年统计数据，对北京市对外文化贸易发展概况进行量化分析，总结其发展特点，分析促进对外文化贸易发展的有利因素，预测未来发展和变化趋势，探求新的发展空间，并在定量与定性分析结合的基础上对北京市对外文化贸易发展提出建议。

一 2012年北京对外文化贸易发展概况

（一）文化贸易出口数量规模稳步增长

北京海关统计数据显示，“十一五”期间，北京文化贸易进出口额从2006

* 张丽，经济学博士，政治学博士后，北京社会科学院外国问题研究所副研究员，从事世界经济、国际政治经济理论与实践等问题研究。

年的12.65亿美元，快速增长到2011年的26.79亿美元，5年时间里翻了一番多，年复合增长率达16.2%。2011年，北京市文化产品进出口总值达5.7亿美元，其中进口总值约为4亿美元，同比增长0.52%；出口总值约为1.7亿美元，同比增长16.34%。“十二五”以来，北京对外文化贸易继续保持稳定性增长，2012年前3季度，北京地区文化产品进出口4亿美元，同比增长22.5%，其中出口1.2亿美元，同比增长15%；进口2.8亿美元，同比增长25.9%。

对外文化贸易在实现数量上稳步增长的过程中，文化产业规模不断扩大，文化产品出口结构多样化。从最新的2012年北京文化产品出口数据来看，2012年1～11月，北京文化产品出口总值约为1.4亿美元，同比增长10.65%（见表1），其中，包括电影在内的视听媒介类、绘画等视觉艺术品类、报纸和期刊等印刷品类以及声像制品等各类文化产品均出现较为快速的增长。

表1　2012年1～11月北京文化产品出口统计表

	出口总值(千美元)	同比增长(%)
文化产品	142846.66	10.6526
其中:文化遗产	3645.00	17336.85
印刷品	51762.72	-7.6598
其中:图书	43606.80	-12.8357
报纸和期刊	1801.72	44.2280
其他印刷品	6354.21	32.9581
声像制品	10941.03	403.4462
视觉艺术品	28698.39	15.5857
其中:绘画	1239.81	121.2887
其他视觉艺术品	27458.58	13.1454
视听媒介	227.582	198.0578
其中:摄影	0.33	-81.3454
电影	227.252	204.6845
其他	47571.94	3.5546
其中:宣纸	4.532	-77.1998
毛笔	9.133	-79.8179
乐器	47558.28	3.6718

资料来源：根据北京海关资料整理绘制。

（二）新兴文化产业发展迅猛，为文化产品输出提供新渠道

除文化贸易传统产品稳步增长外，文化创意产业发展迅猛，拉动文化服务贸易广泛展开。包括动漫、游戏等在内的新兴文化产业成为文化贸易的主力军。

在新技术支撑体系下，新媒体产业迅速发展，数字杂志、数字报纸、数字广播、手机短信、移动电视、网络、桌面视窗、数字电视、数字电影、触摸媒体等各个领域呈现全面发展状态。在这些新媒体的发展拉动下，文化创意产业迅速发展起来。2012 年 1～9 月，北京市文化创意产业占 GDP 的比重达 12.9%，已成为仅次于金融业的第二大产业。目前，北京市文化创意产业共有法人单位 5 万多家，其中规模以上企业法人单位（年收入 500 万元及以上）6800 多家；拥有市级文化创意产业集聚区 30 个；全市全口径文化创意从业人员达到 120 多万人，从业规模居全国首位，为发展对外文化贸易提供了基础。同时，北京市涌现出了一批在全国具有较大影响力的动漫游戏企业，形成了 6 个动漫游戏产业集聚区，初步形成了包含创作、出版、运营、发行的较为完整的产业链。北京的动漫、网络游戏、电子出版物等文化产品纷纷快速进入国际市场。北京市文化局资料显示，2011 年，动漫游戏产业出口 12 亿元，居全国第一。

北京市商委数据显示，2011 年，北京市文化服务出口总值 12.24 亿美元，同比增长 40%；进口 8.88 亿美元，同比增长 11%。2010 年 1～8 月，北京文化服务贸易总额 85.8 亿美元，同比增长 36.2%。其中，出口额为 32.3 亿美元，同比增长 36.13%；进口额为 53.5 亿美元，同比增长 36.24%①。影视、演艺、出版、动漫等易于传播、影响力大、能在国际上集中反映文化整体实力的产业发展均有较快的发展。

（三）对外文化交流带动文化贸易持续发展

北京加大对外文化交流，在积极探索文化走出去新途径和新形式方面发挥示范带动作用，努力把北京建设成为有影响力的世界文化中心城市。2011 年，

① 中国服务贸易指南网，http：//tradeinservices.mofcom.gov.cn。

北京市坚持面向各国主要城市开展各项对外文化活动，有效扩大了中华文化影响力。据北京市文化局资料显示，2011 年，共受理对外交流文化项目 182 批，3081 人次，其中出访国外及港澳台地区 145 批，2210 人次；引进国外及港澳台地区 37 批，871 人次。在出访项目中，局系统出访 47 批，727 人次，归口管理单位出访 98 批，1483 人次。出访人员先后在赫尔辛基和塔林、迪拜、麦纳麦、阿姆斯特丹、都柏林等 22 国 31 个城市举办了 75 场文化演出。引进批次比上年同期减少 16%，引进人数比上年同期减少 53%，其中局系统引进 5 批，8 人次；归口管理单位引进 32 批，863 人次。

北京对外交流演出有力带动了文化贸易的发展。2012 年，在伦敦奥运会期间，北京文化周活动在当地举行，通过演出和论坛等多项活动，北京文化及文化产品形式在英国引起了广泛的反响，继而扩大了北京文化产品与项目走进英国。在 2012 年 12 月 21 日举行的北京市文化创意产业重点项目集中签约仪式上，英国新经典出版社、英国 AAA 诚信拍卖行协会等来自文化创意产业比较发达国家和地区的 5 家机构，先后与北京的合作伙伴签署了一系列具体项目合作或战略合作协议，涵盖出版、拍卖、艺术品鉴定、童话创作等多个领域，累计签约额达 6500 万元。在北京文化周活动中，9 家北京文化创意企业的 10 个项目与英国合作伙伴签约。

（四）展会经济助推国际文化贸易

北京展会产业呈蓬勃发展之势，为北京文化产业发展提升带来巨大的动力。北京在国际国内的地缘优势，在对外的文化贸易中更多地借助了国际展会的平台。

中国北京国际文化创意产业博览会搭建了推动文化创意产业化、促进对外文化项目合作的平台。自 2006 年首届“文博会”举办以来，展会以每年以 10% 的速度稳步增长。在 2011 年第六届“文博会”上，有来自世界 40 多个国家，3000 多位海内外客商签订了合作意向、协议 322 个，总金额达 786.85 亿元人民币。2012 年 12 月 19～23 日召开的第七届中国北京国际文化创意产业博览会更是引起了国际社会的广泛关注，6 个国际组织和来自德国、俄罗斯、伊朗、尼泊尔、英国等 15 个国家和地区的 50 多个代表团参

会。其间，北京市商务委员会专门召开了文化企业拓展海外市场推介会。北京市文化局主办的“动漫游戏洽商交易会”吸引国内外300余家企业参加，推动了北京动漫企业与国外商家进行商务洽谈、成果推广及项目推介等商业合作。

（五）知识产权活动开创国际文化合作环境

2012年，北京深入开展版权保护工作，开展推进“正版工程”“远航工程”“护航工程”“科技维权工程”和全市正版示范体系建设，强化对重点文化创意领域版权的专项保护，建立健全对各类作品网络传播进行版权监管的长效机制。在此基础上，北京市不断提升版权产业的国际化水平，促进版权输出。2012年2月9日，北京市新闻出版（版权）工作会议在京召开，会议强调要通过扶持民营企业和中介代理机构“走出去”、建立版权输出奖励制度、打造出版品牌，形成“版权输出、出版物出口、境外委托印刷、境外投资”的战略格局。

2012年6月，世界知识产权组织（WIPO）12年来首次成员国外交大会WIPO保护音像表演条约外交会议在北京举行，通过了《视听表演北京条约》，从而结束了表演者权利不能享有完整知识产权保护的历史，完善了国际知识产权保护体系。北京在参与国际知识产权合作方面的努力扩大了我国在世界知识产权领域的国际影响，增强了知识产权领域的国际话语权，提高了中国的全球知识产权大国地位。

二　北京对外文化贸易发展的特点与走势预测

（一）文化产品出口增长同时贸易逆差仍然存在

受后国际金融危机时期和国内经济环境的影响，文化产品出口与北京地区外贸总体态势保持一致，文化产品出口逆差仍然存在。据北京海关统计，自2010年1月到2012年10月，北京地区对外文化贸易稳步趋升，但是进出口值相距异常明显，贸易逆差缺口较大（如图1）。

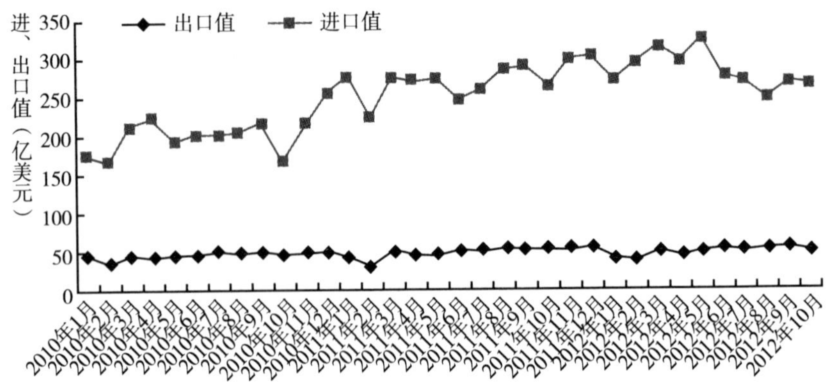

图1　2010年1月~2012年10月北京地区对外贸易总体态势

资料来源：北京海关。

数据显示，2012年前10个月，北京地区（包含中央在京单位）外贸进出口总值为3360亿美元，比上年同期增长5.8%。其中，出口490亿美元，同比增长1.9%；进口2870亿美元，同比增长6.5%。贸易逆差2380亿美元，同比增长7.5%。

这种对外贸易总体态势与我们在前面阐述的北京文化产品出口态势一致。北京文化产品出口在2012年1~9月出口约1.2亿美元，进口约2.8亿美元，逆差值为1.6亿美元。这表明，文化产品的出口不可能脱离整个外贸走势而独善其身，文化产品不仅是狭义的文化产业行业内的生产产品，也与其他一些产业息息相关，如信息产业、金融业、旅游业、加工制造业等。可以说，文化产品的生产与出口是文化产业链与文化与产业链条相互带动的结果。因此，文化产品出口与相关产业息息相关，文化产品出口需要多条产业链条交织相互带动。

（二）文化贸易经营主体收益呈规模化发展态势

从2012年前8个月北京文化创意产业法人单位经济指标来看，各类文化产品均衡发展，收入与从业人员均有增加（见表2）。而对比事业法人与企业法人来看（见表3），企业法人单位个数较多，但是就业人员增长为负数，经营收入绝对数量没有事业法人的经营收入高。这表明，文化产品生产主体多元

化的态势已经形成，但是多元主体之间存在着不均衡发展态势。规模以上文化创意产业法人经营状况较好，在经营方式与经营经验上将成为国际化经营和进入世界市场的重要基础。从事文化产品经营的中小企业自身规模有一定的限制，这将影响其经营方式。目前我国正处于文化事业与文化企业经营齐头并进的阶段，存在制度上的调整与企业内部经营方式上的调整，这对产品出口带来一定的影响。随着制度完善与经营规模的扩大，可以预见，建立在规模化经营基础上的文化出口将出现巨大变化，实现出口大规模增加的转折态势。

表 2　2012 年 1～8 月北京市规模以上文化创意产业法人单位经济指标

领　域	收入合计(亿元)		从业人员(万人)	
	2012 年 1～8 月	同比增长(%)	2012 年 1～8 月	同比增长(%)
文化艺术	103.3	25.8	3.5	-2.1
新闻出版	403.7	13.3	10.6	0.0
广播、电视、电影	450.8	29	4.6	2.3
软件、网络及计算机服务	1983.0	15.2	48.5	11.9
广告会展	619.8	8.6	5.9	5.4
艺术品交易	243.4	5.7	1.1	2.8
设计服务	203.0	9.4	7.2	10.2
旅游、休闲娱乐	448.6	20.6	8.0	3.2
其他辅助服务	747.9	0.6	9.5	-4.4
合　计	5203.5	12.9	98.9	6.4

资料来源：北京统计局。规模产业主要是指年营业收入（收入合计）500 万元（其中批发企业年主营业务收入 2000 万元及以上、零售业年主营业务收入 500 万元及以上、住宿餐饮业年主营业务收入 200 万元及以上，全部金融和房地产开发业）及以上的第三产业法人单位。

表 3　2012 年 1～8 月第三产业事业法人单位主要经济指标

	单位数(个)	从业人员		收入	
		合计(人)	同比增长(%)	合计(亿元)	同比增长(%)
文化、体育和娱乐业	303	59025	2.8	420.0	20.4
新闻和出版业	79	12924	2.0	37.3	6.3
广播、电视、电影和影视录音制作业	31	18372	2.0	294.4	27.7
文化艺术业	134	21168	4.8	54.3	15.2
体育	53	6153		21.9	3.5

资料来源：北京统计局。规模产业主要是指年营业收入（收入合计）500 万元（其中批发企业年主营业务收入 2000 万元及以上、零售业年主营业务收入 500 万元及以上、住宿餐饮业年主营业务收入 200 万元及以上，全部金融和房地产开发业）及以上的第三产业法人单位。

表4　文化、体育和娱乐业企业法人单位部分经济指标

单位数(个)	从业人员		收入	
	合计(人)	同比增长(%)	合计(亿元)	同比增长(%)
914	87916	-2.2	331.6	17.8

资料来源：北京统计局。规模产业主要是指年营业收入（收入合计）500万元（其中批发企业年主营业务收入2000万元及以上、零售业年主营业务收入500万元及以上、住宿餐饮业年主营业务收入200万元及以上，全部金融和房地产开发业）及以上的第三产业法人单位。

（三）文化贸易企业境外投资趋势明显

在文化产品“走出去”的基础上，北京市文化企业纷纷“走出去”，在国际文化市场经营运作。文化贸易企业主要通过海外授权、项目国际合作、境外直接投资等形式开拓海外市场，实现文化领域的国际化运营。例如，北京四达时代通讯网络技术有限公司在非洲14个国家注册成立了公司，在非洲开设了功夫频道，天龙八部、笑傲江湖、全国武术散打比赛等均有直播，并拥有了140万数字电视用户，成为泛非洲地区最具潜力的数字电视运营商，年营业收入超过5000万美元。中国知网每年建立近百个分类数字图书馆，遍布全球42个国家和地区的千余家大学、图书馆、政府部门、银行、医院都是这些数字图书馆的使用者。2011年，中国知网的海外读者超过350万人，实现文化出口收入1121万美元。2011年底，俏佳人传媒并购美国大纽约侨生广播电台，成立了“ICN电视联播网”，形成集电台、报纸、网络新媒体、音像成品销售、电视播出等多方面于一体的中国文化海外推广公共平台和多元化、立体式的传播平台。北京时代华语图书公司投资500万美元在纽约曼哈顿第五大道设立的全资出版公司，从2012年起，将每年输出100种我国优秀出版物到美国出版，直接把华语经典著作译介出去。

（四）文化产品出口导向型向合作互利型转变

由于世界金融危机的普遍性影响，各国对外贸易发展总体态势受到抑制，文化产品的出口同样受到影响，但是，中国市场的潜在实力已经吸引了国外众多投资者，文化产业的投资合作也在逐渐增多。许多国外文化企业选择与中国合作投资文化产业项目，来京进行文化投资合作项目将增多。

英国十二联盟公司、美国泛美亚娱乐机构、香港西马克艺术资本控股有限

公司、香港明日艺术教育机构等4家知名机构，分别与北京的合作伙伴签署合作协议。其中，英国十二联盟公司参与的《国际儿童电视动画系列片——殊旦项目》总投资金额高达2000万英镑。中英两国的合作机构将根据中国十二生肖的经典神话，制作一套电视动画系列片，向世界讲述中国的故事。

来自文化创意产业比较发达国家和地区的出版、拍卖、艺术品鉴定、童话创作等机构，与北京合作伙伴签署了一系列具体项目合作或战略合作协议，这对北京文创企业借助外力，实现高起点发展具有积极作用。

（五）文化产品原创品牌竞争力的作用将进一步凸显

文化原创品牌的发展对于文化贸易的发展具有极大的促进作用，而版权贸易的发展对于文化原创具有极大的保障作用，原创品牌将在良好的版权保护环境下有序展开。除了图书版权贸易，音像、电影、电视节目、软件、实用艺术作品等类作品的版权贸易也将得到极大的提高。在国家政策引导下，以及国外市场的需求状况的调节下，整个版权对外贸易面临新的发展机遇期。据统计，目前中国每年出版的引进版外国当代文学作品数量十分巨大，与此相比，作品被译介到国外的中国当代作家数量有限，只占中国作家协会会员的约1.3%。正如莫言所说，“世界需要通过文学观察中国，中国也需要通过文学来展示自己的真实形象”，伴随着“莫言现象”，中国文学作品将面临新一轮的规模增长。

三　北京对外文化贸易发展的对策建议

（一）改进文化贸易结构，以进口拉动文化产品出口

目前，国际出口市场不景气、大力拉动内需的经济态势条件不容乐观，文化产业的发展特别要注重在引进国外投资的过程中，引进资本与引进技术、销售渠道相结合，形成长期产业出口链条，以引进带动出口，尤其要注重能带动出口的引进文化企业投资合作等项目的开发利用。

在国家重点扶植文化产业、重点文化企业的过程中，北京文化产业与文化重点企业发展规模不断壮大，存在着地缘优势与资源优势，因此，北京文化产

业在国际文化合作方面存在吸引力。欧洲地区，尤其是英国、德国等地区文化项目更多来北京寻找投资机会，北京的文化企业与文化项目在境外投资的机会也在增加。北京文化对外贸易要抓住机遇，实行长效发展机制，合理引用外资，充分借鉴发达国家的技术、管理经验等。

文化“走出去”的营销手段与传统产业不同，要通过“市场运营制度化”，实现营销环节的程序化、精细化，在市场营销的战术上走实每一步。世界文化市场十分广泛，对文化产品的需求不同，因此，为了扩大文化产品输出，要致力于细化目标市场，更要把文化产业与其他相关产业如信息通信、高新技术、教育培训相结合，加强营销能力建设，建立中国文化的海外直接营销渠道，形成文化传播与贸易的综合营销体系。

（二）深入研究国际文化市场，抓紧构建北京市文化贸易供给体系

北京文化产品的出口与文化项目的国际合作要培育文化产品供给体系。充分考虑我国与国际文化产业的政策机遇与发展形势，根据文化产业各门类不同的特点、规律和文化出口重点企业、重点项目的产品属性、定位等，设计规范化的管理流程。

北京需要建设与世界文化中心城市地位相符的对外文化产品供给体系，有针对性地扩大文化产品出口；需要开发多元化的相关产品，多领域地进行尝试，立足于国内市场，参与国际供应链，努力拓展海外市场。

在建立文化产品供给体系过程中，要通过细化文化产品与行业管理，实现“任务目标规范化”。在文化产业的国际背景下，把我国文化产业指导目录与联合国文化产业标准进行比较分析。

积极吸收和融合国外的分类方式、测评标准，积极扶持拥有自主知识产权的关键技术和核心技术的文化出口企业，采用高新技术和现代生产方式，改造传统的文化生产方式，推进文化产业升级，延伸文化产业链条。

（三）促进文化经营主体多元化和规模化经营，培育多种体制多种规模的骨干文化企业

文化创意产业在北京已经成为拉动经济增长的支柱产业，要加强文化创意产

业在出口方面的引领作用，着力培养国际文化市场的竞争主体，培育和发展实力雄厚的大型国有文化企业，积极开拓国际市场，使之成为文化出口的主导力量；也要创造公平的市场环境和良好的政策、法制环境，鼓励、支持和引导符合条件的非公有制文化企业从事国家法律法规允许经营的文化产品和服务出口业务，并与国有文化企业享有同等待遇；同时，鼓励中小企业投入文化出口的经营与项目合作。

充分把握产业发展的扶持政策，进一步提高动漫游戏企业的原创能力和技术研发能力，推动北京地区原创网络游戏产品出口，支持北京动漫游戏企业开拓国际市场，力争培育出一批具有竞争力和国际影响的品牌产品和企业。

文化企业的培育需要注重两点：一是坚持市场制度，加快企业管理制度改革；二是积极贯彻并运作国家资助扶植政策，抓住机遇，利用国内国际有利时机，加快企业内部转型，促进文化产业结构调整，发挥重点企业的带动作用。

（四）营造良好的知识产权保护环境，培育本地文化品牌

北京要努力打造具有自主知识产权和核心竞争力的知名文化品牌，推出一批具有原创特色、在国际市场上适销对路的品牌文化产品，培育具有国际市场认知度的文化品牌。

北京文化产品与文化企业品牌塑造的核心问题在于提高作品内容的原创性，形成自主知识产权。在对外文化贸易中塑造品牌的渠道在于，既体现古老北京的文化经典，又能把古老首都的文化精神加以现代性地传承。在塑造北京文化品牌的进程中，知识版权贸易发展是一个重要方面，要不断完善图书版权贸易环境，培育国际版权贸易市场，扩大版权输出数量、提高产品质量、扩大海外影响力。继续吸引国际一流文化项目落户北京，全力打造北京标志性文化品牌，重点推出品牌文化活动。培育品牌必须注重加强对有较强国际影响力和竞争力的文化贸易市场主体的培育，推动大型国有文化骨干企业发展，打造引领产业发展、主导产业格局的旗舰型市场主体。

支持和推动民营经济在文化建设和创新中的作用，大力扶持中小型文化企业，培育民间团体和组织，引导民间投资参与文化贸易，鼓励有条件的文化企业积极上市融资，推动产业从“小、散、弱”向“现代化、国际化、市场化”转型。加强品牌宣传力度，使各类主体的文化企业在推动对外文化交流与文化

贸易的过程中发挥更加积极的作用，促进北京文化出口产业。加强当代文学作品翻译推介，加强本土动漫、艺术演出、民俗文化等方面的培育，打造一批既体现北京特色，又为国外文化市场接受的文化品牌，加强对软件、动漫、网络游戏等产品进出口情况的监控和数据统计，对动漫、网络游戏、软件等外包贸易的发展进行科学管理。

（五）培养一支既适应外向型文化经营，又适应本土文化市场的人才队伍

在新的发展趋势下，对外文化贸易需要培养一支既适应外向型文化企业经营，又适应本土文化市场的人才队伍。从现代产业的经营与运作方式来看，生产、营销各个环节都需要创新商业模式，管理各个环节需要创新管理模式，因此，建立健全业务培训和继续教育，培养懂文化、善创意、会经营的高端复合型人才和各类操作型、技能型、实用型人才势在必行。

针对北京对外贸易发展形势，我们要重点培养一批具有跨文化视野和国际交流能力的文化贸易领域政府行政人员和企业管理人才，培养一批擅长商务管理与国际市场营销的复合型人才，培养一批文化创意人才、对外文化联络员队伍、专家顾问队伍。在人才培养过程中，我们要发挥海外华人、华侨和留学生的作用，利用他们了解所在国国情的优势，吸引他们加入北京的文化出口企业，在北京对外文化贸易中起到重要作用。在探索人才国际化之路的过程中，应特别重视人才的发现与引进机制的建立，尤其是适应新形势的需求，从基础源头重视翻译人才的培养与长期培训。

The Situation and Prospect of Foreign Cultural Trade in Beijing

Zhang Li

Abstract: Beijing foreign cultural trade development momentum in 2012 , original culture export enhanced, increase in foreign direct investment, exhibition economy rapid development, cultural exchanges with foreign countries become a driving force. The future development of foreign trade to develop new space. In the future in the cultural products export, international cultural market to sell field, foreign direct investment and literary translation and other fields have been development space, need a large number of senior personnel.

Key Words: Original culture export; Foreign direct investment; Exhibition economy

B.16

北京市文艺演出行业发展状况分析

孟海东　胡雄雄*

摘　要：

近年，北京文艺演出业呈全面发展趋势，2012 年，北京各类营业性演出场次突破 21000 场，各类营业性演出收入超过 15 亿元。尽管总体增速明显，但仍然处于产业发展初级阶段，缺乏成熟稳定的商业模式、演出产品供应不足、剧场链建设薄弱、市场空间有待拓展等一系列问题依旧存在。报告针对目前存在的问题提出对策建议。

关键词：

北京　演艺行业　环境分析　问题　建议

演艺产业在文化创意产业领域占有重要地位，根据北京市统计局发布的《北京市文化创意产业分类表》，演艺产业处于核心层位置，是最注重内容原创、最依托创意获得发展的行业。演艺产业是由演艺产品的创作、生产、表演、销售、消费和经纪代理、艺术表演场所等配套服务机构共同构成的产业体系。演艺产品具体形态包括音乐、歌舞、戏剧、戏曲、芭蕾、曲艺、杂技等。

一　北京文艺演出业发展概述

（一）总体繁荣，但仍处于产业发展初级阶段

近年来，北京演出业呈全面增长趋势，剧目创作硕果累累，演出市场规模

* 孟海东，北京市文化发展中心主任，北京文化发展基金会副理事长、秘书长；胡雄雄，北京市文化发展中心。

不断扩大；跨界融合步伐加快，开辟演出市场新模式与新思路；院线建设、集聚区发展出现新高潮，演艺集约化水平不断提升；“引进来”与“走出去”双头并进，演出国际化趋势日益明显；扶持政策与日俱增，市场管理与时俱进，演出外部环境大为改善。数据显示，2012 年，北京各类营业性演出场次突破 21000 场，各类营业性演出收入超过 15 亿元。（见表 1）

表 1　2006～2012 年北京演出行业发展概况

年份	实际演出场所（个）	同比增长（%）	演出场次	同比增长（%）	观众人次（万）	同比增长（%）	演出收入（亿元）	同比增长（%）
2006	74		9280		518		4	
2007	80	8.11	13240	42.67	805.1	55.42	4.16	4.00
2008	81	1.25	13842	4.55	808.9	0.47	6.27	50.72
2009	88	8.64	16397	18.46	1167	44.27	9.33	48.80
2010	93	5.68	19095	16.45	1096	-6.08	10.9	15.76
2011	94	1.08	21075	10.37	1026	-6.39	14.05	28.90
2012	113	20.21	21716	3.1	1100	7.2	15.27	8.68

数据来源：演出行业协会。

北京演出行业近年来取得长足进步，但不能忽视的是，北京的演出行业尚处于产业发展初级阶段，缺乏成熟稳定的商业模式、演出产品供应不足、剧场建设薄弱、市场空间有待拓展等一系列问题依旧存在。

（二）北京文艺演出业各类别发展概况

文艺演出类别主要包括音乐、歌舞、话剧、京剧、杂技、儿童剧、地方戏及曲艺、其他综合类演出等。监测数据显示，歌舞、京剧以及杂技类演出始终保持较为平稳的态势，话剧、儿童剧、曲艺及地方戏演出近年增幅较大，2012 年总体延续这一趋势。

1. 以小剧场为主导的话剧市场已进入商业化运作阶段

小剧场话剧是首都文艺演出业的一大亮点，小剧场话剧很大程度上，代表了首都话剧演出业。北京演出行业协会统计数据显示，2012 年，话剧类演出共有 4404 场，占全年演出总场次的 20%，其中，民营小剧场话剧占据绝大部分比重，并且有一批民营小剧场逐渐成长为品牌，例如蜂巢剧场、开心麻花、戏道堂等。

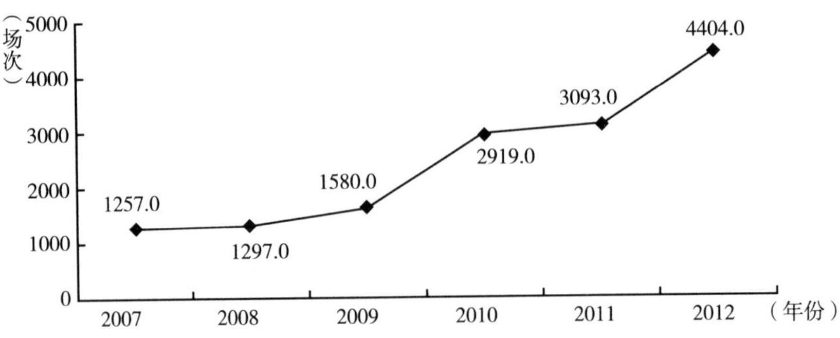

图1 2007～2012年北京话剧演出场次增长情况

话剧的商业化受市场经济发展的推动，也是文化艺术发展的需要。当前，北京剧场经营者正积极探索话剧商业化发展道路，以市场需求为导向，创作和营销相结合，逐步朝创作工厂化、营销院线化方向发展。例如，开心麻花系列剧就充分抓住了年轻人娱乐性、时尚性的消费心态，以相声、舞蹈以及夹枪带棒的语言形式，把时尚、快乐和智慧拧在一起，充分满足了消费者的需求，赢得了市场；以喜剧著名的"雷子乐笑工厂"，充分利用自身优势，为多家企业量身定制话剧，并获得认可。

2. 地方戏及曲艺演出市场活跃度较高

地方戏及曲艺演出是北京演出行业的亮点之一。近年来，北京地方戏及曲艺演出场次呈稳步上升的趋势。中国京剧院、北京京剧院、中国评剧院、北京市北方昆曲剧院等众多的戏曲名团多角度地满足了广大市民的不同戏曲需求，与此同时，北京的相声艺术也大放异彩。

活跃的曲艺及地方戏演出市场保护了我国的传统文化，促进了我国戏曲、曲艺等传统文化艺术的传承与传播，并逐渐涵养了一批具有一定知名度的企业及剧目，如以昆曲艺术为主的"皇家粮仓"以及位于前门外以东北二人转为主的"刘老根大舞台"等都在不同程度上保护和传播了我国的传统艺术。

3. 儿童剧演出市场潜力巨大

儿童剧是感官结合的音乐舞美艺术体验，符合儿童特有的兴趣爱好、心理

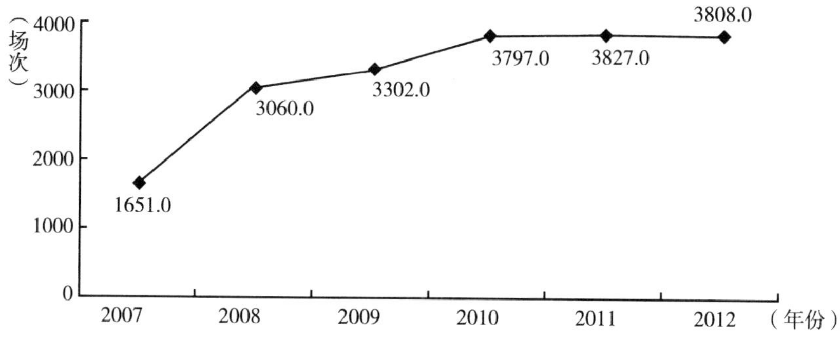

图 2　2007～2012 年北京地方戏及曲艺演出场次增长情况

状态以及思维方式，通过具体、鲜明、活泼的情节传达严肃的主题、进行美与道德的感染，在观看以及互动的过程中，能激发儿童的创造性思维，唤起他们的求知欲，是一种有效的亲子教育方式。随着家庭收入水平的增加和父母教育观念的转变，越来越多的家长乐于选择这种寓教于乐的方式，所以儿童剧类演出市场需求旺盛。但长期以来，我国儿童剧的演出属于公益演出范畴，市场化起步较晚，在全国范围内实行市场化运作是在 2005 年以后，目前尚处于初级阶段。北京专业儿童剧院不超过 20 家，相比数以千万计的儿童，实属杯水车薪。而且，随着动漫、影视业的发展，儿童剧与其他行业的融合，将进一步拓宽儿童演出市场。2005 年，北京全年的儿童剧演出场次约为 610 场，到 2012 年，演出场次已增至 3095 场，占总场次的 14.2%，观众人数已经突破 160 万人次。

4. 音乐演出市场特点鲜明

北京音乐演出市场特点较为突出，音乐节、音乐剧、演唱会构成音乐演出市场三大热点。

近年来，北京音乐节市场日益壮大，各种主题音乐节呈井喷式发展，如北京国际音乐节、北京摩登音乐节、北京流行音乐节、北京 midi 音乐节、北京现代音乐节、国际电子音乐节、北京国际爵士音乐节等各类音乐节此起彼伏，贯穿全年，极大地活跃了北京的音乐演出市场。另一方面，随着国内唱片业的衰落，演唱会逐渐成为回收投资最快最直接的方式，北京良好的文化氛围以及巨大的消费市场吸引着全国各地乃至全球的演唱家及歌星。2011 年，北京有将近110场演唱会，比2010年增加了33场，比2009年增加了51场，比2008年增加了68场；而且，不仅演出场次增加，总体也有着不俗的票房业绩。此外，长期以来并不景气的音乐剧市场近几年也有着不俗的表现，由中国对外文化集团引进的全球经典音乐剧《妈妈咪呀》，在国内首轮演出票房逾4500万元，购票观众超过13万人次，创造了国内音乐剧票房新纪录。美国百老汇音乐剧骄人的业绩与强大的市场影响力，激发了国内很多演艺界人士欲在音乐剧方面有所作为的梦想，一些不同题材的本土音乐剧相继登场，再加上国外音乐剧也瞄准中国市场并前来试水，音乐剧在北京演出市场上掀起一股热浪。

二　北京演出行业发展特点

（一）多元化

北京的演出市场呈现各种所有制形式和各类表演形式共存的多元格局。北京演出市场艺术门类十分广泛，既有顶级艺术家和演出院团的高端演出，又有雅俗共赏的大众演出，也不缺乏相声、京剧、曲艺等特色演出，能从不同方面满足观众的文化消费需求。

北京是中央政府所在地，行政层级较多，隶属关系复杂，所以北京地区演出团体、演出场所和演出中介机构的设立主体多元化现象十分突出，包括中直（文化部直属）、国务院各部委、各军兵种部队总部、文艺院校、市属、区县等多种隶属关系。此外，外地进京演出团体又进一步活跃了北京的演出市场，通常外省市专业艺术表演团体把进京演出视为作品水准达到一定层次的标志。外国重要的演出团体来华演出，北京也是必到之地和首选之站。2012年，外国艺术团体在京演出932场，占全年演出总场次的4.3%。多元化的主体使得北京聚集了一大批国内层级最高、实力最强、水平最高的艺术表演团体和演出经纪机构。

（二）集聚化

演艺集聚化一方面可以产生规模效应，实现资源共享，加快信息交流，在

宣传、定价和服务等方面进行有效整合，达到抑制成本上升的目的。另一方面，发展演艺集聚区是建设世界城市，打造具有国际影响力的演艺品牌的必经之路。目前，我国演艺品牌尚处于稀缺状态，需要剧院、演出团体的聚集并形成规模，在培养人气、形成一定规模的观众群和浓郁的演出文化氛围等层面下大力气，以造就北京世界表演艺术中心的地位，从而形成具有世界影响力的演艺品牌。

近年来，以西城区、海淀区、东城区等区域为核心的演艺聚集区进入了全面建设阶段。例如，西城区将重点建设天桥演艺聚集区，规划建立天桥表演艺术中心、东方演艺城两个大型演艺剧场，规划新建、改造剧场 30 余座，发展戏曲、相声、杂技、话剧、歌舞剧、儿童剧等多种业态的演艺形式，推进天桥地区周边建设，发展城南传统特色演艺群落；海淀区将重点建设西山文化创意大道演艺聚集区，规划建设 10 多个小剧场群；东城区启动王府井（包括儿艺和人艺等在内）、东二环（包括保利剧院和蜂巢剧场在内）、银街、隆福寺、交道口和天坛演艺区等演艺集聚区的建设；此外，相对于北京已有的演出场所，新建奥运场馆在硬件设备、交通条件、服务质量等各个方面均有较大优势，所以以国家奥林匹克公园为中心的现代演艺群落建设也十分迅速。

（三）业态融合常态化

随着科技的进步、市场的培育和政策的扶持推动，演出市场与旅游、网络、动漫等领域的跨界融合趋势日益明显，演出新业态不断涌现。近年来，兴起的旅游演出、动漫演出等大型演出活动为演出产品的创作、运营带来新的模式，注入新的活力，有助于提升演出产品的文化内涵、拓宽演出策划的融资渠道、推广演出宣传的品牌理念、挖掘演出消费的市场潜力。

北京作为我国著名的旅游城市，演出与旅游融合最为显著。近年来，北京旅游演出收入稳步增长。此外，演出与动漫的融合趋势也较为明显，2012 年 4 月 2 日，北京欢乐谷动漫表演基地正式成立，这是国内首个主题公园内的大型动漫表演基地，同样也将成为北京地区最大规模的动漫表演基地。

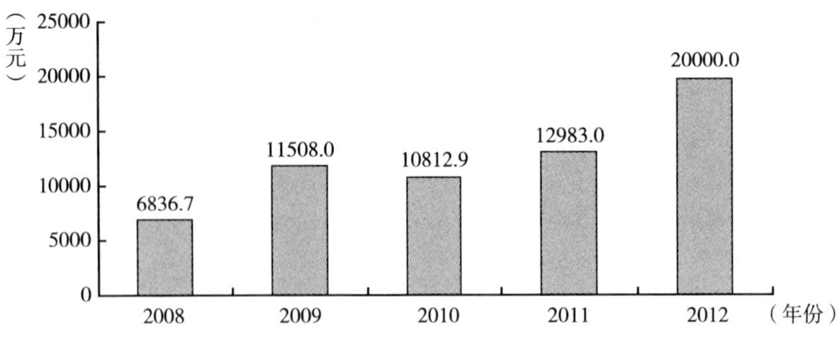

图 3　2008～2012 年北京旅游演出收入增长状况

（四）演出市场国际化

近年来，国内演出市场显示出的巨大潜力吸引了国际巨头的关注，许多经典演出剧目和高端演唱会纷纷进入中国，北京也开始成为一些国际品牌演出项目首演站点。与“引进来”相对应的，是中国演出近年来坚持不懈“走出去”的努力。2011 年 10 月，德云社在悉尼和墨尔本两地举行商演，其演出票价与 Lady Gaga 在当地演出票价是同等价位。红樱束打击乐团在世界著名的悉尼歌剧院和美国肯尼迪艺术中心等二十多个国家举办打击乐专场演出。作为引领中国舞台剧走出去的龙头企业，天创国际演艺制作交流有限公司截至上年底，其原创品牌剧目《功夫传奇》在国内外演出场次已突破 5000 场，其中在海外驻、巡演 1159 场。

三　北京演出产业发展环境分析

（一）政策环境日趋宽松，市场秩序逐步规范

随着市场经济的发展以及政府部门的重视，20 世纪 90 年代中期，演出业市场建设全面铺开，政策环境日渐宽松。2003 年，国有文艺院团开始转企改制，加速了演出业市场化的步伐。国务院 2005 年发布的《营业性演出管理条例》，为演出经营主体营造了宽松和规范的演出环境。2009 年，《文化产业振

兴规划》明确将演艺娱乐业作为重点发展产业，加大扶持力度，制定了加大政府投入、落实税收政策、加大金融支持、设立中国文化产业投资基金等相关优惠政策。2009 年，《关于构建合理演出市场供应体系、促进演出市场繁荣发展的若干意见》明确提出，放宽民营表演团体市场准入条件，简化审批手续；对服务农民、服务基层的民营表演团体在人员培训、演出场地和演出器材方面给予必要帮助和资金支持。2010 年，文化部《关于建立预防和查处假唱假演奏长效机制维护演出市场健康发展的通知》，从建立假唱、假演奏预防机制，加强演出市场现场监管和加大假唱、假演奏行为查处力度，加强行业自律等角度作出了相关规定。2011 年，文化部出台了《关于加强演出市场有关问题管理的通知》，制定相应的管理措施，使演出市场政策体系更加完善。十七届六中全会进一步做出关于“推动社会主义文化大发展大繁荣”的战略部署，为演出行业的发展开辟了新的视野，提供了良好的政策环境，创造了历史性的重大机遇。

为加快北京演出业的发展，北京市先后制定出台了一系列政策措施并逐步加大扶持力度，从不同层面、采取不同的扶持措施促进文艺演出行业的发展，催生了一批具有市场竞争力的大型演艺集团，文化产业逐渐成为北京的优势产业，经济潜力也得到了深度挖掘。例如，2006 年，北京市发布了《北京市促进文化创意产业发展的若干政策》，决定对重点支持方向的产品、服务、项目予以专项资金的支持，并鼓励支持文化创意企业的创意研发和产品出口，对其所得税、营业税等给予减免；2009 年，颁布了《北京市优秀舞台剧奖励办法》《北京市舞台艺术创作生产专项扶持资金管理暂行办法》（京财文［2009］1037 号）等补贴创作的政策；近年来，北京市对文创产业资金支持力度进一步加大，对文创产业的重视达到了前所未有的高度。总体而言，产业政策环境将会越来越有利于文艺演出产业的发展。

（二）北京演出消费市场潜力巨大

随着人们生活水平的提高、城镇居民人均可支配收入的增加，居民消费结构也出现重大转变，文教娱乐的家庭消费支出所占比重越来越大，城市居民已经逐渐告别“生存型”消费，正在向“发展型”和“享受型”的精神文化消

费转变，而演艺、影视等文化创意产业正成为居民消费结构转型升级的重要产业支撑，消费环境成为演艺产业发展的重要动力。

北京市人均可支配收入在全国范围内一直名列前茅，最新数据显示，2012年前三季度，城镇居民的人均可支配收入达26948元，增速为11.5%，人均可支配收入的增加进一步扩大了居民文化消费的空间。而且，北京作为国际性大都市，积聚了大量高学历、高品位、高收入的都市白领，他们都是潜在的文化消费群体。此外，北京还是全国最热的旅游城市，因此旅游演出需求旺盛。2012年，全市16家以旅游演出为主的剧场共演出5379场，占演出总场次的25%，总收入约为2亿元。

四　北京市文艺演出业存在的问题及建议

（一）北京市文艺演出业存在的问题

1. 缺乏成熟稳定的商业模式，可持续发展能力不足

随着文化体制改革的深入，文艺演出业逐渐摆脱体制束缚，市场化不断增强。但从市场角度来看，仍未形成成熟稳定的商业模式。成熟稳定的商业模式应该是可复制、成规模、可预期的，不可复制就难以做大，不能做大企业发展就受局限；成规模是一个企业或产业做强做大的根本条件，是其实现质的飞跃的关键因素；可预期则能够制定长期战略规划，从而在行业内逐步壮大，也才能吸引投资者的青睐。

目前，北京的演出行业运营模式主要是以项目制作运营为主，甚至有相当部分企业的个别项目运营情况就可以直接决定企业存在与否，不否认项目制作运营对企业的重要性，但是企业的可持续发展更多的是依赖于相对稳定的商业运行模式。这种粗放式的发展路径致使企业抗风险能力弱，欠缺可持续发展能力，难以形成集创意、生产、制作、运营、销售于一身的综合实力较强的企业，难以实现从品牌项目到品牌企业这样一个质的飞跃。从全国范围来看，如刘老根大舞台、杭州金海岸公司已经形成了较为稳定的商业模式，放眼全球，美国的“百老汇”品牌授权模式又是更高层次的商业模式。

2. 缺乏原创、经典的演出剧目

文艺演出业处于文化创意产业的核心层，是最依赖创意获得发展的产业，只有坚持“内容为王”，不断创作思想内涵丰富、艺术魅力独特的优秀作品，才能赢得观众、占领市场。从目前北京的演出产品来看，创作尚未能完全适应市场需求。尽管近年来北京的原创剧目、获奖剧目日益增多，但相形之下，思想性、艺术性、观赏性俱佳，而且能够在更大范围内长演不衰的作品仍然较少，且缺少像《猫》《歌剧魅影》《悲惨世界》等诸如此类在世界范围内具有巨大影响力的、能够演出长达几十年的经典名剧。经典剧目的反复演出，一方面能带来巨大的经济收益；另一方面，能聚人气、提升影响力，是打造世界演艺中心的需要。2011 年，“吸金”能力最强的演出项目莫过于中国对外文化集团引进的《妈妈咪呀》，在北京演出 80 场，票房收入达 2000 万元，引起很大社会反响，这凸显了北京与伦敦西区、百老汇这些世界级的演艺中心的差距，也是北京发展演艺事业所面临的挑战。

3. 缺乏有效的剧场供给，影响演出产业规模的扩大

相对北京火爆的演出市场，剧场供给明显滞后。剧场供给不足体现在以下几个方面。

第一，剧场总量供不应求。统计显示，截至 2012 年底，北京各类营业性演出场所共有 113 家，这个数据相比每年上万场的演出场次，明显缺乏。第二，现有部分剧场资源未能物尽其用。北京营业性演出场所主要分布在老城区，有部分演出场所分布在比较偏僻的地方，新建城区及商业区缺少演出场所，由于布局的不合理，导致部分演出场所未能物尽其用。另外，还有很多剧场、礼堂都隶属于政府部门或企事业单位，一般用于职工业余文化活动，没有向社会公众开放。目前，北京有 1000 多个隶属各企事业单位的内部礼堂，由于归属所限，基本不组织商演，有的甚至改作他用，造成了剧场资源的闲置。第三，演出场所规模普遍较小，一般在 600～800 个座位，随着演出业的复苏和兴旺，已不能适应发展要求，而且经营成本过高，较难实现合理的投入产出比。第四，剧场整体水平有待提升，随着演出行业的发展，对末端设备的要求越来越高，目前，相当一部分属于兼用型的综合性场所，专业化程度偏低，演出效果不能尽善尽美。北京拥有国家大剧院、保利剧院、长安大戏院、天桥剧场等设施完备、档次较高的演出场所，但数量不多。

4. 票价过高，影响演出消费市场的增长

演出市场的消费是需要经济成本和时间成本的，而经济成本又起决定作用，演出市场消费与消费主体的经济支付能力密切相关，演出产品的价格越低，消费量越大。长期以来，北京的演出票价一直维持在较高的水平。以2007～2012年北京大型演出场馆及多功能综合剧场的平均票价为例，大型演出场馆平均票价大致维持在600元以上，多功能综合剧场的平均票价为250元。

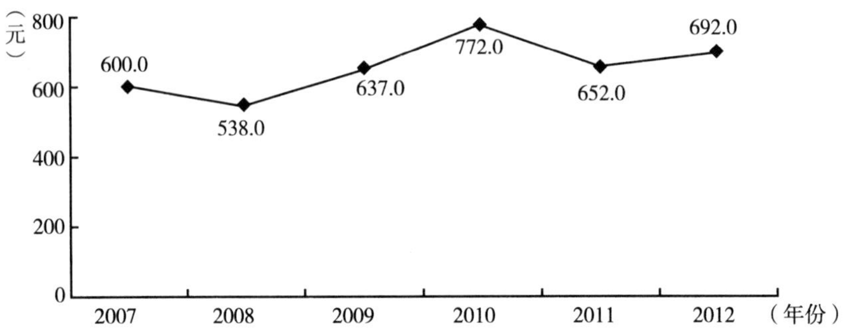

图4　大型演出场馆平均票价走势

数据来源：北京市演出行业协会。

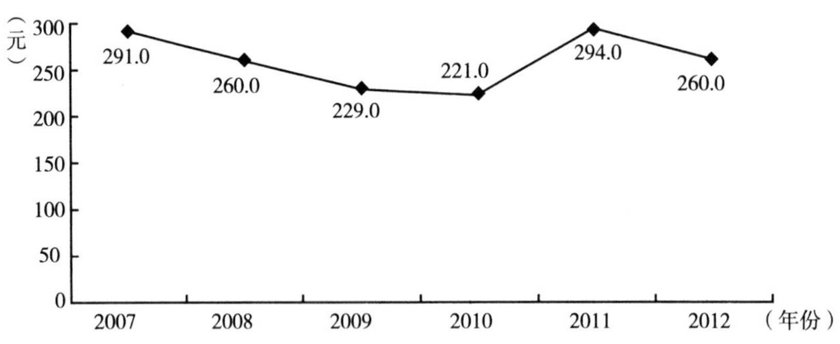

图5　多功能综合剧场平均票价

数据来源：北京市演出行业协会。

调查显示，普通民众能接受的票价大约在 80 元，实际上，北京的演出票价远超出了民众的心理预期。所以，高票价将大批普通收入观众挡在了演出市场门外，抑制了消费群体的增长。北京的演出票价之所以过高，一方面是因为剧场资源的缺乏导致演出成本过高，为了回收成本，不得不提高票价；另一方面，由于赠票之风盛行，致使演出成本转嫁到消费者头上，扰乱了正常的市场定价机制，抑制了部分真正喜欢演出的观众的消费需求，不利于演出市场的健康发展。

（二）提升北京文艺演出业发展的对策建议

1. 加强创新型人才的培养与引进力度

创意是赢得市场的核心竞争力，文化创意的来源是文化艺术创作人才、文化经营管理人才以及复合型的“通才”，归根结底，人才是发展文化创意产业的关键因素。一方面，文化创意产业是新兴产业，缺乏相关的富有经验的人才资源是必然的问题；另一方面，学校教育与社会实践的脱节、企业的急功近利也直接导致了人才培养的滞后。在北京演出市场运营中，人才问题在很大程度上制约了演出行业向演出产业化发展的进程。演出的市场化和产业化需要懂营销、懂经营、懂专业的高级管理人员，需要尽快培养一批既懂文化艺术活动规律，又掌握市场经济管理专业知识的演出行业的经营者和演出市场经纪人，以适应当前文化演出市场的繁荣与发展。

在人才的培养与引进上，政府应当承担起相应的职责。例如，可由政府出资开办定期高级研修班，逐步加大对经营管理人才和文化科技人才的培训力度，加强对艺术院校专业设置的指导。同时，政府还要承担引导功能，把人才培养的部分责任向社区和企业转移，例如，可通过税收减免政策、补贴、设立专项基金等方式鼓励企业进行文化创意人才的培训和投资。据了解，美国迪斯尼乐园获得国家资助基金后，必须拿出 25% 用于人才培训，对每个生产环节的人都进行非常专业和完善的培训，培训机构也是经过挑选的，这才能打造出一场无可挑剔的演出。此外，政府应致力于打造公平的竞争环境、良好的市场秩序以及综合性的活动交流平台，营造出有利于创意人才成长和工作的包容环境。还可以通过评奖机制或建立人才评估体系 ，发掘行业内懂艺术、会经营、有担当的领军人物，从而带动整个行业的发展。

2. 积极转变政府职能，探索扶持院团改革发展的新模式

目前，北京国有文艺院团转企改制任务已基本完成，以企业为主体、事业为补充，多种所有制并存的新型演艺体制格局已建立。首先，政府要适时调整扶持方式，尽量减少行政干预和直接投入，多采取事后补助、表彰评奖、购买服务、贷款贴息、项目扶持等方式，建立起有效的激励和约束机制，引导文艺院团从根本上脱离事业性质、政府包养形态，在建立现代企业管理制度的同时确立起市场意识、风险意识，自觉形成依靠市场谋生存、求发展、聚人气的思想。其次，要培育和扶持创新力强，具有市场竞争力的演出龙头企业，扶持和培养一批优秀剧团特别是民营剧团，支持具有发展潜力的企业做大做强。再次，适时调整扶持方向，改变目前以获奖为目标的剧目创作机制，把扶持资金和资源向观众和市场认可的剧目和剧团倾斜，对此类剧团和剧目可加大政府奖励和直接投入。

3. 积极搭建演艺企业投融资平台

北京打造演艺中心，除了剧院体系平台，更需要以内容为核心的资本平台对原创剧目的风险投资以及对小成本制作（如实验话剧）的组合投资，只有实现以内容为核心的资本聚集，才能加速行业整合，形成稳定的赢利模式。由于演艺企业存在轻资产、弱小散、现金流不稳定等问题，而金融机构的担保是以有形资产为主，所以目前北京的演艺企业与资本市场的对接尚处于起步阶段，虽然有少数成功案例，如北京银行对北京演艺集团数额达 10 亿元信贷的授信、北京银行与天创国际 100 万美元的贷款合作等，但总体而言，行业间有疏离感。积极搭建演艺企业投融资平台、拓宽投融资渠道是发展文艺演出产业绕不开的话题。可从以下几方面入手。第一，搭建演艺业与金融业的信息交流平台，增进双方了解和互信，如通过行业间的对话、论坛、研讨会等增加双方接触、认识、了解的机会。第二，举办演艺企业融资实务培训班、研讨班，邀请在资本运作方面先行先试的演艺企业、在与演艺企业资本对接方面有所作为的金融机构、风投基金和文化艺术基金等社会力量，以及有关方面专业人士，进行演艺企业融资实务的培训、研讨和交流，增加针对金融业的演艺企业、演艺产品和项目的推介、交易活动。第三，积极推动剧场群、剧场链的建设。包含土地、房屋、设施设备等要素的剧场，是演艺业重要的有形资产、固定资产，是目前金融业能够放心对接的领域，可以先行尝试重点对接。

4. 加大剧场资源的建设与整合力度

加快剧场资源的建设与整合力度，一方面可以缓解目前演出行业剧场不足的情况，另一方面可以增加演艺企业的有形资产，为企业的融资担保提供可能。近年来，北京演艺集聚区建设蓬勃发展，有望在不远的将来缓解剧场不足的情况。与此同时，梳理现有的剧场、会堂、礼堂、废旧工厂等场馆，通过重修、翻新、改造等多种方式盘活这些资源，为不同团体提供适宜的演出场所、提高资源利用率，也是解决剧场不足的有效途径。目前，演出市场产品丰富，对不同层次的剧场都有需求，有部分条件欠缺的剧场，如加以改造，就能有所作为。例如，位于东城区方家胡同 46 号院的跨界艺术区就是利用原有的企业小礼堂和锅炉房改造的，在众多千篇一律的剧场中，这里氛围独特，迎合了当下观众的欣赏口味。又如，位于前门外小江胡同 36 号的阳平会馆戏楼，最初是一个只能容纳 300 多人的小剧场、小舞台，表演受到限制，但 2009 年 4 月，刘老根大舞台北京旗舰店在此扎根，以喜闻乐见的艺术表演形式盘活了剧场。目前，北京可以改造、翻新的各类演出场馆仍然不少，如果都能利用起来，将对北京演出场馆不足的情况有一定改善。

Analysis on Beijing Art Performance Industry

Meng Haidong　Hu Xiongxiong

Abstract: In recent years, the performing arts industry of Beijing presents overall growth trend. In 2012, Beijing all kinds of business performances broke through 21000 games and various types of commercial performances revenues was over 1.5 billion Yuan. Although the overall growth obvious, the performing arts industry of Beijing is still in the primary stage of industrial development. There are still some problems, for example, lack of mature stable business model, performance products in short supply, lake of theatre and so on. Finally, According to the problems, the author puts forward some Suggestions.

Key Words: Beijing; Performing arts industry; Invironment analysis

B.17

北京图书出版产业发展状况与建议

傅秋爽*

摘　要：

北京图书出版资源丰厚，优势显著，发展成就有目共睹。但也存在诸多问题。抓住改制和新技术革命的机遇，再造传统出版辉煌的同时，加强顶层设计，大力发展电子出版等新兴业态，实现行业跨越式发展，是当前亟待解决的问题。

关键词：

北京　出版之都　数字出版　出版人才　经济效益　社会效益

一　2012年北京出版业发展背景

（一）北京享有图书出版最为丰厚的资源

1. 传统图书出版业态在全国保持优势

当前，文化产业成长为国民经济支柱产业。其中，图书出版的贡献功不可没，中国已经成为名副其实的出版大国。据统计，自2009年起，中国图书出版品种与总量居世界第一，电子出版总量和网络学术出版两项各居世界第二，印刷复制业居世界第三。[①] 北京图书出版在全国占有举足轻重的地位。以出

---

* 傅秋爽，北京市社会科学院文化研究所研究员、首都文化研究中心研究员。

① 新华社璩静：《文化体改，新闻出版走在前列》，新华每日电讯7版，2011年1月3日。以上数据到2011年依然有效，据《新闻出版总署党组副书记、副署长蒋建国介绍情况》（中国文明网，2011年2月8日）："2010年，我国图书出版品种和总印数、日报总发行量已跃居世界第一位，电子出版物总量已居世界第二位，印刷业年产值已居世界第三位。"

版社的数量而言，北京占全国总数的40%。传统出版业态以图书品种、出版码洋、销售收入进行统计，数值基本与之匹配。这种比例格局长期基本稳定，变化不大。整个“十一五”期间，北京市出版业增加值年均增长10%左右，图书、期刊、报纸、音像制品、电子出版物的品种保持全国首位。[①] 以新闻出版的硬件设施而言，北京发行集团建成国内最大的出版发行物流中心，北京目前是全国最大的具有批发、配供、团购等功能的出版集散中心。[②] 北京图书订货会、北京国际图书博览会、中国国际版权博览会等一批品牌活动影响重大。

2. 图书出版在北京文化产业中占有重要地位

2009年，北京地区出版业总收入880.98亿元，产业增加值为385.02亿元，占全市文化创意产业增加值的比重达到15%，在全市文化创意产业统计分类中贡献率居第二位。[③] 2011年，北京文化创意产业总收入超过9000亿元，增长20%以上。2012年，北京市文化创意产业增加值突破了2000亿元，收入突破万亿元大关。值得一提的是，2011年，北京文化创意产业同比增长14.2%，同年北京的印刷主营业务同比增长14.88%，二者增速基本一致。说明以文化创意产业为代表的第三产业的快速发展为北京印刷业发展提供了广阔的市场。2012年，印刷产业空间布局调整加快，集中度进一步提高，龙头企业逐渐脱颖而出，大兴区产业集聚优势明显。[④] 同时，数字印刷方兴未艾，这些保障了北京印刷业发展的巨大空间。

3. 变化较大、发展较快

近年来，北京新兴出版业发展优势明显，势头迅猛。2008年，北京地区有音像出版单位166家，占全国的42.6%；电子出版单位112家，占全国的47%；出版音像制品12000多种，占全国的37%；电子出版物近5000种，占全国的69%。2009年，北京有经批准的互联网出版机构55家，占全国的

---

① 《北京市“十二五”时期新闻出版业发展规划》，http：//www.bjppb.gov.cn//zwgk/hygh/20110801/21262.html。

② 《从1家出版社到237家出版社》，《北京日报》2009年9月25日。

③ 《北京市“十二五”时期新闻出版业发展规划》，http：//www.bjppb.gov.cn//zwgk/hygh/20110801/21262.html。

④ 《2011年北京印刷业结构调整加速》，《中国新闻出版报》2012年9月12日。

25%；涉足互联网出版的经营机构4630家左右，占全国的21%。这些新的增长点为北京出版业的发展提供了广阔的空间。

（二）北京新闻出版体制改革进展顺利

（1）新闻出版体制改革走在全国文化体制改革前列。自2003年文化体制改革试点启动开始，到2010年年底，北京包括中央直属的经营性出版社、新华书店转制改革任务已全部完成。① 以后改革的主要任务是报刊改革进一步深化，2012年上半年前相关的转企改制任务完成或基本完成。②

（2）从2003到2012年改革十年间，产业结构调整初见成效。2012年，人民网上市，成为第一家在国内A股上市的新闻网站。国家鼓励新闻出版资源向优势企业集聚，打造和培育国家出版传媒主力"舰队"；继续支持符合条件的新闻出版企业上市融资。

（3）非公有资本和外资已经全面进入印刷和发行领域。据不完全统计，自2010年《国务院关于鼓励和引导民间投资健康发展的若干意见》发布以来，各地新闻出版系统新增民营企业1598家，主要涉及数字及网络出版、印刷复制、发行等领域。在全国35.7万家新闻出版单位中，民营出版发行、印刷、复制企业超过32.4万家，占总数的90.8%；民营企业所占有的资产总额、实现的增加值、营业收入和利润总额在印刷复制企业中占80%以上，在出版物发行企业中占70%以上。③

（三）北京市新闻出版局职责范围进一步明确

北京市新闻出版局的官方网站显示："市新闻出版局（市版权局）是负责本市新闻出版事业和著作权管理工作的市政府直属机构。"再次强调了该局的职责范围是"负责本市"的相关工作，因而，北京地区无论单位权属、企业性质，所有与其职责有关的事务均应在其管辖范围之内。今后凡与新闻出版以及著作版权相关的数据都应以此为统计范围，以往仅仅能够看到市直属出版发

---

① 《探索的脚步：中国出版体制改革大事记》，《光明日报》2011年1月11日。

② 《我国全面推进新闻出版体制改革》，《中国青年报》2012年2月16日。

③ 《我国全面推进新闻出版体制改革》，《中国青年报》2012年2月16日。

行机构基本数据，难以反映全市新闻出版发展真实面貌的状况有望改观。市新闻出版局增加了“对本市从事出版活动的民办机构进行监管”的职责。同时，强调数字出版和版权管理，具体而言就是“加强对本市互联网出版活动和开办手机书刊、手机文学业务进行监管的职责；加强本市著作权保护工作的职责；加强培育、引导和扶持本市新闻出版和著作权相关产业健康发展的职责。”这种清晰的职责划分，有助于改变一些行业领域多部门共管、权力交叉、职责不清的弊端。

二　2012年北京图书出版业发展成就

（一）图书出版业公共服务体系日趋完善

（1）北京出版创意产业园为民营出版提供多种业态服务。北京民营出版业快速有序发展，2010年第一季度，北京民营文化工作室已达5000多家，占全国的45%；年策划出版图书近5万种，约占北京地区出版图书总量的40%。[①] 扶持、规范、提升，使之步入持续、健康发展轨道，成为政府面临的重要任务和职责。2010年5月20日，专为民营出版提供多种业态服务的中国北京出版创意产业园区挂牌成立。2011年初，由北京市新闻出版局主管主办的原京华出版社转企并更名为北京联合出版有限责任公司，公司承担园区出版服务平台的职能，为入驻企业提供免费书号和选题论证、三审三校、图书印刷等服务。到2012年，园区已有20余家实力雄厚的品牌企业签约入驻，陆续推出200余种原创精品图书，其中单品销售量超过3万册的有100余种。随着入驻企业的增多，产业园还将通过项目补贴、贷款贴息、成果奖励等形式，加大产业发展的资金扶持力度。

（2）北京市出版工程有序进行。北京市精品出版工程自2009年启动，至2012年年底已经批准通过14批，纳入规划的图书共计500种。[②] 为开拓原创

---

① 《中国北京出版创意产业园区揭牌》，中国出版网，2010年5月21日，http：//www. chuban. cc/hw/dl/201005/t20100521_ 71343. html。

② 北京新闻出版局网：http：//www. bjppb. gov. cn//zwxx/dsymgc/20121203/26656. html。

出版资源，推出出版新人，北京新闻出版局于2008年在全国率先推出“出版原创推新工程”。该工程在全国开展“青年原创作品征集出版活动”，旨在搭建青年写作爱好者与出版商沟通的桥梁和服务平台，截至2012年，共收到来稿1万余部，投入专项资金800多万元，已扶持出版优秀青年原创作品60余部，在社会上引起广泛关注。

（3）全民阅读活动深入展开。“读书益民”工程是政府为民办实事的标志性工程，主要服务对象是京郊农民、来京务工人员和农村中小学生。2005年12月18日，工程正式启动。2010年底，已累计投入财政资金1.03349亿元，在全国率先实现“村村有书屋”目标。2012年，全市已建成“读书益民”屋4243家①。2012年5月，第十届北京国际图书节专门举办“读书益民工程展”，全面展示工程成果。4月6日，为迎接第十七个“世界读书日”的到来，第二届北京阅读季启动，通过系列活动，倡导市民多读书、读好书、好读书，参与“书香北京”建设。

（4）“中国出版博物馆”落户北京。国家级文化设施建设项目“中国出版博物馆”落户北京市，该项目已被列入《北京市国民经济和社会发展“十二五”规划》。

（5）一批印刷产业项目顺利实施。2012年3月，“北京地区印刷产业促进平台建设”完成向社会公开招标；5月，“北京绿色印刷工程”正式启动，并发布全国首批绿色印刷婴幼儿读物；同时，“北京国家高端绿色印刷产业基地”正在筹划建设中。

（二）北京“版权之都”建设稳步进行，版权登记和版权输出创历史新高

（1）软件正版化率百分百。2011年，北京市圆满完成全市政府机关软件正版化专项检查整改工作，成为全国第一个完成专项检查整改工作的省级单位。②截至2012年10月，企业正版化率达到100%。

① 北京新闻出版局网：http：//www.bjppb.gov.cn//zwxx/dsymgc/20121203/26656.html。

② 《北京市2012年企业软件正版化工作圆满完成》，北京市新闻出版局。

（2）全力打造“版权之都”。2012 年，北京市工作重点是整合现有资源，加强版权保护体系建设，科学合理地规划建设版权交易分平台和专业性版权交易平台。①

（3）作品自愿登记证书的权威性初步建立。2011 年，全市作品版权登记达到 348175 件，约占全国登记总量的 87%，同比增长 11.2%。② 2012 年，全国作品登记 687651 件，较 2011 年增长了 49.05%。其中北京登记量为 370724 件，比上年增长近 6.5%，③ 实现登记量连续三年增长。这表明了以下两点：第一，作品自愿登记能够真正起到保护著作权的作用，受到了广大著作权人的普遍认可；第二，北京走在全国前列，起到了示范带动作用。

（4）打击盗版，净化市场。北京市多个文化执法部门，建立打击盗版的长效机制，对盗版图书、光盘和软件进行打击，有效地净化了北京文化市场环境。

（5）北京地区版权输出实现快速增长。北京地区版权输出取得重大进展，主要表现在下面两点。一是版权输出数量大幅度增加。2010 年，地区版权输出 2153 项，同比增长 45%；全年实现海外收入 1.88 亿美元，版权输出成为中国文化“走出去”的重要力量。二是版权输出结构明显改善。从输出内容看，科技、教育作品成为输出主体。其中，语言文字类占电子出版物输出总数的 91%。④ 从输出目的国家和地区看，除台湾地区依然占据海外输出首位外，日本、英国、韩国和美国购买版权数量均有较大增长，分别位列版权输出目的国（地区）的第二至第五位，说明版权进入西方发达国家步伐明显加快。

（三）图书出版文化工程建设起点高、成效明显、亮点较多

（1）整合资源，打造全国出版发行中心，运行机制不断完善。首都出版发行联盟是由政府主导，北京行政区域内中央、市属及民营 100 多家出版发行

① 王坤宁：《北京版权登记和版权输出创历史新高》，《中国新闻出版报》2012 年 2 月 13 日。

② 王坤宁：《北京地区作品版权自愿登记量同比增 3.5 倍》，《中国新闻出版报》2012 年 8 月 15 日。

③ 《中国建较完善著作权登记制度 去年登记 80 多万件》，中国新闻网，2013 年 1 月 17 日。

④ 《北京版权登记数量居全国首位》，《北京商报》2011 年 3 月 7 日。

企业联合结成的全行业性的自治组织。首批出版发行联盟包含了中国出版集团、人民文学出版社、商务印书馆、中华书局、中国大百科全书出版社、三联书店在内的出版单位共40家。随着联盟影响力和吸引力不断扩大，至2012年，联盟会员单位达到78家，几乎囊括了在京的所有实力强的知名出版发行单位。联盟建立后，在充分发挥首都出版发行业的资源优势、积极推动产业发展并为行业提供服务、打造全国出版发行中心方面起到了部分预期的积极作用。

（2）2012年北京图书订货会。实现订货码洋33.16亿元，比2011年的订货码洋32.5亿元增长2%。[①]

（3）北京国际图书节新亮点。2012年第十届北京图书节正式更名为“北京国际图书节”，本届图书节亮点纷呈：首次融入国际元素，邀请法、意、波等多国的驻华使馆和文化机构参与文化交流活动；首都出版发行联盟企业首次集体亮相北京国际图书节；特邀近十家新媒体入驻；在展区可体验数字出版发行、移动阅读、3D网游等各种全新形式和高新技术给阅读带来的新变化；展示了绿色印刷的发展历程。图书节历时10天，接待80余万人次，销售额突破3200万元，创图书节历史新高，同时，在国际性、与读者互动性以及高科技新成果展示等方面都表现出了新特点。

（四）北京图书出版数据分析

表格依据2012年10月国家统计局发布数据制作。

年度	总图书品种（种）及增长率（%）	北京图书品种（种）及增长率（%）	占比（%）	全国图书新出版品种（种）及增长率（%）	北京出版新品种（种）及增长率（%）	占比（%）	全国图书总印数（亿册）及增长率（%）	北京印数（亿册）及增长率（%）	占比（%）
2006	233971.00	4642.00	1.94	160757.00	2337.00	1.45	64.10	0.60	1.11
2007	248283.00 ↑6.12	4916.00 ↑5.90	1.98	136226.00 ↑-16.26	2502.00 ↑7.19	1.84	62.90 ↑-1.87	0.62 ↑3.33	0.99
2008	274123.00 ↑10.41	5283.00 ↑7.47	1.92	148978.00 ↑9.36	2430.00 ↑-2.92	1.65	70.60 ↑12.24	0.74 ↑19.35	1.05

① 《2012北京图书订货会订货总码洋33.16亿元》，《中国新闻出版报》2012年1月12日。

续表

年度	总图书品种（种）及增长率（%）	北京图书品种（种）及增长率（%）	占比（%）	全国图书新出版品种（种）及增长率（%）	北京出版新品种（种）及增长率（%）	占比（%）	全国图书总印数（亿册）及增长率（%）	北京印数（亿册）及增长率（%）	占比（%）
2009	301719.00	144211.00	48	168296.00	84382.00	50	70.40	21.00	30
2010	328387.00 ↑19.80	5670.00 ↑7.33	1.72	189295.00 ↑27.06	3085.00 ↑26.95	1.63	71.70 ↑ 1.56	0.90 ↑21.62	1.27
2011	369523.00 ↑12.53	6699.00 ↑18.15	1.69	207506.00 ↑9.62	3420.00 ↑10.86	1.65	77.05 ↑7.46	1.06 ↑17.78	1.38

说明：在国家统计局数据发布平台上北京新闻出版统计数据2006年才开始系统发布，因而依据的数据只能是2006~2011年。统计范围和口径方面，北京新闻出版2009年的统计数据涵盖范围是在京出版单位，而其他年份的统计范围则仅仅局限于北京市新闻出版局直属出版社，两者之间差距极大。2009年涵盖在京出版单位的统计范围更能反映北京图书出版的全貌。但由于其他年份统计数据的缺失，没有可比性，所以只能管中窥豹，对其他年份仅仅涵盖北京直属出版社的数据进行分析，期望从中发现规律。

数据分析表明：

（1）全国图书品种逐年上升，且有加速之势。北京图书出版品种涨势略低于全国水平，但2011年创出新高；在全国占比维持在1.69%~1.98%，基本稳定。

（2）全国新版品种年度之间起伏较大，除2007年大幅下降16.25%之外，基本保持了逐年上升趋势，2010年，升幅高达27.06%。北京新版品种2008年有小幅下降，幅度是2.92%；2010年，大幅上升近27%，与全国局势保持一致。平均占比在1.64%，较为稳定。

（3）全国图书总印数数年比较，起伏极大，最低和最高年份相差14个百分点。而北京的图书印数基本保持了高速增长的势头，2008~2011年，年平均增长幅度近20%。

以上数据表明，北京出版没有单纯追求品种数量，而印数却增加，如果能够基本实现有效销售，意味着效益得到大幅度提高。2012年的全国及北京出版数据均未公布，但是由于莫言获得诺贝尔文学奖的轰动效应，在开卷数据2012年11月的虚构类畅销书榜单前30名中，有25种莫言作品在榜，几乎占据全部虚构类畅销书榜单。2011年，莫言图书对整体市场的码洋贡献率为

0.01%，2012年则达到0.47%。仅北京精典博维公司策划出版“莫言文集”发货即有20万套，发货码洋高达1.2亿元。[①] 这对北京图书出版市场贡献极大，对全国图书出版格局有较大影响。

三　北京新闻出版业未来发展方向、目标及路径

（一）《北京市“十二五”时期新闻出版业发展规划》（以下简称《规划》）是未来几年北京新闻出版发展纲领性文件

（1）依据：该《规划》是根据《中共中央关于制定国民经济和社会发展第十二个五年规划的建议》《国家“十二五”时期文化体制改革和发展规划纲要》《中共北京市委关于制定北京市国民经济和社会发展第十二个五年规划的建议》《北京市“十二五”时期文化发展规划》《北京市“十二五”时期文化创意产业发展规划》，结合北京新闻出版业发展实际制定的，为北京未来几年新闻出版行业发展确立了方向、目标及实现路径、时间节点。

（2）方向：努力将北京打造成为集聚高端出版企业、优秀出版人才、先进出版业态、国际知名出版活动的世界出版创意之都。

（3）目标：到2015年，新闻出版产业增加值达到890亿元，年均增长率达到15%。

（4）具体路径：保持传统出版业平稳较快发展。到2015年，传统出版业增加值达到200亿元，年均增长在10%以上。年出版图书品种年均增长率达到10%左右，品种数达到20万种。实现数字出版等新兴业态蓬勃发展。数字出版产业产值年增长率在40%以上，形成5家左右年主营业务收入超过10亿元的具有国际竞争力的数字出版骨干企业。印刷复制业实现从单纯加工服务型向提高信息增值的现代服务型转变，高端印刷复制业态快速发展。到2015年，印刷复制业总产出达370亿元，年均增长10%左右，培育5~6家产值50亿元以上的龙头企业。出版公共服务体系建设形成长效机制。版权保护与版权贸易

① 《2012年中国图书零售市场报告发布：莫言价值升居第二》，《新京报》2013年1月17日。

水平显著提高。作品版权登记量年均增长10%。培育10家以上年版权输出超过100种的版权贸易（输出）企业，版权输出数量年均增长10%，形成一批具有国际影响的版权交易品牌。

（二）北京市“十二五”时期新闻出版业发展规划重点工程

改革重点工作	内容创新重点工程	产业振兴重点工程	技术研发和平台建设重点工程
市属报刊出版单位转企改制	北京出版基金	打造2～3家双百亿出版传媒集团	ERP出版信息管理系统
中央与市属出版资源的优化与整合	出版原创推新工程	培育3～5家出版上市企业	跨媒体复合出版平台
重点出版企业的股份制改造	重点出版选题规划	建设中国北京出版创意产业园区	木板水印技改工程
建立非公有文化机构参与出版活动的通道	优秀出版物第三方评价体系	建设首都出版文化区	自助式按需印刷设备生产及推广项目
建立环渤海区域出版合作机制		建设北京数字出版基地	基于蓝光光盘(CBHD)和网络传播的数字版权保护系统
			大容量高清光盘技术
			绿色印刷技术与工艺的开发与应用
新闻出版公共服务工程	出版物市场建设工程	版权产业振兴工程	人才建设工程
中国出版博物馆	B2C数字版权交易平台	版权产业“涌泉工程”	领军人才工程
读书益民工程	出版市场监测数据系统	版权交易“远航工程”	国际高端出版人才数据库
全民阅读网络平台	出版物发行物流基地	版权市场“正版工程”	青年出版人才创业平台
北京图书节	特色书店振兴工程	版权“科技维权工程”	古籍修复技艺人才培养计划
城乡电子阅报栏(屏)	出版物物联网工程	加强版权产业服务体系建设	
申办“世界图书之都”	中国国际图书展销中心		
	正版与科技维权工程		

说明：依据《北京市“十二五”时期新闻出版业发展规划》整理编制。

四 对北京市新闻出版业发展的对策建议

（一）优化品种，提高质量，走名牌战略，精品道路

中国已经成为世界出版大国，但远非出版强国。以图书出版为例，出版图书品种2009年301719种，2010年328387种，2011年达到369523种，以平均每年10%的数量不断增长，但是总印张数却基本保持不变，再版率不足50%，如果扣除教材、教辅等各种非市场流通品种，再版率更低。新版图书中，又有相当数量的品种事实上并未进入阅读市场，如大量存在的用于评定职称、迎合考核、完成项目的所谓“合作出版”，绝大多数未能发挥应有的社会效益。即使是已经进入销售环节的图书，70%以上也都未能真正实现销售，而是很快进入“下架—打包—退货—库存—销毁”通道，造成出版资源的巨大浪费。所以，目前中国的图书出版品种亟待优化。北京出版首先应该退出在品种数量上的恶性竞争。如果把《规划》中“年出版图书品种年均增长率达到10%左右，品种数达到20万种”作为产业发展的硬性指标，实际上与做强产业的目标可能会背道而驰。北京作为首都、全国政治文化中心，不仅有发展地方经济的任务，更有带动全国文化发展的责任。出什么样的书、什么质量的书，以什么样的指标作衡量，都具有引领示范作用，北京图书出版应该摒弃单纯追求GDP的思维模式，努力提高产品品质，经济效益和社会效益并重，走绿色可持续发展道路。在打造名牌出版社、打造精品图书上下工夫。

（二）净化环境，建立健康有序的图书市场

在竞争日益白热化的传统图书市场，能否进入畅销书榜成为是否能够赢得丰厚利润的关键。开卷等调查公司的数据表明，连续8年，中国5%的畅销书占领了50%以上的市场份额。为了进入畅销书行列，实现有效销售，少数出版社和发行销售部门联手弄虚作假，恶意炒作、跟风出版、注水打榜，使得一些粗制滥造的低俗之作、平庸之作、抄袭之作、拼凑之作畅销于市，严重误导消费者，也败坏了首都图书市场声誉。在这方面，政府应该有所作为，如榜单

的科学性和客观性，公布的及时性和公正性，都可以通过制度设计和技术手段实现。同时，应该充分利用北京浓郁的文化氛围，发挥北京高层次读者群体集中且庞大的优势，开展“我评好书”之类的活动，不仅引导大家营造静心读书的氛围，而且通过好书推介，使得内容好、质量高的优质产品能够在浩如烟海的图书品种中脱颖而出。

（三）坚持多样化发展，建设首都出版高地

北京出版业应该体现国家文化中心特色，相关部门应该承担起增强社会效益、提升文化实力的责任。出版社转企之后，追求经济利润成为第一要务，学术的、小众的图书品种出版和销售都更加困难。尽管政府已经通过“出版工程”等予以支持，但是力度小、范围窄，而且单纯依靠财政拨款维持毕竟不是长久之计。在此情况下，应该考虑建立一种长效、可持续的机制，在这方面，国外的一些做法可供参考。法国政府通过图书基金资助的办法来支持小受众品种的图书，由专门的评价委员会进行讨论，对那些确有价值但市场前景并不乐观的图书进行资助。资金主要是通过网络下载收费所得，那是一个非常巨大的数额。除了补贴出版，基金还对销售这些小众图书的书店进行补贴，以鼓励零售商提高和扩大图书销售品种。一个私有书店要想得到资助，必须向委员会提供营销书目，以证明自己书店经销图书秉承了支持文化多样性的原则，而非为了单纯追求经济效益售卖畅销书，同时他们采用的好书推介手段也很多样。例如，由图书基金资助国有电视台的读书频道，专家通过专门的节目向大家推荐有文化品位的图书。这样的做法，与我们拨付资金鼓励畅销书的办法正好相反，其优点显而易见，它不仅打开了出版通道，同时也打开了销售通道，使得真正有品位、有价值的好书能够呈现在读者面前；而电视、报纸等媒体的大力推介，也起到了广泛宣传的作用。

（四）加强人才队伍建设，推动首都出版业创新发展

目前北京全部文化创意从业人员达 120 多万人，从业规模居全国之首。[①]

---

① 南婷、黄海:《北京文创产业从业规模全国居首》，http：//roll. sohu. com/20120117/n332419913. shtml。

北京拥有全国最大的新闻出版优势，但是人才匮乏依然是制约其发展的瓶颈。为行业发展考虑，出版局应该出面建立一个开放的出版人才数据库，为供需双方建立一个便捷的交流平台。加强出版业创新人才建设和培养，增强出版创新能力和创新水平，推动出版大国向出版强国发展。

State and Suggestions on Publishing Industries in Beijing

Fu Qiushuang

Abstract: Beijing has the rich resources and significant advantage in publishing industry. Beijing should realize great-leap-forward development in this area and vigorously develop the new format in emerging business such as electronic publishing with taking the opportunities of the reform and revolution of new technology.

Key Words: Publishing Capital; digital publishing; Publishing talent

首都区县文化建设发展聚焦

Focus on Capital District Culture Construction

B.18 昌平区公共文化服务体系现状与建设研究报告

课题组*

摘　要：

昌平的公共文化服务已实现全覆盖，基础设施门类齐全，开展了丰富的文化活动，文化品牌初显成效。与其他区县相比，昌平在基础设施、文化活动等方面有自身的优势，也存在问题和不足，公共文化服务体系建设还需进一步加强。

关键词：

公共文化服务　文化事业　昌平

* 本文为北京市社会科学院“昌平区区域文化建设战略研究”研究报告，执笔人为陈镭。陈镭，博士，北京市社会科学院文化研究所助理研究员。

2012 年，昌平区第四次党代会和《昌平区“十二五”时期文化事业发展规划》确定了“一心五团多支撑”的基础设施发展格局，把“文化昌平”作为城市发展的总体战略。本报告梳理昌平区公共文化服务体系的基础设施及服务现状，与其他区县展开比较，分析存在的问题与不足，并就推动公共文化服务体系建设提出对策建议。

一 昌平区公共文化服务体系的基础设施

昌平区在“十一五”时期的建设重点是基层公共文化服务设施，主要在图书馆、文化室、农村和社区的文艺演出、电影放映等方面增加投入，构建了基础设施的网络系统，兼顾城乡间、区域间的协调发展。

（一）服务体系

设施网络。昌平区已初步建立覆盖区、镇（街道）、社区村的三级公共文化服务设施网络。目前，全区共建有 18 个镇（街道）级文化服务中心，通过新建或扩建使其功能逐步完善，均配备较为先进的广场演出设备；304 个行政村全部建有文化室，安装了文化资源共享工程；177 个社区建有 128 个文化室；拥有 13 个区级图书分馆、481 个村级和社区图书室、186 个益民书屋和 298 个农村数字电影放映厅；共建有各级文化广场 186 个。

空间布局。昌平区的公共文化服务设施实现了全覆盖，但分布并不均衡，存在镇际差异，重要文化设施的分布以人口密度和交通便捷程度为指向，或依托重点文物保护单位。目前，全区所有的镇（街道）均无大型文化活动中心，重要的文化服务设施多分布在人口稠密的中部城区和南部，但属于这两个区域的沙河镇、东小口镇、回龙观镇、南邵镇、百善镇等规划了科技城、新城、产业集聚区的镇目前还缺少大型或有较大影响力的公共文化服务设施。

文艺团体。昌平的文艺团体数量众多，拥有市级艺术团 1 个、区级艺术团 1 个、业余艺术分团 39 个、群众文艺团队 600 多个，器乐、舞蹈、戏曲、民间艺术等各领域的人才达 2000 多人。社区村级的团体包括活跃在一线的 102 支业余演出队、251 支秧歌队、61 档民间花会、43 支民族乐队、2 支铜管乐队。

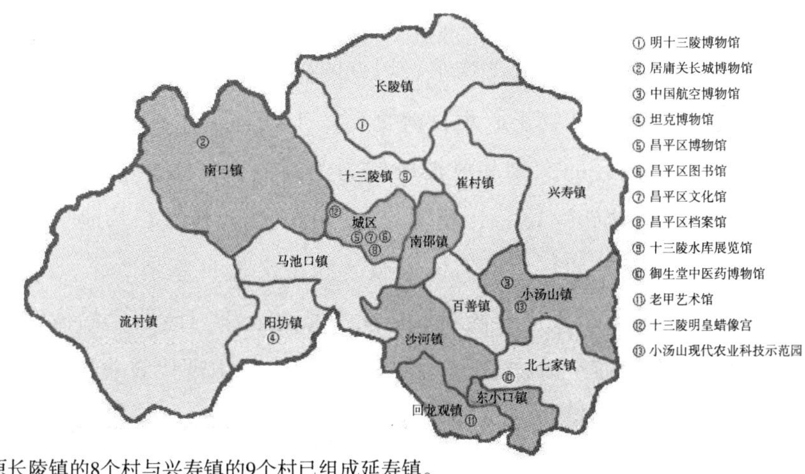

注：原长陵镇的8个村与兴寿镇的9个村已组成延寿镇。

图1　昌平区重要公共文化服务设施分布图

（二）门类形态

昌平区公共文化服务设施的门类齐备，建有少年宫、工人俱乐部，无专门的科技馆，但随着未来科技城的兴建，科普类文化活动应能充分开展。主要门类的发展现状如下。

图书馆。全区共有 1 个区级图书馆、19 个图书分馆（镇级图书分馆 13 个），完成全区共享工程基层服务点 303 个，481 个村级和社区图书室，186 个益民书屋，镇村藏书总量达到 43.79 万册。

文化馆。全区有区级文化馆 1 家，镇、街道办事处文化馆或活动中心 18 家，农村和社区基层文化活动室 401 家。区文化馆下设文艺演出辅导部、培训部、文学创作部、美术摄影部、灯光音响工程部、非遗部等十个部门，机构健全、设施齐备。

档案馆。区档案馆为国家一级综合档案馆、市级爱国主义教育基地，馆藏纸质档案 164 个全宗、30 万余卷（件），资料 11850 册，照片 65919 张，音像档案 911 盘（张），实物档案 2038 件；不断推进信息化建设，实现了因特网、政府信息网、内网、数据存储四网物理隔离和政府已公开信息网上查询、档案开放等。

博物馆。共7家，除十三陵、居庸关景区的主题博物馆之外，还有公立博物馆3座，分别是中国航空博物馆、坦克博物馆和昌平区博物馆。航空博物馆是亚洲最大的飞机类博物馆，坦克博物馆是中国乃至亚洲唯一的坦克博物馆，区博物馆以展示本区的文物和风情民俗为主要内容。御生堂中医药博物馆是“全国十大民营博物馆”之一，获得“中医药文化宣传教育基地”称号。

爱国主义教育基地。全区有国家级爱国主义教育基地1个（中国航空博物馆），市级基地7个（十三陵特区居庸关长城、十三陵明皇蜡像宫、十三陵水库展览馆、中国航空博物馆、坦克博物馆、小汤山现代农业科技示范园、昌平区档案馆），区级基地9个。

益民书屋。北京市自2005年开始实施“益民书屋”工程，2008年，与全国推广的“农家书屋”工程合并。到2010年底，昌平区共完成了303家益民书屋的建设，实现了行政村的全覆盖。截至2012年底，已举办两届益民书屋管理员培训班。

流动性服务设施。主要有流动图书馆、流动文化演出和展览等服务设施，具体设备包括流动服务车、图书捐赠车、演出舞台车以及电影流动放映设备和车辆等，市文化局为区文化委配备了相关设备。设立“文化下乡、文艺同行”“书香情”基层图书活动、部队青年流动图书站等服务项目。此外，还有民间公益机构的流动服务设施在昌平开展活动，如京华流动图书馆、芬兰通力基金会的“通力流动图书馆”等。

（三）服务状况

昌平虽然没有大型综合文化活动中心，但三级公共文化服务体系组织了大量的活动，民间文化团体十分活跃，在10个郊区县中处于前列。

服务概况。全区图书馆全年办理借阅证约8300个，持证读者达22068个，接待读者16万人次，借阅图书284652册，总流通人数30万人次左右。除区图书馆、文化馆、档案馆的日常服务外，各级服务体系还积极举办各类表演，年均达1000多场，参与观众达10万人次，重要的活动包括春节和元宵节的民间花会表演、五月鲜花歌咏比赛、“爱国歌曲大家唱”演唱会、“庆十一诗歌征集”等。区电影管理处开展主题放映活动，“迎新年”主题放映覆盖全区

298 家村级固定数字影厅，期间轮流播放 10 部电影，总放映量近 3000 场次；“七一”和国庆期间放映优秀爱国主义影片，在基层数字放映厅放映 120 多场。

文化工程。昌平区大力推行文化、科技、卫生、法律“四下乡”服务活动，2011 年，共组织文艺演出 912 场，专业剧团演出 608 场，观众达 60 余万人。稳步推进“文艺演出星火工程”和“周末场演出计划”，星火工程的演出每年可达 100 场。针对北京城区的“百姓周末大舞台”特意将回龙观社区、天通苑社区也纳入服务范围，体现了文化惠民理念。

教育培训。区文化馆积极承办区内各类社会文化艺术活动，指导城区单位、镇街、村、社区群众性文化活动的普及与提高，不定期举行各类文艺活动和辅导培训，年均培训辅导艺术骨干达 2000 余人，分期、分批培训受益 28000 多人次，还积极开展了非物质文化遗产传承的教育培训。

（四）文化品牌

文化设施。明十三陵、居庸关长城是世界文化遗产，同时也是公共文化服务的著名品牌，围绕它们举办的“十三陵国际旅游文化节”融文化传播和商业推广于一体，有一定的国际影响力。坦克博物馆、航空博物馆、中医药博物馆也是不可替代、特色鲜明的文化服务设施。

文化活动。大型文化活动方面，十三陵国际旅游文化节、小汤山温泉文化节、草莓文化节、苹果文化节、汽车文化节均为知名文化品牌。基层文化活动方面，“乡村大舞台”活动开展得如火如荼；区艺术节已经举办了十二届，艺术节期间进行“广场舞蹈比赛”“春节团拜会”“花会表演”“主题电影放映”等丰富多彩的文化活动；回龙观社区、天通苑社区拥有众多文化艺术体育人才，“回龙观社区百姓春晚”“回龙观足球超级联赛”都是京城知名的活动品牌。

文化村落。北京市委农村工作委员会等部门历时五年组织评选出 53 个“北京最美丽的乡村”，昌平的郑各庄村名列其中，它还是市文化局评选的首批 10 个“文化示范村”之一。香堂村重建圣恩禅寺，还建立东方书画研究院、陈式太极武术馆、敬老院等设施，入住了演艺界、书画界、新闻界等各界名人 2500 余户，也是京城著名的文化村落。

二　昌平区公共文化服务体系的比较研究

本报告把昌平放在首都区县中进行比较分析，以考察存在的差异[①]。

（一）昌平与生态涵养发展区（门头沟、平谷、怀柔、密云、延庆）比较

北京的生态涵养发展区包括门头沟、平谷、怀柔、密云、延庆五个区县。昌平处于生态涵养发展区的环绕之中，与怀柔、延庆、门头沟三地毗邻。昌平的公共文化基础设施与五区县相比稍占优势，博物馆的数量、质量尤其领先；昌平区档案馆的服务水平更高，是国家一级综合馆、市级爱国主义教育基地。而另一方面，密云、延庆、平谷三地建有或正在建设大型文化活动中心，密云的文化活动中心实际面积稍小，但也是新建的。昌平的大型文化中心还处于规划阶段。

生态涵养发展区的文化活动多依托生态资源。门头沟围绕妙峰山、永定河重点打造永定河文化节品牌；密云围绕密云水库等山水资源举办农耕文化节、户外运动节、鱼王美食节、冰雪风情节；平谷围绕生态农业举办“桃花大舞台”等活动；怀柔依托圣泉山、影视城和生态农业。相比之下，昌平的历史文化资源是自身文化活动特色的主要来源。延庆是生态涵养发展区中历史文化资源最丰富的区县，和昌平一样都拥有长城和近代铁路景观，但它们并不以明文化为重点，近年来围绕古崖居人类生活遗址开展了许多文化活动。

表 1　昌平与生态涵养发展区的主要公共文化服务设施比较

区　县	区县图书馆		区县档案馆	文化馆(站)数量	博物馆	大型文化
	面积(平方米)	藏量(万册)	面积(平方米)	(镇级以上)	数量	中心
昌　平	8000	61	3800	19	7	无
平　谷	6700	60	3800	19	1	在建
怀　柔	7309	36.5	3000	17	3	无

① 表 1 ~ 5 中的数据根据 2012 年各区县数据整理。

续表

区县	区县图书馆		区县档案馆	文化馆(站)数量	博物馆	大型文化
	面积(平方米)	藏量(万册)	面积(平方米)	(镇级以上)	数量	中心
密云	3600	28	5440	21	1	有
延庆	5598	25	5762	16	6	有
门头沟	3742	43	4651	14	2	无

（二）昌平与城市发展新区（通州、顺义、大兴、房山）比较

城市发展新区包括昌平、通州、顺义、大兴、房山五区和亦庄开发区，其中顺义区与昌平毗邻。昌平的公共文化服务基础设施与其他四区相比，各有优势，昌平的博物馆、图书馆、档案馆事业发展较好，其他设施大体相当。而大型文化活动中心一项，昌平处于劣势。通州、顺义、大兴的大型文化中心规模都很大，集多种功能于一身。大兴区的基层服务水平很高，几乎村村都建有“文化大院”，是全国文化先进区。房山的文化馆（站）建设水平较高，有2个大的文化馆和28个乡镇级文化站。

在文化特色方面，顺义主要依托潮北河建立城市公共艺术展示区；通州的主题是运河文化，举办运河艺术节、宋庄文化艺术节，打造漕运古镇张家湾；房山依托圣莲山及云居寺等宗教文化资源，打造老子文化节、国际长走大会、长阳音乐节等文化品牌；大兴围绕京晋民风民俗、百姓的衣食住行来开展文化活动，京南美食文化节、留民营饺子宴、长子营庙会都有一定影响力。相比之下，昌平依托历史文化资源开展明文化节主题的文化活动，围绕温泉资源开掘养生休闲文化，也有自身特色和优势。

表2　昌平与城市发展新区的主要公共文化服务设施比较

区县	区县图书馆		区县档案馆	文化馆数量	博物馆	大型文化
	面积(平方米)	藏量(万册)	面积(平方米)	(镇级以上)	数量	中心
昌平	8000	61	3800	19	7	无
通州	3500	18	2651	16	4	有
顺义	4520	45	4262	21	1	在建
大兴	5014	60	1768	21	3	有
房山	3362	40	4700	30	5	在建

（三）昌平与城市功能拓展区（朝阳、海淀、丰台、石景山）比较

城市功能拓展区包括朝阳、海淀、丰台、石景山四个区。昌平的发展战略与城市功能扩展区有一些相似之处，都强调以现代服务业、高新技术产业、科教文化产业、文化旅游业为主。朝阳区、海淀区与昌平毗邻。

昌平区的文化服务设施与城市功能拓展区相比存在一定差距。朝阳区是北京市创建国家公共文化服务体系示范基地之一，朝阳文化馆是全国文化馆系统中唯一一家文化体制改革试点单位，拥有十几个内外场馆，除现有3个区级文化中心外，还要在3年内建10个中等规模的综合性文化中心。海淀区规模宏大的北部地区文化中心项目已经启动。石景山区面积较小，还没有大型文化活动中心，苹果园地铁附近的文化中心项目即将启动。丰台区文化馆规模不大，但拥有青少年活动中心等其他类型的活动中心。

在文化特色方面，海淀依托区内的三山五园及丰富的历史文化资源和高校资源、科技资源；朝阳区的文化特色丰富，号称“一区一特色，一街一精品”，戏剧、音乐领域的文化品牌较多；石景山区主要围绕首钢留下的工业遗存打造夜晚文化生活旅游区域；丰台的文化广场建设较好，举办了流动人口艺术节等活动。昌平区的文化特色与海淀有相通之处，也因与朝阳、海淀毗邻获得了文化发展的区位优势。

表3　昌平与城市功能拓展区的主要公共文化服务设施比较

区　县	区县图书馆		区县档案馆	文化馆数量	博物馆	大型文化
	面积(平方米)	藏量(万册)	面积(平方米)	(镇级以上)	数量	中心
昌　平	8000	61	3800	19	7	无
朝　阳	5200	93	2880	46	23	有
海　淀	5200	60	6513	30	21	有
石景山	9042	50	3732	10	2	无
丰　台	6340	27	2000	21	8	有

（四）昌平与首都功能核心区（东城、西城）比较

首都功能核心区包括东城、西城两区，承担国家政治文化中心、金融管理

中心和国际交往中心的职能，同时具有服务全国的会展、体育、医疗、商业和旅游等功能。昌平的公共文化服务与首都功能核心区相比，有较大差距。

东城区的公共文化设施建设以构建“首都文化中心区、世界城市窗口区”为己任，处处体现了“首都文化”特质。此外剧场数量占北京市总量的比重超过1/3，大剧场和大文艺团体较多。西城区是全国首批文明城区之一，北部是皇城文物片区，南部是以民族文化、会馆、民俗演艺等为特色的文化资源，另有一项文化特色是名人故居和纪念馆。相比之下，首都功能核心区的公共文化服务较为发达，但也缺少郊区县丰富的山川河流、生态文化资源。

表5　昌平与首都功能核心区的主要公共文化服务设施比较

区　县	区县图书馆		区县档案馆	文化馆数量	博物馆	大型文化
	面积(平方米)	藏量(万册)	面积(平方米)	(镇级以上)	数量	中心
昌　平	8000	61	3800	19	7	无
东　城	11780	40	2776	19	33	有
西　城	11720	50	5100	17	28	有

三　昌平区公共文化服务体系建设存在的问题

(一) 公共文化服务基础设施依然薄弱

社区层面的公共文化活动空间没有得到保证。回龙观、天通苑等大型社区的文化场地稀缺、人满为患，镇一级文化管理部门不得不排列出精确的时间表或向周边的企事业单位借用、租用场地，以满足不同文化社团的用地需求，即使如此，大部分社团仍然缺乏活动空间。地标性的大型文化活动中心尚未建成，现有的区文化馆、博物馆等文化设施都相对落后，博物馆设在图书馆大楼内，没有独立的场地。与基础设施配套的镇级工作人员、区级管理人才和专业人才明显不足，工作压力大。部分乡镇文化管理办公室的骨干工作人员无编制，缺乏应有的福利保障，降低了他们的工作积极性，影响了文化工作的运行效率。

（二）公共文化服务三大差异依然存在

公共文化服务的地区差异、城乡差异、群体差异依然存在。由于历史原因、自然环境、交通运输条件等因素影响，区内重要的文化设施都集中在原来的中心城区和南部的部分区域，而全区2/3的区域都没有较大规模的公共文化服务设施，山区、半山区的基层文化设施覆盖率也有待提高。地区内有大量的移民、流动打工者甚至外籍人士居住，如何克服经济因素、文化差异、身份地位、城乡户籍的影响，保证不同社会群体都能无差别地享受基本文化服务是个难题。

（三）公共文化服务的资金场地投入不足

公共文化服务体系建设虽然是以政府投入为主导，但总体上文化投入在政府财政总支出中占的比例很小，公共文化的财政投入缺少刚性规定，吸纳社会力量参与的机制尚未形成。于是就出现了区、镇两级文化事业发展资金不能及时到位或不能到位的现象，文化设施欠账较多。在土地资源极其紧张的大环境下，文化管理部门对文化用地的使用监管缺乏有效的约束，文化设施规划用地更改用途或在验收上弄虚作假的现象时有发生，现有的社区公共文化设施在兴建、维修、扩建上面临土地、资金障碍，困难重重。即使是尚待开发的东区新城的文化设施规划用地也十分有限。

（四）公共文化服务和文化产品供给不足

受到资金场地投入力度、基础设施完备程度的影响，昌平区公共文化服务和产品供给的总量存在不足。但另一方面，由于缺乏有效的反馈机制和考评机制，又出现了公共文化服务的结构性矛盾。昌平地区人口结构复杂，市民文化素质参差不齐，且随着昌平城市化的推进，市民的文化需求不但快速增长而且呈现多元化趋势。如果文化管理部门只是“自上而下”地进行文化服务供给，把公共文化服务项目当做任务来完成，不考虑市民的实际需要，公共文化服务设施不能及时调整服务方式和内容，就会影响到群众参与公共文化活动的积极性。

四 昌平区公共文化服务体系建设的对策建议

（一）发挥昌平区公共文化服务体系建设示范作用，整体推进“一心五团多支撑”文化服务体系建设

“一心”，即在新城东区建设一座区级地标性文化艺术中心，辐射城南、城北和南部三个街镇。规划中的“一心”位于南邵新城的西部沿河地带、文化创意新区的西南部，占地约0.49公顷，将被打造成包含文化馆、博物馆、影剧院、美术馆、少儿图书馆和车库、人防等配套设施的综合性文化艺术中心。“五团”，即以组团的形式，在沙河、南口、回龙观、东小口、小汤山

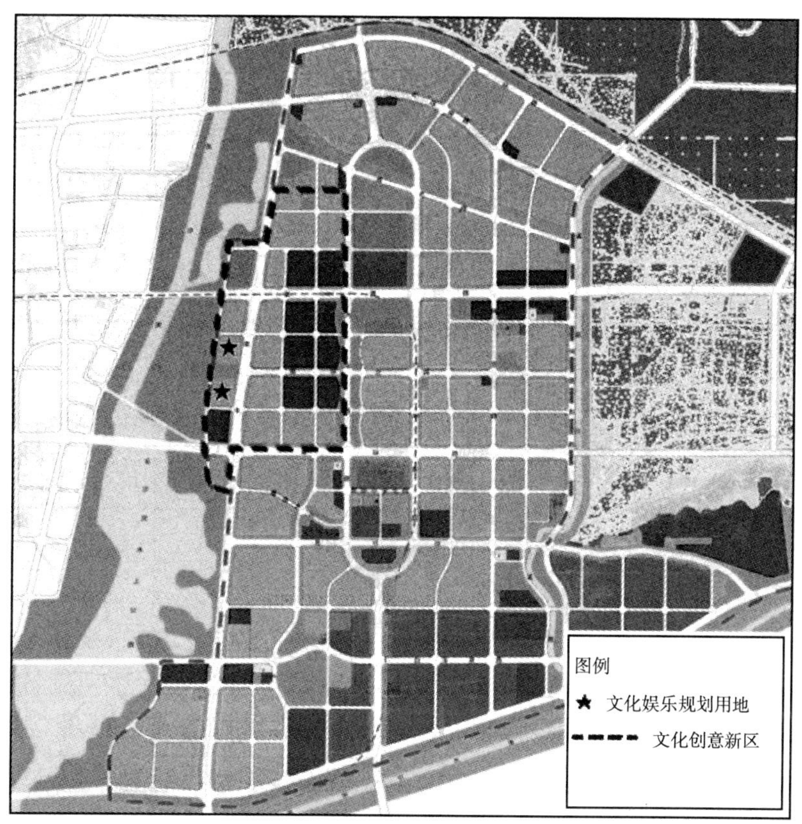

图2　拟建区级综合性文化服务中心在新城东区的位置

（未来科技城）镇建设五个大型文化服务中心。“多支撑”，即在百善、流村、十三陵、崔村、马池口、兴寿、北七家、阳坊等镇，根据实际情况，新建或改造当地文化服务中心，适当增加室内外活动场地，提升公共文化服务设施的档次和水平。

应当充分利用区级综合文化中心在资源整合、功能互补方面的巨大优势，发挥博物馆的文化展示、收藏、研究、教育、服务、交流等功能；发挥文化馆的文艺教学、创作、排练、培训、录播、娱乐等功能；发挥配套文化广场开展大型室外活动的功能；发挥影剧院放映、演出、举办大型文艺晚会、大型活动的功能。这一大型文化旗舰将引领全区公共文化活动的开展，发挥其示范作用。

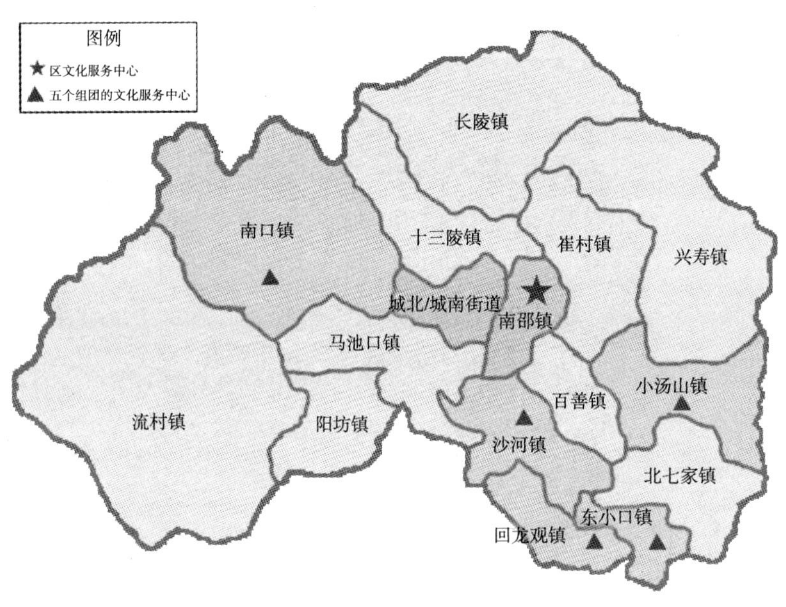

图3　“十二五”期间昌平区骨干公共文化服务设施网络分布图

（二）统筹文化设施建设与经济建设，推动公共文化服务均等化

（1）加快城乡文化一体化进程。首先要尽量实现文艺队伍的地区化，打破村际和城乡界限组队；其次是文体活动的地区化；最后，利用“回龙观社

区网”、“回龙观文化街”等地区化的平台，促进城乡居民之间的沟通。

（2）打破公共文化设施集中在旧城区和南部部分区域的空间布局，在保证东区新城综合文化活动中心等重点设施建设的前提下，尽量实现设施按人口实际合理布局，缩小地区之间的差异，在百善、流村、十三陵、崔村、马池口、延寿等镇形成“多支撑”格局。

（3）减小群体差异带来的负面影响。重点解决回龙观镇、东小口镇等地新增人口的公共文化服务问题；鼓励公共文化服务设施向弱势群体、打工者开放，而不仅仅是采取传统的送书、“送温暖”活动；解决打工者子女的文化教育问题；针对延寿镇、流村镇的一些偏远村落，建立文化单位定点帮扶机制。

（三）加大文化投资、融资的力度，拓宽公共文化服务公益性

（1）继续加大对公益性文化事业的财政投入，形成对昌平农村地区、山区半山区公共文化事业投入的稳定增长机制。

（2）优化文化财政投入的结构。务必确保“一心五团多支撑”的重点文化服务设施建设和维护经费；支持重点非物质文化遗产的培养传承，加快民间文艺、民间艺术、民间手工艺与文化创意产业结合的过程；根据昌平区公共文化服务体系发展的实际，不断调整未来文化财政投入的方向和比例。

（3）扩大文化投资、融资渠道。应当给社会渠道的文化赞助和投入予以税收、用地、配套服务等方面的优惠和支持；加大对社会力量参与公共文化服务的宣传引导力度；增加供给社会力量开发的文化产品总量，提高社会力量参与公共文化服务的热情和参与度。

（四）加强城乡基层的文化设施建设，增加公共文化服务便利性

（1）在沙河、南口、回龙观、东小口、小汤山（未来科技城）等五个乡镇按照较高标准建设文化活动中心，并把文化活动中心的服务活动延伸到周边村和社区，使群众乐于就近享受文化服务。

（2）推进公共文化信息的公开化、电子化。对于文化活动中心和文化室延伸不到或较少涉及的区域，要组织流动性文化服务设施，把图书送到商店、药店、邮政所等便于群众取阅的地点，把文体用品送到群众手中。

（3）把“送”文化与“种”文化结合起来，激励和培养基层人民自己的艺术家和团队；花钹大鼓、高跷等非物质文化遗产虽有其传统的传承方式，但类似的文艺形式有广泛的群众基础，并不局限于一地，传授范围应扩大到其他村镇。

（五）提升文化服务的能力和水平，保证公共文化服务基本性

（1）在文化服务的内容形式上应当与时俱进、赋予时代新意。一方面要积极传承花钹大鼓、高跷、剪纸等本区的优秀传统文化和民间文化，另一方面也要增加新的现代文艺文化内容形式，传统艺术应积极表现当代新生活。

（2）加强公共文化服务的技术支持，增加文化产品的科技含量。积极推进“数字昌平”建设，扩大信息化、数字化、网络化服务对全区的覆盖范围；加快“数字文化社区”建设，运用互联网、有线电视和数字共享工程平台，把文化资源通过电视机顶盒输入社区文化室，开辟社区文化专业频道。

（3）大力培养公共文化服务的人才队伍。除了落实天通苑社区等地的基层文化工作人员的编制和福利待遇，还应当利用昌平区丰富的高校资源、部队资源、驻地企业、文艺团体以及社区居民中的文化人才，扩大昌平区文化志愿者服务队伍。

（六）充分整合利用历史文化资源，打造重点的特色文化设施

（1）在南邵新城建设区级大型综合性文化中心的过程中，把昌平悠久的历史文化传统和先进的现代科教文化传统融于一身，创造昌平的地标性建筑。

（2）在旧城的改造升级过程中，保护永安城的格局，兴建具有历史文化特色的街区，形成特色文化服务的小型聚集区，把文化创意产业和公共文化服务结合起来。

（3）在小汤山镇、沙河镇、东小口镇、回龙观镇、南口镇区五个文化服务中心选择地点，结合不同的功能定位和自身特点建造镇级文化中心，把小汤山的温泉行宫、沙河的巩华城、南口镇的长城—古战场等历史文化资源融入建筑风格。

（七）增加文化服务的文化内涵，提升公共文化服务的品质

（1）在昌平区图书馆、文化馆、美术馆、博物馆、陈列馆的常规服务和特色服务中增加文化内涵，购买与昌平历史文化主题、历史文化名人相关的书籍、文物、作品，设立专柜、专架、专室，组织专题展览。

（2）为“回龙观社区春晚”“大手拉小手”“城区广场舞蹈”等已成品牌的活动寻找新主题，发挥社区文化活动在改善社区人际关系、实施社会审美教育、促进社会和谐方面的作用，把“培训、普及、提高”结合起来。

（3）优化文化团体的文化品质。昌平的文化团体数量众多、活动频繁，但总体而言同质化现象严重，活跃一段时间之后大多遇到发展瓶颈。文化管理部门应当利用高校资源，搭建民间文化团体交流学习平台，为这些民间团体联系指导老师，增加其文化内涵，实现差异化发展。

（4）延续历史文脉，重开“燕平书院”。以论坛、大讲堂的形式整合昌平区的文化讲座和研讨会，由图书馆、文化馆、美术馆、博物馆等单位轮流承办，邀请学者、研究者做讲座或展开研讨，向市民和文化爱好者介绍文化领域的前沿思想，提升昌平公共文化活动的整体形象。

Report on Changping's Construction of Public Cultural Service System

Research Team

Abstract: Changping public cultural services cover the whole district with the complete types of infrastructure and cultural activities. Compared with other districts, this report suggests that Changping public cultural services should proceed from the strategic perspective of constructing the National Cultural Centre and developing regional culture.

Key Words: Public cultural services; Cultural undertakings; Changping

B.19
昌平科教创意文化资源与文化创意产业研究报告

课题组*

摘　要：

昌平区确立了“文化昌平”和“创意新城”这一总体战略思路，本报告针对昌平区科教创意文化资源和文化创意产业现状展开调研，重点研究昌平区文化创意产业发展现状、优势、战略、路径、对策及其政策措施。

关键词：

昌平　科教创意文化资源　文化创意产业

一　昌平区与相关区县文化创意产业比较分析

目前，昌平区拥有文化创意产业集聚区8个，其中明十三陵文化创意产业集聚区为北京30个市级集聚区之一；共有规模以上文化创意产业单位183家（其中上市企业2家），自2009年起至2011年底，产业年均增速20%左右。2012年1~8月，资产总计129.54亿元，同比增长13.6%；实现营业收入50.4亿元，同比增长5.1%；实现利润总额30.9亿元，同比增长8.9%，超过全区GDP增速5个百分点。从业人员突破2万人，已经成为昌平经济社会发展新的增长极。本报告以科教创意文化资源和文化创意产业为着眼点，将昌平区与北京市其他区县进行相关层面的比较分析。

---

* 本报告为“昌平区区域文化建设战略研究”调研成果，撰稿人为陈红玉，博士，北京市社会科学院文化研究所副研究员。

（一）区县比较及其着眼点

1. 所比较区县

昌平、丰台、通州、顺义、密云、平谷、门头沟、延庆、怀柔、房山、大兴等近远郊区。对于大兴、通州、丰台、顺义等近郊区县进行重点对照，对于延庆、密云、平谷、房山等远郊区县进行弱比。

2. 比较着眼点

竞争力、创意与人才资源、文化创意产业产值、文化创意产业集聚区等与其他文化创意产业相关方面。

（二）具体内容

1. 整体性空间异质性比较分析

（1）就整体实力而言，全市经济实力最强的区县都集中于城区和近郊区，这说明城区和近郊区是全市经济实力最集中的地区，城市基础设施、城市建设投资、工业和商业等城市要素都集中于此，是北京城市精华之所在。

（2）就经济水平而言，城区中的东城和西城明显强于其他区县。这表明城区仍是全市单位面积产出效率最高的区域，中心城区仍为城市的核心区域，但也意味着中心区域的人口和产业过度问题还很突出，应该进一步向外疏散。这意味着昌平获得承接资源与竞争力的机会。

表 1　北京市各区县经济指标对比（2011 年）

区　县	x_1	x_2	x_3	x_4	x_5	x_6	x_7	x_8	x_9	x_{10}
东　城	1223	645	180	39. 5	1038111	25917	670954	1167. 78	30684. 48	43. 969
西　城	2057	552	181	48. 56	2150274	33114	6862514	1835. 82	31632. 84	56. 066
朝　阳	2804	1737	1230	51. 43	2342627	81331	10404647	2482. 01	30133. 53	42. 094
丰　台	734	722	504	13. 67	472831	36441	4334726	555. 67	27080. 54	12. 574
石景山	295	217	154	7. 71	190679	12439	6305101	168. 39	28051. 37	8. 13
海　淀	2771	1184	567	47. 14	1909391	90280	13429716	2371. 21	33351. 3	118. 683
房　山	371	119	403	6. 89	1685783	11748	9496418	119. 30	23768. 9	0. 685
通　州	344	187	364	7. 17	1746727	16954	5929861	162. 47	24426. 64	0. 851

续表

区 县	x_1	x_2	x_3	x_4	x_5	x_6	x_7	x_8	x_9	x_{10}
顺 义	867	180	413	5. 25	1457031	12003	18515647	472. 15	24825. 34	0. 851
昌 平	399	168	374	7. 90	1402811	15748	9877534	198. 00	24428. 29	0. 851
大 兴	311	133	422	5. 25	2596455	20379	4551070	177. 08	24368. 25	0. 851
门头沟	86	25	94	2. 78	253058	5686	786678	40. 56	25312. 63	0. 851
怀 柔	147	56	103	2. 89	233921	5948	4848141	51. 57	23428. 16	0. 851
平 谷	117	38	82	3. 20	401382	5434	1847152	50. 45	23605. 97	0. 851
密 云	141	64	121	2. 92	240237	6256	1769655	61. 13	23437. 83	0. 851
延 庆	67	46	55	1. 95	99159	2767	514134	40. 12	23328. 91	0. 851

注：$x1$——地区生产总值（亿元）、$x2$——社会消费品零售总额（万元）、$x3$——固定资产投资总额（亿元）、$x4$——卫生、社会保障和社会福利业（亿元）、$x5$——地方财政收入总额（万元）、$x6$——全部法人单位数（个）、$x7$——工业总产值（万元）、$x8$——第三产业总产值（亿元）、$x9$——城镇居民人均可支配收入（元）、$x10$——文化、体育和娱乐业产值（亿元），计算值时，总人口 = 户籍常住人口 + 暂住人口。

数据来源：《2011 年北京区域统计年鉴》。

（3）就经济实力对比来看，近郊区强于城区，朝阳区和海淀区更是名列前茅，强于昌平等区县。这一方面与郊区地域广大有关；另一方面与城市经济要素由城区向郊区扩散，郊区成为城市建设主战场有更密切的关系。远郊区县的昌平、房山、顺义和大兴经济实力排名靠前，有的区县名次略有上升，这些都得益于城市郊区化和卫星城建设。

（4）对各区县经济实力空间分异分析，一类区包括朝阳区和海淀区，它们的经济实力远强于其他区县；二类区由东城区、西城区、宣武区、房山区和丰台区组成，该区主体为城区和近郊区，只有房山为远郊区；其余区县划入三类区，它们主要是远郊区县，经济实力处于最弱。不难看出，昌平毗邻朝阳和海淀，未来可以获得更多的机遇和挑战。

通过数据的纵向比较会更有利于诠释昌平地域空间分异性的时间序列及其成因，为政府提供更加准确可信的决策信息。以上数据与分析表明，在北京市已进入快速郊区化阶段前提下，人口、工业、商业和建设土地都呈现出向郊区迅速扩散的态势，这样必然导致昌平等区县经济实力的空间格局变化。反之，经济实力的空间格局分异也可用来测度整个城市郊区化扩散程度，进而找出原因和对策，把城市郊区化导向最优化空间格局，最终实现昌平以至整个京城的

可持续发展。

2. 区域经济、社会、环境竞争力比较

可以选取相关区县的教育财政支出、城镇居民收入、外商直接投资、社会消费品零售总额、接待外国旅游人数、能源消费情况、企业利润与社会固定资产投资共计 8 项指标来观察昌平与各郊区县之间的位置关系。朝阳区、海淀区、东城区和西城区 GDP 占据了北京市总 GDP 的 60% 以上，而北京的郊区县平均每年才仅仅占北京市总 GDP 的 25%，不仅北京郊区与城区存在经济差距，郊区之间也存在着差距和差异，从 2011 年统计年鉴的数据可以对各区县相关情况进行如下排名（见表 2）。

表 2　北京市各区县主要指标排名（2011 年）

名次	综合排名	消费－投入因子	能源因子	收入因子
1	朝　阳	朝　阳	房　山	西　城
2	海　淀	东　城	朝　阳	海　淀
3	西　城	海　淀	石景山	顺　义
4	东　城	丰　台	海　淀	东　城
5	丰　台	通　州	昌　平	石景山
6	顺　义	门头沟	大　兴	昌　平
7	房　山	顺　义	顺　义	丰　台
8	昌　平	怀　柔	西　城	门头沟
9	石景山	延　庆	通　州	朝　阳
10	通　州	密　云	丰　台	房　山
11	大　兴	平　谷	密　云	通　州
12	怀　柔	昌　平	怀　柔	怀　柔
13	门头沟	大　兴	延　庆	大　兴
14	密　云	西　城	门头沟	密　云
15	平　谷	石景山	崇　文	延　庆
16	延　庆	房　山	东　城	平　谷

从主要指标来看，昌平地区在投入上排名第 12，在近郊县区中较弱；收入因子却排名靠前，说明昌平区创意经济的潜力大于其他区县；而在综合排名中居中，这符合之前 8 项指标的排名情况。另外，昌平区文化创意产业生产总值在全市所占的比重还比较小，与昌平城市发展新区的地位不相称，区内龙头带动型、

科技创新型、可持续成长型、税收贡献型企业数量较少，抗风险能力不强。

3. 文化创意产业环境、规模与实效比较

（1）如果从竞争力来分析，从社会经济、人口等指标来看，昌平在北京市十六个区县中的实力是处于远郊区县与近郊区县之间；随着近年综合实力的不断增强，文化创意产业势头强劲，创意经济驱动逐渐迈开步伐，其竞争力正在从远郊区县向近郊区县跨越。

（2）受朝阳和海淀文化创意产业强势区域的联动影响，昌平区一方面在承接资源方面受益，另一方面，因为自身的文化创意基础环境薄弱和文化创意服务的不足（如图1所示的服务业短板现象），昌平在文化创意产业方面的瓶颈非常明显。

（3）在中关村北扩的影响下，未来科技城和大学城战略为昌平的创意创新人才集聚奠定了基础，昌平区在创新投入、创意人才储备等方面显示出在相邻远郊区县的绝对优势。但是，创新人才和创新实践有待提升。

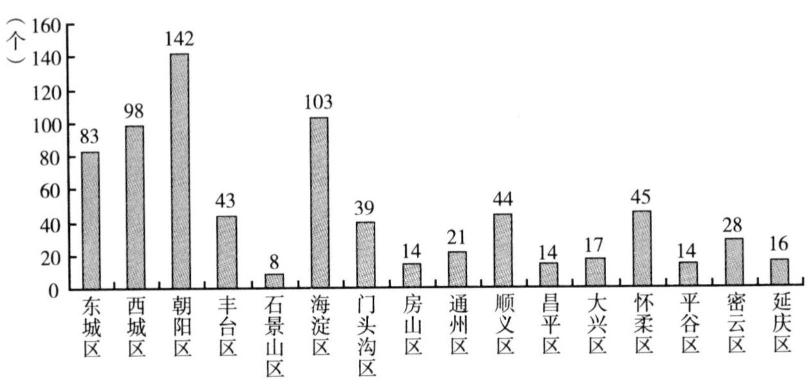

图1　北京各区县拥有星级饭店企业数量情况（2012年）

作为北京市远郊区县之一，虽然在文化创意产业上与中心城区还有一定差距，但昌平已初步形成以历史文化旅游、会展为主线的八大集聚区板块和四大项目集群。重点行业优势明显，多元主体逐渐形成，消费需求增长迅速，产品供给不断丰富，文化创意产业带来的巨大商机已不容置疑。

4. 文化创意产业集聚区横向比较

2010年1~11月，在文化创意产业集聚区中，规模以上文化创意产业法

人单位有近700家，实现收入630.3亿元，比上年增长22.5%，高于全市文化创意产业收入平均增速2.8个百分点；从业人员7.8万人，比上年增长10.8%，高于北京全市文化创意产业从业人员平均增速4.7个百分点。可见，文化创意产业集聚区在文化创意产业产值方面发挥着巨大的作用。

表3　北京市各区县文化创意产业聚集区数量（2012年）

区　县	朝阳区	海淀区	东城区	西城区	石景山	丰台区	通州区	顺义区
数　量	8个	3个	2个	2个	2个	2个	2个	1个
区　县	昌平区	密云县	平谷区	门头沟	延庆县	怀柔县	房山区	大兴区
数　量	1个	1个	1个	1个	1个	1个	1个	1个

昌平区于2012年获得一个市级文化创意产业集聚区，与强势区域朝阳和海淀两地毗邻，虽无法匹敌，但刚好可以做好产业承接带；与石景山、丰台、通州同是环绕市区的郊区，但还有差距；与平谷、门头沟、怀柔等区县在未来还存在竞争；与隔壁的顺义区相比，虽然都只有一个市级集聚区，但顺义区在会展等领域发展较早较快，且已形成自身特色优势，昌平区有待提升，以尽快形成特色文化创意产业品牌。

昌平依托居庸关、明十三陵等国家级历史文化遗产以及小汤山温泉等特色资源，在旅游休闲娱乐业方面拥有着很高的品牌知名度，文化根基深厚；科技创新载体快速增加，从“一带两轴，一城多点”的布局向“两轴两带，三城多点”扩展，最令人瞩目的不仅是南部七北路沿线的研发服务和高新技术产业带，还有未来科技城和沙河大学城的建设。不仅如此，在日益融入城区的过程中，昌平的科教创新资源不断积淀下来，开始进入能量释放期。

5. SWOT分析图示

（1）昌平区在发展文化创意产业方面拥有独特优势，科教文化资源相对集中，具有发展文化创意产业的区位、资源、人才、产业、政策等优势。

（2）昌平区文化创意产业也存在劣势，文化创意产业起步比较晚，创新意识还比较薄弱，区域产业结构不合理，文化创意产业企业规模偏小，特色文化资源提升不够，有待进行整合。

（3）昌平区文化创意产业面临着一定的机遇。十三陵申遗成功为昌平打

造重大项目和文化品牌带来历史契机，中关村北扩为其创新驱动发展带来重大机遇，而未来科技城建设成为其发展的巨大动力。

（4）昌平区文化创意产业面临着远近区县的竞争，同时其自身的发展还不完善，仍需要加快步伐。应结合实际，努力打造独具特色的文化品牌，对已有的文化创意产业聚集区进行优化，促进文化创意产业结构的调整，完善文化创意产业服务平台，提升文化创意产业的综合竞争力，从而带动区域经济发展方式的转变。

表4　昌平区文化创意产业态势分析

<table>
<tr><td colspan="3" rowspan="2">内部分析
策略分析
外部分析</td><td>内部强调分析</td><td></td></tr>
<tr><td>S优势
1. 区位优势
2. 资源优势
3. 人才队伍优势
4. 产业园集聚
5. 政府高度重视</td><td>W劣势
1. 文化创意产业
2. 公共文化设施
3. 区域产业结构
4. 文化企业规模
5. 文化与创新意识</td></tr>
<tr><td rowspan="2">外部环境分析</td><td>0机遇</td><td>1. 十三陵申请世界遗产
2. 中关村北扩
3. 未来科技城建设
4. 产学研一体化</td><td>内部强势而外部机会分析:利用强势抓住机会</td><td>内部弱势而外部机会分析:补充弱点才能抓住机会</td></tr>
<tr><td>T挑战</td><td>1. 区域竞争非常激烈
2. 在近郊区中位置弱
3. 临近区域资源争夺</td><td>内部强势而外部威胁分析:利用强势闪避威胁</td><td>内部弱势而外部威胁分析:面对现实减少损失</td></tr>
</table>

二　昌平区发展文化创意产业的战略要务

（一）深化战略规划，驱动文化创意产业高端发展

近年来，昌平区特别强调了文化创意产业的创新转型发展，并制定发布了《昌平区文化创意产业“十二五”规划》。该规划立足于昌平优势和区域实际，把人才引进和市场培育等列为“十二五”时期文化创意产业发展的重点，把会展和旅游等产业的融合发展作为“十二五”时期的重要探索。但是，从文

化创意产业的高度、深度和广度上来看，还不足以体现昌平区文化创意产业的优势和主题提升，尤其在主题特色提升方面还应该积极开拓创新，谋新招、拓新路。要通过战略规划的深化，发挥文化创意产业的引领作用，带动文化经济实体产业成长，调整产业结构和转变经济发展模式。

（二）强化文化意识，打造独具特色的文化品牌

昌平区有着丰富的文化资源，有很多历史文化名人、文化遗存和非物质文化遗产，有以十三陵为代表的明文化资源，按照文化资源转化为文化资本的规律，这些资源就是一种品牌或者资本；通过对这些“名牌”资源的开发和转化，以文化创意为基础，结合时尚流行文化元素，融入到商业中去，创造丰富多彩的具有自主知识产权和文化特色的内容产品，以内容创新促进文化创意产业链的增值，从而打造出著名的文化项目品牌。另外，除这些特色历史文化资源外，昌平还在文化创意产业探索中摸索出了一些好的品牌，如世界草莓大会、魔术大会等。昌平区需要对特色文化品牌进行进一步打造和强化，这对于昌平区域文化战略有着重要意义。

（三）加强重点功能区建设，促进文化创意产业深入发展

昌平区已经发展了一定数量的重点功能区，如沙河高教园区、北京科技商务区、新城东区、中关村科技园昌平园及巩华城等，已经具备较为齐全的创新要素。功能区内集聚了上百家科研机构、高层次人才和几万名科技从业人员，专利授权总量年均增长 37.4%，2011 年，研发投入占 GDP 比重达到 6.59%，高于全市平均水平 0.75 个百分点。这些功能区具有较高的市场化程度，近五年来，昌平的市场主体数量和注册资本总额均翻了一番，市场主体数量从城市发展新区中的第 3 位跃居第 1 位，达到 11 万户。重点功能区是昌平区聚集高端要素的重要载体，是目前全区创新驱动的主战场。当前，重点功能区的发展作用还需要继续强化，进一步以中关村科技园区、昌平园等基地为主要支撑，发展壮大高新技术产业和现代制造业，以建设中关村国家工程技术创新基地为依托，加快科技文化创新，加强产业承载和空间布局研究，挖掘中关村科技园区的辐射作用，加速区域文化创意产业发展。

（四）坚持文化与科技创新双轮驱动，构建区域创新体系

科技创新和文化创新对于发展的贡献各有侧重，昌平区已具备“双轮驱动”的优势，要把二者有效组合和协调起来，使二者动力机制得到更好的解决。①把创新作为加快发展的原动力，着力推进科技创新、管理创新、文化创新和制度创新，使昌平成为创造激情竞相迸发、创意智慧充分涌流、创新成果不断汇聚的活力之区。②以科技创新引领、支撑文化创新，将高新技术融入文化领域，构建新的文化生产方式和消费方式，促使传统文化创意产业向创意产业、内容产业转型，向高技术、高集约化演化，创造出文化创意产业新的增长极。③以文化创新影响、助推科技创新，让科技创新、文化创新相互渗透和融合，最终形成双向互动、协同创新。④系统制定“双轮驱动”的指标体系、实施方案和折子工程，把“双轮驱动”工作抓实、抓细；完善配套措施，强化“双轮驱动”的政策导向。

（五）加快完善现代文化产业体系，推动经济结构转型升级

（1）培育和扶持新型文化创意产业，构建现代文化创意产业体系。推进文化创意产业结构调整，培育新型文化业态，大力培育战略性新兴产业，加快发展现代服务业，用现代经营理念和管理方式改造提升商贸、旅游、会展等文化创意产业相关行业。

（2）加快文化创意产业与其他产业融合。通过产业融合，吸引其他产业的资金、管理、物流、技术，使文化创意产业在市场竞争中迅速成军，发展壮大区内旅游业、制造业、房地产业等与文化创意产业相融合的领域。

（3）促进文化创意产业转型。以建设中关村国家自主创新示范区和人才特区为契机，健全完善产学研用相结合的区域创新体系，加快实现增长动力向创新驱动转变；在产业融合的基础上，使传统产业实现增值，为文化创意产业提供成长土壤，有力地促进经济结构的调整，提高文化创意产业规模化、集约化、专业化水平。

三　昌平区文化创意产业发展重点工程战略

（一）文化创意产业优化工程

十三陵大明文化创意产业集聚区将以十三陵大明文化研究与产业促进中心为发展的端点和核心，以文化旅游聚集区为基础，以文博产业和体育休闲产业作为新的经济增长点和发展方向，促进明陵核心区、居庸关景区、银山塔林景区三大板块的协调联动作用，实现十三陵特区经济的健康、稳定和可持续发展。

1. 问题所在

（1）十三陵产业集聚区的目标不明确，主题重点把握不够。

（2）十三陵产业集聚区的定位不清晰，在目标概念上的表述也存在歧义，如文化创意产业创意中心、高端文化旅游区、数字化文博基地、特色高端会展中心、体育休闲基地等的表述比较混乱。

（3）十三陵产业集聚区发展过程中，对其历史文化资源挖掘不够。

2. 解决方案

依据以上各点进行方案优化，致力于把十三陵特区建成国际一流的世界文化保护地和风景名胜旅游区，使之成为全北京市乃至环渤海地区重要的历史文化研究基地，打造以“大十三陵”为品牌的多领域文化创意产业集聚区，使十三陵文化创意产业成为首都经济的重要支柱。

（1）进一步确立产业集聚区的发展脉络，明确其功能定位和未来发展重点。

（2）对目前的定位进行梳理，对以下目标概念如文化创意产业创意中心、高端文化旅游区、数字化文博基地、特色高端会展中心、体育休闲基地进行区分，根据自身资源特征进行准确的概念界定。

（3）对明十三陵历史文化资源进行深度挖掘，明确产业区文化主题。

（二）文化创意产业提升工程

小汤山温泉旅游会展文化创意产业集聚区，形成了以九华山庄为龙头，包括龙脉温泉度假村、红栌山庄、富来宫温泉山庄、英达生态园、中国航空博物馆、小汤山现代农业科技示范园等46家核心企业在内的温泉旅游会展资源集群。小汤山温泉会展创意板块总建筑面积429万平方米，拥有餐位16000余个、床位11000余张，安置就业人员约3.6万人。小汤山“中国温泉之乡”的品牌效应已经开始显现，产业集群已经形成。

1. 问题所在

（1）小汤山产业集聚区中的核心企业云集，但是整体实力和互补方面产业链条有待完善。

（2）小汤山会展经济优势需进一步加强，以符合“会展之城”称谓。

（3）文化创意政策与政府机制革新需要进一步加强。

（4）小汤山产业集聚区中的产业集聚区品牌联动比较弱。

2. 解决方案

依据以上各点进行方案优化，加强基础设施建设，编制文化创意产业发展规划，完善管理运营机制，集聚区逐渐形成规模，综合型会展业、展览业、会展服务业协调发展，形成较为完整的会展产业链。

（1）对产业区的核心企业进行分类整理，对其业务和产业链进行规整，以求在整体上进行互补，产业区创造条件完善产业链。

（2）在会展经济方面，小汤山会展经济优势需进一步加强，在规模和品质上需要提高，以符合“会展之城”称谓。

（3）加强区域政府对产业园区的支持力度，减少行政管理环节，提高办事效率，加大文化创意政策支持。

（4）对该产业集聚区的企业进行整体包装，提供更好的平台和服务，为各企业之间相互联系和交流创造条件，加强其品牌联动。

（三）文化创意产业拓展工程

在现代化建设高速发展的今天，文化创意产业异军突起。郑各庄不失时机地顺应形势，把打造主题创意村庄作为助力经济社会发展、推动新农村建设的载体；中国戏剧学院和中国邮电大学入驻，为郑各庄村文化创意产业的发展注入了活力。

1. 问题所在

（1）郑各庄产业集聚区的特色主题仍然不明确，需要进一步提炼。

（2）郑各庄产业集聚区逐渐利用高校资源，但仍未形成持续性机制。

（3）郑各庄产业集聚区温都水城虽有一定知名度，但品牌战略依然有待提升。

（4）郑各庄产业集聚区具有文化旅游休闲活动，但特色项目需要进一步提炼。

2. 解决方案

依据以上各点进行方案优化，郑各庄以“主题村庄”为依托，以“温都水城”文化旅游为龙头，通过对现有资源整合及对新资源的开发、培育，形成文化创意产业优势突出、相关产业联动发展的新格局。

（1）对各产业集聚区进行对比，找出自身特色和优势，从而提炼出该产业集聚区的发展主题，以形成特色和发展品牌。

（2）对周边高校创意资源的利用还不充分，可与高校建立定期的持续性联合机制，包括共同培养创意人才、激励创新产品等。

（3）温都水城的知名度有限，还需要进一步提升，应该在更宽泛的层面上制定温都水城的品牌战略。

（4）在文化旅游、休闲活动等方面，特色项目需要进行进一步提炼。

（四）文化创意产业扶持工程

上苑文化创意产业集聚区居住着包括绘画、摄影、雕塑、艺术评论等近10个门类的120余名艺术家，其中国家级艺术大师40余人。上苑艺术家村以国际艺术产业园为背景、飞地艺术坊的声望为卖点、艺术家和评论家为后盾，大力发展艺术教育经济。设计创意项目集群昌平区形成了以北京宝贵石艺科技有限公司的“再造石装饰砼挂板”、北京宏福建工集团有限公司的“欢乐水空间设计创意”、北京探路者旅游用品有限公司的驰名商标“探路者”品牌、北京九鼎同方技术发展有限公司的“桅杆式机械设备组合式混凝土预制构件基础”、北京华泰紫城文化发展公司的“古建模型”等为代表的设计创意项目集群。

1. 问题所在

（1）相对 798 文化创意产业集聚区，该区的基础设施依然比较薄弱。

（2）上苑文化创意产业集聚区的艺术创作氛围还比较薄弱。

（3）上苑文化创意产业集聚区的服务体系还需要完善。

（4）上苑文化创意产业集聚区的对外交流还有待强化。

2. 解决方案

依据以上各点进行方案优化。上苑文化创意产业集聚区具有良好的发展前景，应营造高品质的生活工作环境，吸引高水准的顶尖艺术家；宁缺毋滥，打造精英艺术园区；组织国际与国内高端文化艺术交流活动，经营著名艺术家工作室，定期承办艺术品展示会及艺术品拍卖活动，开办高端艺术培训，推动文化艺术传播，与国际知名文化艺术企业及团体开展业务合作。

（1）需要加强该产业集聚区的基础设施，为艺术家和创意人才提供舒适的生活环境和宽容的人文氛围与创意空间。

（2）艺术创作氛围还有待进一步加强，把握好商业与创新之间的尺度，在不同的阶段，对商业的强调应有所不同，以更好地激励文化创新。

（3）进一步完善产业园的服务，为艺术家和创新人才提供更好的信息平台和商业服务，以促进其艺术创作和文化创新。

（4）进一步完善园区与北京市以及国内其他相关性质园区的学习和交流，加强与国外艺术家、博物馆等相关机构的交流，定期举办论坛，拓展视野。

（五）文化创意产业未来工程

未来科技城将结合“创新、开放、人本、低碳、共生”五大核心理念，力争用 3 年时间建成并投入运营；结合园区“创新·科技”之城、“开放·共享”之城、“美好·活力”之城、“低碳·节能”之城和“和谐·生态”之城的规划理念，计划用 3 年左右时间建设并形成一定规模。届时，未来科技城将形成“一心、两园、双核、四轴”（“一心”指沿温榆河的绿色空间；“两区”指北区和南区；“双核”为园区配套的公共服务中心，温榆河以南为主公共服务核心区、以北为副核心区；“四轴”为生态轴、产业轴、休闲轴、文化轴）的主体空间结构。中关村国家工程技术创新基地是由科技部和北京市政府共同

发起建设的，主要功能定位是能源、科技、关键材料、核心零部件和重大装备的研发基地，检测实验、情报信息、技术交易、企业孵化和人才培训的技术服务基地。

1. 问题所在

（1）该集聚区是昌平创新资源的主要看点之一，但政策实施和规划需要详细化，借鉴中关村经验，结合自身实际，亟待方案实行。

（2）未来科技城在打造引领科技创新的研发平台时，相关服务需及时跟进。

（3）未来科技城的创新创意人才引进及其相关政策仍然有待进一步落实。

2. 解决方案

依据以上各点进行方案优化。引进具有科技研发国际前瞻力的战略科学家和具有旺盛创造力的研发领军人才，培养掌握关键技术的科研骨干，形成一批国际一流、结构合理的研发团队。进一步加大科研体制改革和资源整合力度，建立以企业为主导、产学研用相结合的科研协作机制。推进文化创新与科技创新的有机结合，实行科技带动和重大项目带动，形成双轮驱动的发展模式，形成多领域、多业态的文化创意产业发展格局。

（1）未来科技城的政策实施和规划需要详细化。应结合昌平自身实力和未来发展需要，考虑昌平在北京市整体战略中的定位，以制定可持续发展的建设方案；在文化创意产业方面需要进行特别论证和规划。

（2）未来科技城承接中关村功能，创新政策需要及时跟进，同时，产业园区的服务显得尤其重要，在打造引领科技创新的研发平台时，相关服务需及时跟上。

（3）与中关村一样，未来科技城要想稳步建设，创新人才是关键，可借鉴中关村人才引进和激励政策，结合昌平科教资源现状，制定相关扶持政策，落实创意人才的引进和培养。

（4）昌平高端发展优势突出，未来科技城和中关村国家工程技术创新基地等重点功能区要按照首都城市性质和功能定位的要求，探索以服务促发展的经验和规律，推动产业结构优化升级，加快形成创新驱动发展格局。

四　昌平区发展文化创意产业对策与措施

昌平区在“十二五”规划中已经确立了大力发展文化创意产业的战略部署，这需要进一步加强昌平文化创意产业的顶层设计。针对昌平区文化创意产业现状、优势、问题与挑战，应该实施更为有效的文化创意产业对策和措施。

（一）营造文化创意产业发展良好环境

1. 着力营造产业发展宽松氛围

由于商务发展环境和产业载体周边区域自然环境的建设并未正式写入“十二五”规划，建议昌平区设立专项资金，专门用于配套设施建设与自然环境打造。

2. 多渠道文化创意产业基金支持

设立专项资金，采取贴息、补助和奖励等方式支持文化创意产业发展；引导非公有资本进入文化创意产业，鼓励支持非公有经济以独资、合资、合作、联营、参股、特许经营等多种方式进入文化创意产业；推进投融资体制改革，广泛吸纳社会资金，发展文化创意产业。

（二）积极有效的文化创意产业支持政策

1. 落实创新激励政策

根据昌平区文化创意产业现状和文化创意企业实际需要，制订、完善一系列扶持优惠政策，鼓励企业大胆创新，为文化创意产业发展创造更好的宏观政策环境。

2. 落实产业扶持政策

文化创意产业扶持积极有效，同时，在文化创意产业领域的领军人物、创意人才、专业技术人才和经营管理人才引进上制定突破性的优惠政策，鼓励高素质人才进入文化企业，解决文化企业特别是民营文化企业人才“短板”问题。

（三）引进和培养文化创意人才

1. 增强产业对人才的吸纳能力

引入带动性强的大项目，增加产业对就业人口的吸纳能力，出台更具吸引力的高科技产业鼓励政策和实施细则，以吸引和留住创新人才。

2. 整合科教资源，打造人才高地

把人才作为推动转型的强大引擎，建立人才库，根据实际需要加强现有人才的培训，真正把经济发展动力转移到依靠产业优化升级、科技创新支撑和人才智力支持的轨道上来。

（四）加强集聚区建设和优化产业结构

1. 文化创意产业集聚区优化

支持培育一批具有核心竞争力的创意服务企业，尽快形成产业集群、用地集约、设施配套、环境一流、具有国际影响力的研发服务和高新技术产业集聚区。

2. 优化文化创意产业结构

以创新驱动为目标，尽快形成新的增长极，在整体面貌上呈现轴带衔接、多点分布、联动发力的生动格局，使文化创意产业成为城市的主导产业之一，文化创意产业集约化和品牌化程度高，竞争力强，优势明显。

3. 着力培育文化新兴业态

研究未来科技城等科技研发载体以及十三陵明文化创意产业集聚区等重点区域对周边地区的带动方式，形成功能协调互补的城市发展体系。

（五）引入文化创意产业重大项目

1. 加强资源统筹和整体性运作，实施重大产业项目带动战略

深入挖掘利用昌平地域文化资源，紧紧依托本地文化资源，努力将资源优势转化为产业优势，将文化创意产业培育为科学发展的战略支撑和经济转型的重要推力。

2. 实施重大产业项目带动战略

加快建设高端文化旅游区、数字化文博基地、明文化影视基地、明文化体验中心、传统文化主题动漫游戏研发中心等项目，实施重大产业项目带动战略。

（六）完善文化创意产业服务平台

1. 做好文化创意产业相关配套服务

整合全区资源，鼓励文化企业和文化产品走精品化道路，提升文化创意产业的地位，塑造昌平文化创意产业的品牌；继续抓好未来科技城等重点功能区建设，着力推动产业结构优化升级，建立富有昌平特色、与市场紧密衔接、具有竞争力的文化创意产业服务体系。

2. 文化创意产业资源信息平台服务

建设昌平区文化创意产业资源信息平台，依托北京市和昌平区电子政务网络环境，借助互联网信息服务、多媒体展示等现代技术，有效整合、统一管理昌平辖区内创意企业、创意人才、创意成果、重点项目、产业集聚区、重点工作各类数据资料，建立昌平区文化创意产业专用机房和信息资源数据库；建立昌平区文化创意产业信息服务子系统、昌平区文化创意产业运行监管子系统、昌平区文化创意产业运营维护管理子系统，为文化创意产业提供高品质的数据分析与管理服务。

Report on Changping Creative Cultural Resources and Creative Industries

Abstract: Based on the Overall strategy of "Culture Changping" and "Creative city" of Changping , this report research on the state, advantage, strategy, method and suggestion of culture creative industries in Changping.

Key Words: Changping; Creative cultural resources; Creative industries

B.20
2012 年北京文化发展纪事

1 月 1 日

中国当代十大名窑联手在京举办艺术展迎接新年到来，发起“新名窑运动”，联手打造瓷文化世界名片。

1 月 5 ~8 日

第四届亚洲艺术博览会在北京国贸中心举办。亚洲艺术博览会旨在促进创立“亚洲艺术市场新秩序”，强调回归“优良艺术伦理”，全力推进“东方文艺复兴”。

1 月 10 日

中国第一家动漫游戏产业股权投资管理公司在北京成立，这标志着动漫游戏产业体系的关键基础平台正式启动。

1 月 12 日

北京市政府工作报告指出：大力推动文化大发展大繁荣，应充分发挥全国文化中心示范作用，以高度的文化自觉和文化自信，加快建设社会主义先进文化之都。

1 月 18 日

北京市委市政府主办 2012 年首都文化界新春招待会，首都文化界 400 余位知名艺术家欢聚一堂，畅谈首都文化发展。

1 月 31 日

文化部在北京为国家级非物质文化遗产生产性保护示范基地颁牌。北京市珐琅厂有限责任公司、北京市内联升鞋业有限公司、北京市荣宝斋被列为第一批国家级非物质文化遗产生产性保护示范基地企业。

2 月 1 日

文化部 2011 年审议通过的《文化市场综合行政执法管理办法》正式实施。

2月5日

文化部等16个相关部委共同举办的中国非物质文化遗产生产性保护成果大展在北京全国农业展览馆新馆开幕。

2月15日

《国家“十二五”时期文化改革发展规划纲要》正式公布 。

2月20日

北京市司法局和市委宣传部主办的“法律服务助推首都文化五大联盟发展启动仪式暨法律服务推介洽谈会”在首都博物馆隆重举行。

2月16~21日

“2012年北京文化周”在台北举办，传统与现代结合，非物质文化遗产与中国当代艺术同台展示；16日开幕，呈现“燕京绝技”与价值不菲的北京“798艺术区”馆藏珍品。

2月29日

文化部正式发布《“十二五”时期文化产业倍增计划》，提出“十二五”期间，文化部门管理的文化产业增加值年平均现价增长速度高于20%，2015年比2010年至少翻一番，实现倍增。文化部表示，将制定出台动漫产业“十二五”发展规划，重点扶持国产动漫。

3月11日

国内首个“文化保税区”——国家对外文化贸易基地暨北京国际文化贸易服务中心在北京天竺综合保税区奠基。

3月26日

国家文化发展国际战略研究院与北京京剧院共同组建的京剧传承与发展（国际）研究中心在北京京剧院举行了揭牌仪式。

3月26日至4月2日

2012年，国际植物染艺术展在清华大学美术学院举行。来自美国、日本、韩国、中国、中国台湾、马来西亚、澳大利亚、芬兰等国家和地区的植物染艺术家参展。

4月

北京国家对外文化贸易基地于2011年3月获文化部授牌，于今年4月启

动建设。北京国际文化贸易服务中心将立足保税区，为影视引进和输出减负担、搭平台，有力提升中国在亚洲电影市场的地位。

4 月 7 日

第三届中国特色世界城市论坛专项论坛—“2012 中国文化产业资本论坛”在朝阳规划艺术馆成功举办。论坛以“创新金融服务体系，助推文化产业发展”为主题，围绕“金融扶持文化产业的政策解读与前瞻，文化创意产业多层次金融服务体系建设，文化产业私募股权融资模式与趋势”进行探讨和交流。

4 月 7 日

文化部艺术司、国家大剧院和中国音乐家协会、中国交响乐发展基金会共同主办第三届“中国交响乐之春”。北京、天津、浙江、安徽、河北、福建、广东等地的 11 支交响乐团在国家大剧院再次聚首。

4 月 10 日

中国动漫集团有限公司、华特迪斯尼（上海）有限公司和深圳市腾讯计算机系统有限公司在北京共同签署动漫创意研发合作项目协议，标志着我国第一个国际化、专业化、高端化的动漫创意研发合作项目正式启动。

4 月 14 日

首都文化界千名代表在北京市昌平区海青鸟落村参加首都义务植树活动，共同启动“首都文化林”建设。

4 月 11 日

第十四届中国国际花卉园艺展览会在北京展览馆开幕，国内外花卉园艺企业展示了花卉、苗木、草坪、介质、肥料、观赏植物、园林机械、温室设备、园艺工具、园林景观、城市绿化等众多技术及新品种。

4 月 19 日

国内外近 50 个著名旅游城市和相关机构，在北京共同成立世界旅游城市联合会。这是全球第一个以城市为主体的旅游组织，也是首个总部落户北京的国际性旅游组织。这意味着北京在走向世界旅游城市的道路上迈出了坚实一步。

4 月 23 日

“华北五省区市电影发展合作签约仪式”在国家会议中心举行，北京、天

津、河北、山西、内蒙古五省区市决定共同签署《电影发展合作协议》，就电影发展合作达成了一致。

4月27日

北京网络媒体协会联合国内16家网站共同举办主题为“爱网络，爱生活”大型系列网络文化活动，2012互联网文化季启动。分别开展网络短篇小说大赛、微电影及微电影剧本征集、网友书画作品大赛、微小说大赛和网络摄影大赛等。整个文化季持续5个月时间，每个月分别推出1项活动，到2012年9月下旬文化季活动全部结束时，汇集所有活动的丰硕成果向新中国成立六十三周年和党的十八大献礼。

4月23～28日

国家广播电影电视总局、北京市人民政府主办第二届北京国际电影节，旨在融汇国内国际电影资源、搭建展示交流交易平台，是北京建设世界城市的重点文化活动、打造东方影视之都的核心活动。北京国际电影节洽商签约金额突破50亿，再创国内节展交易额之最。有600多家中外影视机构参加洽商活动，共有21个签约项目，金额高达52.73亿元，签约金额与上年相比增加88.7%，再一次创下国内节展交易签约金额的数量之最。

4月29日至5月2日

2012艺术北京·当代艺术博览会和艺术北京·经典艺术博览会首次同台亮相北京全国农业展览馆。

5月10日

文化部发布《“十二五”时期文化改革发展规划》，提出到“十二五”末，文化部门管理的文化产业增长值年平均现价增速高于20%，2015年比2010年至少要翻一番，实现倍增。

5月25日

世界建筑设计界诺贝尔奖——普利兹克奖在北京人民大会堂隆重颁发，授予中国建筑师王澍2012年普利兹克大奖。

5月27日

北京市新闻出版局主办的第十届北京国际图书节落幕。第十届图书节期间共举办了“这里是北京”“书香两岸”“共享文化·促进和谐”等9个主题日

活动，“首都出版发行联盟出版物联展”“华北五省市精品出版物联展”等 13 个主题展和 300 多项文化活动，300 余家出版发行单位带来了 30 余万种图书、音像、多媒体数字产品等不同介质出版物。

5 月 29 日

在中关村管委会的支持下，首届京交会的重量级活动——数字出版大会在国家会议中心举行。世界最大的出版科技与服务提供商之一英国出版科技集团与国内数字出版领军企业北京中文在线数字出版股份有限公司，共同签署“海外数字图书馆”项目合作协议。

5 月 31 日

市委宣传部、首都文明办、市委教育工委、市教委共同举办，北京高校学生工作学会和北京教育音像报刊总社承办的“践行北京精神、助力文化发展”——第七届首都大学生创意文化节开幕。

5 月 31 日

“广告航母、北京起航”，北京国家广告产业园在朝阳区开园。

6 月 2 日

联合国教科文组织授予北京为全球第十二个世界“设计之都”，标志着北京设计产业即将迸发出更强大的国际影响力。6 月 15 日，联合国教科文组织创意城市网络“设计之都”揭牌仪式在京举行。联合国教科文组织副总干事格塔丘·安吉达向北京授予“设计之都”批准函，全国政协副主席、台盟中央主席林文漪，北京市市长郭金龙，教育部副部长、中国联合国教科文组织全国委员会主任郝平等与安吉达共同为北京“设计之都”标志揭牌。北京各领域设计企业数目达到 2 万多家，设计从业人员近 25 万人，已建成 798 艺术区等 30 个设计产业聚集区。

6 月 7 日

国家广告产业园发布《促进广告产业发展加速北京国家广告产业园区建设的办法（试行）》。

6 月 6 日至 7 月 6 日

由国家民委、文化部、广电总局、北京市人民政府主办的第四届全国少数民族文艺会演在北京举行。

6月10日

中国文化产业发展高峰论坛在北京举行，来自全国各地的近60名企业家和全国工商联各部门的负责人与会，就“中国文化走出去”等话题展开讨论。

6月18日

北京市国有文化资产监督管理办公室成立仪式在北京奥运大厦举行。北京市文资办将在北京市委市政府领导下开展六项工作：建章立制，完善各项制度，理顺国有文化资产监管体制机制；履行政府出资人监管职能，确保国有文化资产保值增值；推进文化企事业单位改革重组，建立现代企业制度，打造“文化航母”；促进文化产业发展，落实文化创新、科技创新“双轮驱动”战略，整合中央和市属资源，培育文化新业态，推动文化与科技、金融等领域的融合发展，做强做大文化产业；发挥文化创新发展专项资金作用，推动文化领域重点项目和重点企业落地，健全文化投融资服务体系，放大政府资金效应，为首都文化产业发展提供资金支持；与相关部门合作，共同推动首都全国文化精品创作中心、文化创意培育中心、文化人才集聚教育中心、文化要素配置中心、文化信息传播中心和文化交流展示中心建设。

6月20~26日

世界知识产权组织（WIPO）主办、中国国家版权局和北京市政府共同承办的保护音像表演外交会议在北京举行，通过并缔结《视听表演北京条约》，填补了视听表演领域全面版权保护国际条约的空白，对通过版权保护促进文化创意产业发展、推进国际知识产权合作具有里程碑意义。

6月20日

北京天桥演艺区战略合作协议在京签约。北京将在中心城区内斥资150亿元，建成30个演出剧场，打造7条特色街区，将致力打造集演艺总部、文艺演出、文化展示、休闲体验、文化商务等功能于一体的首都演艺核心区。

6月29日至7月3日

中共北京市委第十一次代表大会召开，党代会《报告》提出，进一步提升创新能力，形成创新驱动发展模式，成为有世界影响力的科技文化创新之城。进一步增强文化自觉自信，大力弘扬践行“北京精神”，传承优秀传统文化，创造时代精品，努力提升文化的软实力和国际影响力，把首都建设成践行

社会主义核心价值体系的首善之区、文化大发展大繁荣的标志性城市，在国家实施文化强国战略中发挥首都全国文化中心示范作用。

7 月 8 日

北京市社会科学界联合会、北京改革和发展研究会等单位共同主办“2012 北京文化论坛——首都非物质文化遗产保护”论坛，就近年来首都非物质文化遗产保护工作实践经验和如何推动北京优秀传统文化繁荣发展问题进行研讨。

7 月 12 日

中国文化管理学会动漫文化专业委员会主办的“首届中外动漫文化季”在北京 798 艺术区举办。

7 月 12～15 日

2012 中国国际轻工业消费品展览会在中国国际展览中心举办。来自全国各地的参展商共 500 多家，其中包括 11 个产业集群地区。本届展会特设玻陶经典、艺术享受专馆，户外骑行、音乐世界专馆，关注民生、特色家具专馆，典藏艺术、工艺精品专馆，轻工精品、综合汇聚专馆，饮食文化、发酵创新专馆六大展区。

7 月 13 日

“创意城市·2012 伦敦美术大展”暨 2012（伦敦）奥林匹克美术大会北京特邀展在中国美术馆开幕，展览主旨为传播奥林匹克文化。中国知名画家为伦敦奥运会创作 130 余幅中国画、油画等绘画作品。

7 月 24～31 日

北京应伦敦市长办公室的邀请，以“北京祝福你”为主题，在伦敦举办“北京文化周”系列活动。北京国子监油画艺术馆主办的“2012 中国油画艺术展”在伦敦奥林匹亚展览西厅展出，向奥运观众展示当代中华文化风采。

7 月 24 日

中国电视艺术家协会、中国传媒大学、北京电视台、北京锐创控股集团共同参与打造的国内首个纪录片生产基地——“北京国际纪实影像创意产业基地（Beijing International Documentary Center，简称 BIDC）”在北京电视台新址举行基地揭牌仪式，正式落户北京 CBD—定福庄国际传媒产业走廊。

8月2～7日

“欢动北京”2012国际青少年文化艺术交流周在北京举行。

8月10～13日

“2012北京国际创意礼品及工艺品展览会（2012国贸春季创意礼品展）”在北京中国国际贸易中心开展。

8月12日

中国武术协会和北京市体育局共同主办，北京武术院、北京市体育竞赛管理中心和北京少林武术学校共同承办的“全球功夫网杯”2012北京国际武术文化交流大会暨北京国际功夫交流大会，在北京昌平体育馆隆重开幕。

8月16～20日

以“海峡两岸·艺术融合·交流创想”为主题的第十五届北京国际艺博会，在中国国际贸易中心举行。

8月17～19日

以“弘扬性文化、开展性教育、倡导性文明、促进性健康”为主题的“2012中国北京第三届性文化艺术节”在北京国贸会展中心（新馆）举办。

8月25日

北京市文化创意产业专项资金支持的“2012长城之声森林音乐节暨消夏音乐演出季”在北京延庆水关长城脚下的探戈坞音乐谷拉开帷幕。

8月29日至9月2日

新闻出版总署、国务院新闻办公室、北京市人民政府、中国出版协会等主办的第十九届北京国际图书博览会，在中国国际展览中心（新馆）举办。

9月3日

科技部、中宣部、财政部、文化部、广电总局、新闻出版总署联合印发《国家文化科技创新工程纲要》。

9月3～30日

市文联和共青团市委共同主办的2012北京国际青年戏剧节在北京的12个剧场和表演艺术空间上演，着力打造首都文化品牌活动。

9月6日

首都出版发行联盟发起的“弘扬主旋律，喜迎十八大”北京市千场优秀出版物展节活动启动，展销迎接十八大的精品力作。

9 月 9 ~ 11 日

北京市广播电影电视局、北京怀柔区政府联合主办的 2012 年秋季（第十一届）首都电视节目推介会举行。推介会集结了 200 余家制作机构展出的 430 余部、约 15000 集电视剧作品，其中推介新剧 340 余部，约占剧目总数的 80%，涵盖古代、近代、现代、当代、现实、生活情感、革命军事、武侠动作等主要电视剧题材类型。

9 月 11 ~ 12 日

2012 中国互联网大会在北京国际会议中心举行。

9 月 13 日

以“跟着电影去旅行”为主题的首届世界旅游城市电影展开幕，20 部代表全世界不同城市的电影在北京 10 家影院展映。

9 月 13 日

北京市科技创新大会召开，研究制定了《关于深化科技体制改革加快首都创新体系建设的意见》，明确了未来一个时期首都科技创新的目标任务，到 2020 年率先形成创新驱动发展格局的目标，加快实施科技创新、文化创新“双轮驱动”战略，在中关村国家自主创新示范区建设、首都科技资源整合、强化企业创新主体地位等方面实现新的重点突破，将北京建设成为具有世界影响力的科技文化创新之城。

9 月 13 ~ 17 日

国际老年文化艺术节委员会、韩国常绿会、中国全国中老年才艺之星展示活动组委会办公室等单位主办的“2012（北京）国际老年文化艺术节”首次在中国的首都北京举行。

9 月 19 日

北京市委宣传部、市国有文化资产监督管理办公室指导，《新京报》主办“新战略、新驱动、新发展——2012 文化创意产业（北京）峰会”。

9 月 26 日

文化部在北京举行 2012 年国家级文化产业园区基地命名授牌会议，命名第四批国家级文化产业示范（试验）园区和第五批国家文化产业示范基地。

32 个全国文化体制改革工作先进地区、296 个先进单位和 198 名先进个人获得表彰。北京市获得“全国文化体制改革工作先进地区”称号，15 家单位获先进单位称号、7 名先进个人受到表彰，先进单位获奖数量位于全国之首。

10 月 1 ~7 日

旨在全力打造“国庆 - 北京看设计”文化品牌的北京国际设计周在京举办。

10 月 10 日

文化部和北京市人民政府主办的第十五届北京国际音乐节在保利剧院开幕。

10 月 14 日

北京市文化创意产业促进中心和北京国际法学会文化创意产业法律委员会主办的第二届北京文化创意产业法律保护高峰论坛在京举行。

10 月 26 日

“春华秋实—北京电视剧辉煌 30 年主题晚会”颁奖仪式在北京卫视播出，中共北京市委宣传部、国家广电总局电视剧管理司、北京市广播电影电视局联合主办的“北京电视剧辉煌 30 年”系列活动全面回顾北京电视剧发展历程，推动首都影视文化创新发展、引导主流文化前进方向、促进北京地区文化市场繁荣发展。

10 月 28 日

第七届中国（北京）国际大学生动画节在中国传媒大学开幕。

10 月 27 日至 11 月 1 日

2012 年国际古迹遗址理事会（ICOMOS）顾问委员会会议在北京召开。

11 月 3 日

全国首个文化保税中心——北京大山子文化保税中心成立仪式在 798 艺术区举行。这是全国首个文化保税中心，也是首次在艺术园区设立文化保税服务平台。保税中心一期建设以文化公共保税仓库和保税展厅为主，为区内文化创意生产、贸易企业提供仓储、中转、物流、保管等系列保税服务；二期将推动建设物理围网和电子管理的海关监管区域，增强区域内生产、加工、展示、交易、金融服务保税功能；三期建设将积极拓展对整个大山子艺术区及全市文化

创意产业提供文化保税服务，以带动全市文化进出口贸易发展。

11 月 8 ~ 14 日

中国共产党第十八次全国代表大会召开，十八大报告提出，扎实推进社会主义文化强国建设，整体增强文化实力和竞争力。

11 月 14 ~ 16 日

中国国际贸易促进委员会、中央美术学院和中国艺术研究院、中国设计艺术院等机构共同举办的中国国际创意设计推广周活动的创意设计论坛和展览，在北京中国国际展览中心举办，主题为“设计心能量：可持续发展与新消费文化”。展览会是青岛和北京两地共同主办的“2012 中国国际创意设计推广周”的重要组成部分。

11 月 14 日

2012 中国国际创意设计展览会，在北京国际展览中心隆重开幕，来自美国、英国、德国、瑞典、阿根廷、中国香港、中国台湾等 10 多个国家和地区的近 30 位顶级设计师参加了这次展会。

11 月 15 日

以“光影・速度”为主题的第八届北京国际体育电影周暨米兰国际体育电影展开幕式在北京航空航天大学举行。电影周秉承“传承奥林匹克精神、促进城市发展”的宗旨，为世界体育影视增添分享中国体育文化的窗口。

11 月 19 日

北京市工商局 10 月 23 日宣布的关于支持文化产业创新发展的 23 条工作意见，正式在全市施行。

11 月 30 日

文化部文化产业司主办的“国家动漫品牌建设与保护高端论坛”在北京蟹岛国际会展中心举行。

12 月 1 日

由文化部、北京市人民政府和中国人民对外友好协会联合主办的首届国际动漫博览会，在北京蟹岛国际会展中心开幕。

12 月 8 ~ 11 日

北京市文物局、中国国际贸易促进委员会北京市分会、北京市西城区人民政府共同主办“北京·中国文物国际博览会”。

12 月 14 日

以“引导网络文化产业发展方向，展示数字内容产业创新趋势”为宗旨的第十届中国国际网络文化博览会在北京举行。

12 月 21 日

首都文化产业发展论坛在北京召开，论坛以“文化科技资本融合之道”为主题，着重讨论了一直困扰文化产业界发展的文化与金融、科技融合的难题。

12 月 19 ~ 23 日

第七届中国北京国际文化创意产业博览会在北京国际展览中心举行，国内外 2000 多家文化创意及相关产业企业、机构参展。第七届文博会以“文化融合科技，创新引领转型”为主题，坚持“北京搭台、全国唱戏、面向世界”的活动定位和服务宗旨，集中安排了展览展示、论坛峰会、推介交易、创意体验等六大系列百余场活动，全方位集聚文化产业市场要素，搭建文化贸易、投资融资、信息传播、科技创新、人才配置五大互动平台，助力中华文化“走出去”。文博会期间共签署文化创意产业项目协议和原创文化内容产品及艺术品交易总金额达 1089.53 亿元，比上届增长 38.5%。据统计，文博会期间，共有 100 多万人参与了展览、推介交易、论坛、创意体验等活动。

12 月 22 日

由文化部、外交部、教育部和北京市人民政府共同主办的“使中国音乐化”爱乐之友新年音乐会公益晚会在国家大剧院举行。

12 月 27 日

“2012 中国艺术品投资高峰论坛”在北京国际饭店会议中心举行。

12 月 28 日

以民营为主的北京市小剧场经营单位和小剧场戏剧制作单位自发制定的《北京市小剧场戏剧行业自律公约》（以下简称《自律公约》）正式发布。《自律公约》倡导坚持文艺的社会使命，促进首都文化大发展大繁荣，共同构建北京小剧场戏剧行业自律风范，推动北京小剧场戏剧繁荣发展。

法律声明

“皮书系列”（含蓝皮书、绿皮书、黄皮书）由社会科学文献出版社最早使用并对外推广，现已成为中国图书市场上流行的品牌，是社会科学文献出版社的品牌图书。社会科学文献出版社拥有该系列图书的专有出版权和网络传播权，其 LOGO（ ）与“经济蓝皮书”、“社会蓝皮书”等皮书名称已在中华人民共和国工商行政管理总局商标局登记注册，社会科学文献出版社合法拥有其商标专用权。

未经社会科学文献出版社的授权和许可，任何复制、模仿或以其他方式侵害“皮书系列”和 LOGO（ ）、“经济蓝皮书”、“社会蓝皮书”等皮书名称商标专用权的行为均属于侵权行为，社会科学文献出版社将采取法律手段追究其法律责任，维护合法权益。

欢迎社会各界人士对侵犯社会科学文献出版社上述权利的违法行为进行举报。电话：010－59367121，电子邮箱：fawubu@ssap.cn。

社会科学文献出版社